日本近现代文学名作选读

杨朝桂　编著

天津大学出版社
TIANJIN UNIVERSITY PRESS

图书在版编目(CIP)数据

日本近现代文学名作选读 / 杨朝桂编著. -- 天津：天津大学出版社, 2024. 6. -- ISBN 978-7-5618-7739-5

Ⅰ. H369.4

中国国家版本馆CIP数据核字第2024YP8909号

出版发行	天津大学出版社
地　　址	天津市卫津路92号天津大学内（邮编：300072）
电　　话	发行部：022-27403647
网　　址	www.tjupress.com.cn
印　　刷	北京盛通印刷股份有限公司
经　　销	全国各地新华书店
开　　本	710mm×1010mm　1/16
印　　张	15
字　　数	393千
版　　次	2024年6月第1版
印　　次	2024年6月第1次
定　　价	49.80元

前言

本书是为高等院校本科高年级学生和硕士研究生编写的日本文学教材，也适用于对日本文学感兴趣的社会人士。日本近现代文学，是世界文学史上不可或缺的一部分。在历史的变迁与演进中，日本文学逐渐形成了其独特的风格和魅力。

本书旨在帮助读者深入了解和鉴赏日本近现代文学。希望通过剖析一些具有代表性的经典作品，使读者能够感受到日本文学在近现代时期的发展脉络和艺术成就。同时，本书也注重培养学习者的跨文化意识和批判性思维。希望学习者能够在鉴赏过程中进行深入思考和探索，挖掘作品更深层次的内涵和意义。

在编写本书的过程中，笔者选取了具有代表性的作家作品，涵盖了不同的文学流派和风格。这些作品既包括经典之作，如余裕派作家夏目漱石的《我是猫》、新感觉派作家川端康成的《伊豆舞女》，无产阶级作家小林多喜二的《蟹工船》，深受中国文化影响的文坛彗星中岛敦的《山月记》，也包括历史小说家井上靖的《天平之甍》。此外还有唯美派、浪漫派、白桦派、新浪漫派、新思潮派、新心理主义派、无赖派等作家作品。希望通过这些作品，展现日本近现代文学的多样性和丰富性。

除了对作品的解读和分析，本书还注重对作家生平、作品解说等方面的介绍。希望通过这些辅助性的内容，帮助读者更好地理解作品背后的社会历史背景以及文化内涵。同时，笔者还为每篇作品提供了难读词汇的标音以及注释、论文撰写的参考文献，以及研究问题，方便读者深入了解相关知识，有助于进一步的学习与研究。除了作为一本鉴赏日本近现代文学的教材之外，本书还可以作为一本引领学习者探索和理解日本近现代社会的指南。通过深入剖析作品，我们可以更好地理解日本社会的文化、历史和人文精神。例如，川端康成的《伊豆舞女》以其细腻的笔触和深邃的情感，展现了日本文化的物哀之美，让我们感受到了那种淡淡的忧伤与无奈；而井上靖所著的历史小说《天平之甍》以唐代高僧鉴真东渡日本的历史事件为题材，通过详尽而深入的叙述，展现了中日文化交流的重要历程。

本书在编写过程中参考了以下著作：《日本近代文学大事典》（小田切进）、《新修日本文学史》（佐佐木八郎）、《昭和文学史》（川西政明）、《日本文学史》（久松潜一）、《日本文学鉴赏辞典（近代编）》（吉田精一）、《新日本文学史》（秋山虔，三好行雄）等，在此谨致谢忱。

最后，衷心希望通过阅读本书所选的作品以及书后所附的相关资料，读者可以更加深入地了解日本近现代文学的发展历程和艺术成就。同时，也希望本书能够为读者提供一些启示和帮助，引导读者在未来的学习和探索中更加深入地了解日本文化和文学。

由于编者的水平有限，错误和缺点在所难免，诚请专家和广大读者批评指正。

杨朝桂

2023 年 11 月于天津大学

目录

日本近現代文学概観 ······························ 1

森鴎外　**舞姫** ······························ 21
夏目漱石　**吾輩は猫である** ······························ 34
島崎藤村　**千曲川のスケッチ** ······························ 51
谷崎潤一郎　**細雪** ······························ 66
有島武郎　**一房の葡萄** ······························ 82
志賀直哉　**清兵衛と瓢箪** ······························ 95
永井荷風　**日和下駄** ······························ 104
芥川龍之介　**蜜柑** ······························ 120
宮本百合子　**伸子** ······························ 129
川端康成　**伊豆の踊子** ······························ 143
小林多喜二　**蟹工船** ······························ 164
堀辰雄　**風立ちぬ** ······························ 177
井上靖　**天平の甍** ······························ 192
中島敦　**山月記** ······························ 204
太宰治　**女生徒** ······························ 217

日本近現代文学概観

明治時代の文学

明治時代（1868年-1912年）の幕開け以来、西洋文明の入り込みがもたらした影響は、長期にわたる西洋思想と文学の翻訳と普及を中心とする啓蒙の時代を切り開いた。森有礼の率いる明六社の設立は、啓蒙の理念を背景に、新たな明治社会における実用主義的主張を提唱した。これは一般大衆に幅広く受け入れられ、福澤諭吉の『学問のすゝめ』(1872年)、中村正直の訳による『西国立志編』(1871年)、中江兆民の訳による『民約訳解』（1882年）などが盛んに読まれた。文学の創作においても、明治時代の初期には江戸時代と同様の文学活動が継続された。明治維新から1885年にかけて、坪内逍遥が『小説神髄』を発表するまでの時期の文学は、戯作文学、翻訳文学、政治小説の三つのカテゴリーに区分された。

戯作文学は、江戸時代後期の戯作の伝統を受け継ぎながら、文明開化の新たな潮流を取り入れ、人々の関心を引きつけた。仮名垣魯文は、文明開化や啓蒙思想の代表的人物を滑稽に描いた『西洋道中膝栗毛』(1870年)、『安愚楽鍋』(1871年)を発表した。

明治10年代（1877年-1886年）において、西欧の文学作品が盛んに輸入され、日本において広く普及するとともに、その翻訳文学が隆盛を極めた。その代表作として挙げられるのは、川島忠之助によるヴェルヌの『八十日間世界一周』(1878

年）や、坪内逍遥によるシェイクスピアの戯曲『ジュリアス・シーザー』を翻訳した『自由太刀余波鋭鋒』（1884 年）などが挙げられる。

一方で、自由民権運動の盛り上がりとともに、政治小説の執筆が明治 10 年代（1877 年-1886 年）から活発化した。これらの作品は、政治的な思想の提唱や扇動、宣伝を目的としており、矢野竜渓の『経国美談』（1884 年）や東海散士の『佳人之奇遇』（1885 年）などのベストセラー作品は、壮大な筋書きと展開によって多くの読者を魅了した。坪内逍遥の『小説神髄』の発表後、写実主義的要素が強まり、末広鉄腸の『雪中梅』（1886 年）がその代表的な作品とされた。知識人が社会や人生を真剣に扱ったことは、文学の社会的意義を高める一方、漢文風の文体も多くの読者に感銘を与えた。

日本の近代文学は、坪内逍遥の『小説神髄』（1885 年）によって実質的にスタートし、二葉亭四迷が『小説総論』（1886 年）を執筆した。逍遥は前者を基に『当世書生気質』（1885 年）を著したが、戯作の要素を残している。これらを克服し、四迷が 1887 年に発表した『浮雲』は、日本近代小説の先駆けとされている。

写実主義的な近代小説の発展と並行して、国粋主義的な政治的雰囲気の高まりに伴い、井原西鶴や近松門左衛門などの古典文学への再評価が盛んに行われた。1885 年には、尾崎紅葉や山田美妙らが硯友社を設立し、『我楽多文庫』を創刊した。紅葉は擬古典主義の枠組みの中で『二人比丘尼色懺悔』（1889 年）や『金色夜叉』（1897 年）などを発表した。幸田露伴は、小説の他にも評論や古典の解釈など幅広く活躍し、『露団々』や『風流仏』（ともに 1889 年）、『五重塔』（1891 年）などの作品を発表した。紅葉と露伴の活躍した時期は「紅露時代」と称された。

近代化が進展するにつれ、自己意識の目覚めが人間性の解放をもたらし、ロマン主義文学が登場した。森鷗外は、ドイツでの体験を基にした『舞姫』（1890 年）を発表し、自己の覚醒を描いた。また、鷗外はアンデルセンの原作である『即興詩人』（1892 年）を翻訳し、典雅な擬古文体による詩情豊かな恋物語を伝え、幅広い読者に愛された。北村透谷は、近代的な自己の内面の充実を主張した評論『内部生命論』（1893 年）を執筆した。樋口一葉は、『たけくらべ』や『にごりえ』（ともに 1895 年）などの代表作が鷗外や露伴から高く評価され、注目を集めた。泉鏡花は、『高野聖』（1900 年）、『歌行燈』（1910 年）などのロマンティックな作品を発表し、独自の幻想的で神秘的な世界を築いた。また、国木田独歩は自然美を随筆的に描いた『武蔵野』（1898 年）を発表し、徳冨蘆花は社会的視点を持った家庭小説『不如帰』（1899 年）を執筆した。独歩は後にロマン主義から自然主義的なスタイルに転換した。

20 世紀初頭の明治末期には、フランスの作家ゾラやモーパッサンの影響を受け、自然主義文学が興隆した。当時のヨーロッパの自然主義文学は、遺伝学や社会学などの新しい知見を取り入れ、客観的な描写を行っていたが、日本では現実を率直に暴露する傾向が強調された。日本における自然主義文学は、島崎藤村の『破戒』（1906 年）を皮切りに始まり、後に田山花袋の『蒲団』（1907 年）によって方向性が確立された。花袋の小説は、私小説の先駆けとも言われ、以後、日本の小説の主流となった。他の自然主義作家としては、国木田独歩、徳田秋声、正宗白鳥などが挙げられる。秋声は『新世帯』（1908 年）、白鳥は『何処へ』（1908 年）、花袋は『田舎教師』（1909 年）、藤村は『家』（1910 年）、『新生』（1918 年）などの作品を発表した。

一方で、自然主義の流れに反する潮流として、後述の反自然主義文学が存在した。夏目漱石や森鷗外、さらに後の耽美派や白樺派、新現実主義が反自然主義に分類される。漱石と鷗外は日本近代文学の代表的な小説家としてしばしば並び称され、漱石は「余裕派」、鷗外は「高踏派」と呼ばれた。漱石は当初、写生文や漢詩、俳句を執筆していたが、高浜虚子の勧めで執筆した『吾輩は猫である』（1905 年）で文壇に登場した。その後も『坊ちゃん』、『草枕』（ともに 1906 年）などの作品を発表し、自然主義文学とは異なる作風を示した。前期三部作と呼ばれる『三四郎』（1908 年）、『それから』（1909 年）、『門』（1910 年）で、文明を獲得した近代知識人の内面を描いた。また、鷗外も漱石の活動に刺激されて創作活動を再開し、『青年』（1910 年）、『雁』（1911 年）などの現代小説を執筆した後、『渋江抽斎』（1916 年）などの史伝や歴史小説に転じた。

詩の分野では、外山正一、矢田部良吉、井上哲次郎によって『新体詩抄』（1882 年）が刊行され、新体詩が盛んになった。ドイツから帰国した森鷗外は翻訳詩集

『於母影』(1889年)を、北村透谷は『楚囚之詩』(1889年)、『蓬莱曲』(1891年)を発表した。「文學界」に参加していた藤村は『若菜集』(1897年)、土井晩翠は『天地有情』(1899年)を刊行した。これらのロマン主義的な詩は、「浪漫詩」と呼ばれる。「文庫」では河井醉茗、横瀬夜雨、伊良子清白などが活動した。

象徴詩の分野では、薄田泣菫や蒲原有明が活躍し、その後、北原白秋や三木露風などが台頭した。この時期は「白露の時代」と称された。薄田泣菫や蒲原有明の象徴詩には、上田敏の訳詩集『海潮音』(1905年)の影響が見られるが、『海潮音』自体が一般に知られ、大正期に入ってから名詩集としての評価が確立された。

短歌の分野では、与謝野鉄幹が「明星」を創刊し、与謝野晶子は『みだれ髪』(1901年)を発表した。石川啄木や窪田空穂も活躍したが、特に啄木は自然主義に転じ、『一握の砂』(1910年)や『悲しき玩具』(1912年)を刊行した。啄木と同様に自然主義の影響を受けた若山牧水の『別離』(1910年)や土岐哀果の『NAKIWARAI』(1910年)も登場した。佐佐木信綱は竹柏会を主催し、「心の花」を創刊した。正岡子規は『歌よみに与ふる書』(1898年)を発表し、根岸短歌会を開催した。北原白秋や木下杢太郎、高村光太郎、吉井勇らはパンの会を起こし、反自然主義を掲げ、耽美的傾向の新しい芸術運動を起こした。

正岡子規は、俳句革新運動を推進し、「ホトトギス」は俳壇の中心勢力となり、高浜虚子、河東碧梧桐、内藤鳴雪など幾多の俊秀を輩出した。また、演劇界でも自然主義の影響が見られ、逍遥や島村抱月らが文芸協会を設立し、イプセンの『人形の家』の上演などを行った。文芸協会の解散後、抱月は松井須磨子らとともに芸術座を設立し、L.トルストイの作品などを上演し、『復活』が評判となった。このほかにも、小山内薫や2代目市川左團次により、自由劇場の活動も見られた。

大正時代の文学

自然主義文学が文壇の主流を席巻する中、20世紀初頭(明治時代末期)には夏目漱石や森鷗外らの反自然主義文学運動が興った。当初自然主義文学に傾倒していた永井荷風は、欧州からの帰国後に『ふらんす物語』(1909年)を発表した。

谷崎潤一郎は『刺青』(1910 年) や『痴人の愛』(1924 年) などを執筆し、後期ロマン主義の一派として耽美派が誕生した。このグループは「スバル」「三田文学」を中心に活動し、佐藤春夫や久保田万太郎などもその代表として挙げられる。

一方で、自由民主主義の風潮を背景に、白樺派が台頭し、人道主義を唱えた。武者小路実篤の『お目出たき人』(1911 年) や『友情』(1919 年)、志賀直哉の『和解』や『城の崎にて』(ともに 1917 年)、有島武郎の『或る女』(1919 年)、里見弴の『多情仏心』(1922 年) などがその代表作である。特に志賀直哉の私小説や心境小説は、当時の若手小説家たちに深い影響を与えた。

大正時代 (1912 年-1926 年) の中期には、「新思潮」を掲げる東京帝国大学出身の新現実主義作家たちが、漱石や鴎外の影響を受けて登場した。芥川龍之介、菊池寛、山本有三、久米正雄らがその代表的な作家である。芥川は『鼻』(1916 年) などの作品で注目を浴び、多くの短編で大正文壇の寵児となった。一方、劇作家としても知られた菊池寛は歴史小説や通俗小説を執筆し、山本有三は健康的な教養小説で活躍した。芥川は 1927 年に『河童』と『歯車』を執筆した後、自殺した。芥川の自殺は時代への不安を象徴し、知識人や小説家に深い衝撃を与えた。芥川は物語性を重視する谷崎潤一郎に対し、「筋の面白さ」だけが小説の価値ではないと主張する芸術至上主義を擁護し、文学論争を巻き起こした直後の出来事であった。

また、「奇蹟派 (新早稲田派)」として知られる広津和郎や葛西善蔵、宇野浩二、嘉村礒多らによって私小説が執筆された。これらの作品は人間の内面の心理を深く探求し、人生の暗部を描き出した。

大衆小説は、明治時代に尾崎紅葉の『金色夜叉』(1897 年) などが盛んになり、村上浪六や押川春浪が冒険小説などの通俗的な作品を執筆し、その先駆者となった。また、1913 年には中里介山が「大乗小説」と称される大作『大菩薩峠』の連載を開始し、人間の業を描いた。この小説は未完に終わったが、その影響は大きく、大衆小説の出発点とされた。1925 年に刊行された「キング」には当時の人気作家が多数参加した。さらに、昭和時代に入ると吉川英治が高い人気を博し、『鳴門秘帖』(1933 年)、『宮本武蔵』(1939 年) などの作品で国民的作家となった。他にも、講談や読本の流れをくむ時代小説では、大佛次郎や白井喬二らが活躍した。

探偵小説は、黒岩涙香の翻案作品などを通じて導入された。このジャンルにおいて、江戸川乱歩が『二銭銅貨』(1923 年) で「新青年」誌にデビューし、その後多数の作品を執筆し、大きな影響を与えた。このジャンルには、甲賀三郎や横溝正史をはじめとする作家たちが活躍し、江戸時代を舞台にした「捕物帳」と呼ばれる時代物も創作された。

口語詩は次第に発展し、室生犀星、佐藤春夫、山村暮鳥らがその完成度を高めた。特に、高村光太郎の『道程』(1914 年)、萩原朔太郎の『月に吠える』(1917 年)、『青猫』(1923 年) は口語自由詩の確立に貢献した。一方で、堀口大学は訳詩集『月下の一群』(1925 年) を発表し、上田敏の訳詩集『海潮音』と共に再評価され、名訳詩集として高い評価を受けた。

宮沢賢治は岩手県の風土に根ざした多くの詩や童話を執筆したが、生前に刊行されたのは『春と修羅』(1924 年) と『注文の多い料理店』(1924 年) の 2 冊のみであった。彼の作品が評価を受けるのは死後であり、特に草野心平の尽力が大きかった。

短歌の世界では、正岡子規の精神を受け継ぎ、「アララギ」を舞台とする写実的なアララギ派が主流となる。中心的な人物には伊藤左千夫や長塚節がおり、左千夫の死後は島木赤彦が積極的に活動し、アララギ派の地位を高めた。この派の斎藤茂吉は歌集『赤光』(1913 年) で万葉調の中に現代的な抒情を歌った。

俳句の世界では、新傾向俳句を創作した河東碧梧桐の門下荻原井泉水が「層雲」を設立し自由律俳句を確立した。この運動には尾崎放哉や種田山頭火も参加した。その後、碧梧桐は「層雲」を離れて「海紅」を主宰し、中塚一碧楼がその後を継いだ。しかし、主流は高浜虚子らの「ホトトギス」で、定型と季題を重視した。

自由劇場や芸術座の活動が演劇界に大きな影響を与え、戯曲の創作が盛んになった。岡本綺堂の『修禅寺物語』(1911 年)、倉田百三の『出家とその弟子』(1916 年)、菊池寛の『父帰る』(1917 年) などがその代表的な作品であった。

昭和時代の文学

1920年代半ばから1935年頃までの時期は、モダニズム文学とプロレタリア文学が同時に花開いた時代であった。第一次世界大戦後のヨーロッパで興ったダダイスム、未来派、および表現派などの革新的な文学運動は、その技法が日本にも輸入され、これによって従来の平板な写実主義や芸術至上主義が足りないと感じられるようになった。この文学的変革に反応して、横光利一や川端康成らが率いる新感覚派が登場し、既存の文学界や個人主義的なリアリズムに批判的な立場をとった。横光の『蠅』(1923年)には映画の手法の影響が見られ、また、彼の『純粋小説論』(1935年)では、「自分を見る自分」の必要性を唱え、「第四人称」の概念を探求した。一方、川端は1935年に『雪国』を執筆し、独自の美的感覚を完全に展開させた。川端の美的感覚は、非情さと虚無を根底に置いたものであり、その本質は『末期の眼』(1933年)で端的に表現されている。

同時に、新興芸術派と呼ばれる作家たちも登場したが、むしろその一派からは、個性的な世界を築く作家たちが生まれた。私小説の伝統を受け継いだ梶井基次郎の『檸檬』(1925年)や、知識人の虚栄を風刺した井伏鱒二の『山椒魚』(1929年)がその代表的な作品である。

新感覚派の流れを受け継ぎ、新興芸術派倶楽部の解散後も、堀辰雄と伊藤整による新心理主義が目覚ましい業績を残した。彼らはジョイスやプルーストからの影響を受け、精神分析や深層心理の芸術的表現を試みた。この時期には、小林秀雄も『様々なる意匠』(1929年)で登場し、近代批評のスタイルを確立した。

一方、政治的な状況を背景に、1921年に小牧近江らによって創刊された雑誌「種蒔く人」によってプロレタリア文学の潮流が生まれた。葉山嘉樹の『海に生くる人々』(1926年)、小林多喜二の『蟹工船』(1929年)、徳永直の『太陽のない街』(1929年)、佐多稲子の『キャラメル工場から』(1928年)のほか、宮本百合子、中野重治、黒島伝治、壺井栄らによる多岐にわたる作品が生み出された。プロレタリア文学評論も活発化し、蔵原惟人や宮本顕治などの文芸評論家が知識層に影響を与えた。

さらに、「同伴者文学」として知られる作家たちも登場した。彼らは革命的な運動には参加せず、プロレタリア文学運動の外部から政治的立場や主張を共有する作品を発表した。野上弥生子の『海神丸』(1922 年)、山本有三の『波』(1928 年)、広津和郎の『風雨強かるべし』(1933 年)、芹沢光治良らの作品がその代表である。

しかし、戦時体制の強化により、プロレタリア文学の作家たちは弾圧を受け、政治性や思想性を放棄した転向作家が続出した。中野重治の『村の家』(1935 年)、高見順の『故旧忘れ得べき』(1935 年)、島木健作の『生活の探求』(1937 年) などが転向文学の代表的な作品である。

1936 年には、野上弥生子が大長編『迷路』を執筆し、永井荷風も『濹東綺譚』(1937 年) を発表した。また、川端康成は『雪国』の執筆に着手し (1935 年)、横光利一も日本と西洋文明の対立を探求する『旅愁』に取りかかった (1937 年)。島崎藤村は『夜明け前』(1935 年)、志賀直哉は『暗夜行路』(1937 年)、徳田秋声は『仮装人物』(1938 年) をそれぞれ完成させた。また、谷崎潤一郎は 1935 年から『源氏物語』の現代語訳に取り組み、1942 年からは『細雪』に着手した。

文芸復興の機運の中、多くの新人作家が台頭した。私小説の領域においては、尾崎一雄の『暢気眼鏡』(1933 年)、丹羽文雄の『鮎』(1932 年) や『贅肉』(1934 年) が文壇に登場し、林芙美子は『放浪記』(1928 年) で大きな注目を集めた。さらに、尾崎士郎の『人生劇場』(1933 年)、石坂洋次郎の『若い人』(1933 年)、石川淳の『普賢』(1936 年)、織田作之助の『夫婦善哉』(1940 年) などが登場し、風俗小説が隆盛を極めた。この時期には芥川賞と直木賞が設立され、文学がジャーナリズムの注目を浴びるようになった。例えば、石川達三は『蒼氓』(1935 年) で第 1 回芥川賞を受賞し、以後も長く活躍した。その他にも、舟橋聖一や北条民雄、岡本かの子、中山義秀、太宰治などが新しい文学の風を起こした。

しかし、戦局の拡大とともに、日本政府による思想や言論の統制が強化され、国策文学が主流となった。例えば、徳田秋声の『縮図』や谷崎潤一郎の『細雪』は連載中に発禁処分を受けたし、石川達三の『生きてゐる兵隊』(1938 年) は発禁と禁錮処分を受けた。しかし、火野葦平の『麦と兵隊』(1938 年) は爆発的な反響を呼んだ。

このような状況下で、自身の文学を守ろうとする作家も現れた。堀辰雄の『風立ちぬ』（1938年）、『菜穂子』（1941年）、中野重治の『歌のわかれ』（1939年）、太宰治の『富嶽百景』（1939年）や『津軽』（1944年）、中島敦の『山月記』（1942年）や『李陵』（1943年）などがその代表的な作品である。

さらに、大正時代末期（1920年代半ば）からは、詩の世界でも新しい動きが見られた。シュルレアリスムやダダイスムから影響を受けた詩人たちが活躍し、またプロレタリア文学の詩の分野でも中野重治や壺井繁治、小野十三郎、萩原恭次郎らが活動した。この時期は多様な芸術運動や人道主義、農本主義などが相互に影響しながら発展した。この時期の代表的な詩人としては、三好達治の『測量船』（1930年）、西脇順三郎の『Ambarvalia』（1933年）、中原中也の『山羊の歌』（1934年）、中野重治の『中野重治詩集』（1935年）、高村光太郎の『智恵子抄』（1941年）などが挙げられる。

大正時代末期（1920年代半ば）より始まった実験的精神は、従来の詩形式に挑戦し、新たな詩を模索する試みとして注目される。この時期において、シュルレアリスムの影響を受けた西脇順三郎、ダダイスムの影響を受けた高橋新吉や吉行エイスケ、そしてアナーキズム詩から発展したプロレタリア文学の領域において、中野重治や壺井繁治、小野十三郎、萩原恭次郎などが活躍し、構成主義の到達へと導いた。同時に、安西冬衛、北川冬彦、三好達治らが新散文詩運動（短詩運動）を展開し、この時期は諸芸術運動、人道主義、農本主義など多様な運動が相互に影響しつつ発展した時代であった。

モダニスム運動の後退に伴い、詩の領域も変容を遂げる。堀辰雄らが主宰する雑誌「四季」において、立原道造、津村信夫、丸山薫ら「四季派」の詩人たちが抒情詩の要所を築き上げ、日本浪曼派からは伊東静雄が著名な存在として台頭した。草野心平や中原中也なども独自の足跡を残した。この時代の代表的な詩集は、三好達治の『測量船』（1930年）、西脇順三郎の『Ambarvalia』（1933年）、中原中也の『山羊の歌』（1934年）、中野重治の『中野重治詩集』（1935年）、高村光太郎の『智恵子抄』（1941年）などであり、歌集としては島木赤彦の『柿蔭集』（1926年）、会津八一の『鹿鳴集』（1940年）、句集としては水原秋桜子の『葛飾』（1931

年)、中村草田男の『長子』(1936年) などが挙げられる。また、土屋文明は優れた短歌を残した。

演劇の領域においては、岸田國士の『紙風船』(1925年)、久保栄の『火山灰地』(1937年)、田中千禾夫の『おふくろ』(1933年) や、プロレタリア演劇の戯曲として村山知義の『暴力団記』(1930年) が高く評価された。

1945年の敗戦を契機として、文芸雑誌が次々と再び刊行され、既存の作家たちはこれまで培ってきた作品や新作を発表した。志賀直哉は荒廃した東京の風景を描いた『灰色の月』(1946年) を執筆し、永井荷風は戦時中に執筆した『浮沈』(1946年)、『踊子』(1946年) などを次々と発表した。谷崎潤一郎は『細雪』(1948年) を完成させ、続いて『少将滋幹の母』(1949年) を執筆した。宇野浩二は『思ひ川』(1946年) を、武者小路実篤は『真理先生』(1949年) を、『雪国』の完結版 (1948年) を発表し、川端康成は『千羽鶴』(1949年) や『山の音』(1949年–1954年) などを執筆した。井伏鱒二は『本日休診』(1949年) や『遙拝隊長』(1950年) などを、正宗白鳥は『日本脱出』(1949年–1953年) などを発表した。野上弥生子は『迷路』を改作・完成 (1956年) させた。その他、長与善郎や広津和郎なども活発に文学活動を展開した。

プロレタリア文学の流れを受け継ぐ中野重治や宮本百合子らは、新日本文学会を結成し、広範な民主主義文学の運動に再び取り組むことを志向した。宮本百合子は『播州平野』(1946年)、『二つの庭』(1947年) を執筆し、徳永直は『妻よねむれ』(1946年)、佐多稲子は『私の東京地図』(1946年) を発表した。中野重治は『むらぎも』(1949年)、『梨の花』(1957年) を著し、壺井栄の『二十四の瞳』(1952年) は映画化され、大きな反響を呼んだ。しかしながら、新日本文学会はやがてイデオロギーの対立により分裂し、衰退の道をたどることになる。

戦後間もなく、太宰治、坂口安吾、石川淳ら無頼派 (新戯作派) の作家たちも活発に活動を始めた。特に、太宰治の『斜陽』(1947年) と坂口安吾の『堕落論』(1946年) は戦後の人々の関心を集めた。知性的で高尚な作風の伊藤整も積極的に活動し、注目を浴びた。

一方で、中堅作家たちによって、戦後の解放的な風俗や価値観の変化を描いた風俗小説が、新聞や雑誌などのマスメディアの普及とともに大流行した。石坂洋次郎の『青い山脈』(1947年)、『石中先生行状記』(1948年)、丹羽文雄の『厭がらせの年齢』(1947年)、田村泰次郎の『肉体の門』(1947年)、大佛次郎の『帰郷』(1948年)、林芙美子の『晩菊』(1948年)、舟橋聖一の『雪夫人絵図』(1948年)、獅子文六の『自由学校』(1950年)などがその代表的な作品である。石川達三は『風にそよぐ葦』(1949年)や『人間の壁』(1957年)などの社会小説で高い評価を受けた。

未曽有の戦争体験と敗戦後の現実の中で、既存の価値観や倫理観が崩壊し、新たな人間理解に基づいて作品を発表する新たな作家たちが次々と登場した。これらの作家たちは、第一次戦後派や第二次戦後派と呼ばれ、その中には『暗い絵』(1946年)で戦後派の代表とされる野間宏、『深夜の酒宴』(1947年)などの椎名麟三、『蝮のすゑ』(1947年)などの武田泰淳、『死霊』(1945年-未完)の埴谷雄高、『桜島』(1946年)などの梅崎春生、『夏の花』(1947年)の原民喜、『死の影の下に』(1947年)などの中村真一郎、『仮面の告白』(1949年)などの三島由紀夫らが含まれる。その後も、大岡昇平の『俘虜記』(1949年)、『野火』(1952年)など、堀田善衛の『広場の孤独』(1951年)、安部公房の『壁』(1951年)などの作品が登場し、多様な文学活動が展開された。田宮虎彦の『足摺岬』(1949年)、『絵本』(1950年)などは、戦後特有の作家として高い評価を受け、田村泰次郎の「肉体文学」も大きな注目を集めた。

戦後派の中でも、島尾敏雄や梅崎春生の流れを汲む「第三の新人」と呼ばれる安岡章太郎、吉行淳之介、遠藤周作、小島信夫、庄野潤三、阿川弘之らが台頭した。彼らは第一次戦後派や第二次戦後派の後に登場し、「第三次戦後派作家」という意味の「第三の新人」と呼ばれる。続いて、石原慎太郎の『太陽の季節』(1955年)が登場し、文壇において大きな注目を浴び、芥川賞の存在も一躍有名になった。その後も、大江健三郎や開高健、江藤淳、北杜夫などの新進作家が登場した。

また、戦後になると女性作家の活躍も目立つようになり、野上弥生子の『迷路』(1936年-1956年)、『秀吉と利休』(1962年)、宇野千代の『おはん』(1947年)、林芙美子の『浮雲』(1949年)、佐多稲子の『私の東京地図』(1946年)、円地文子の『女坂』(1949年)、平林たい子、幸田文の『流れる』(1955年)、有吉佐和子の『紀ノ川』(1959年)、曾野綾子、瀬戸内晴美らが活躍した。

文壇の重鎮である谷崎潤一郎は『鍵』(1956年)、『瘋癲老人日記』(1962年)を発表し、室生犀星は『杏っ子』(1956年)を、川端康成は『眠れる美女』(1961年)、『古都』(1962年)を、井伏鱒二は『黒い雨』(1966年)を発表し、その存在感を示した。野上弥生子も1985年まで長く活躍した。

安部公房は『砂の女』(1962年)、『他人の顔』(1964年)、『燃えつきた地図』(1967年)を、大江健三郎は『個人的な体験』(1964年)、『万延元年のフットボール』(1967年)などの代表作を発表し、現代文学の中心的な存在となった。また、井上靖は『天平の甍』(1957年)、『敦煌』(1959年)などで歴史小説に新たな領域を切り開き、高い評価を受けた。1968年には川端康成がノーベル文学賞を受賞した。

1967年、近代文学関連の資料の収集と保存を目的として、文学界、学術界、マスメディア関係者によって、東京の目黒・駒場公園内に「日本近代文学館」が財団法人によって開館された。この時期には、戦後派の小説家たちが長編小説においてその才能を発揮し始め、島尾敏雄の『死の棘』(1960年)、梅崎春生の『幻化』(1965年)、遠藤周作の『沈黙』(1966年)、椎名麟三の『懲役人の告発』(1969年)、武田泰淳の『富士』(1971年)、大岡昇平の『レイテ戦記』(1971年)、福永武彦の『死の島』(1971年)、中村真一郎の『頼山陽とその時代』(1971年)、野間宏の『青年の環』(1971年)、堀田善衛の『方丈記私記』(1971年)、加藤周一の『日本文学史序説』(1975年)などの作品が生み出された。

1970年前後には、「内向の世代」として知られる、心理描写の深みを求める小説家たちが登場した。古井由吉、後藤明生、黒井千次、日野啓三らがその代表である。さらに、1970年には水俣病を告発した石牟礼道子の『苦界浄土』、1975年には原爆を主題とした林京子の『祭りの場』が発表され、その後も穏やかに深刻な問題を作品化していった。1972年、近代日本文学の文学批評を確立した文芸評論家の小林秀雄が、大作『本居宣長』を完成させた。

大衆文学では、戦前からの子母澤寛、川口松太郎、山本周五郎、海音寺潮五郎、山手樹一郎、山岡荘八などのベテラン作家が活躍し、それぞれ後に代表作とされる作品を発表していた。吉川英治、大佛次郎、富田常雄らも強い人気を保っていた。昭和30年代（1955年-1964年）に入ると、五味康祐や柴田錬三郎らの剣豪小説が流行した。さらに、井上靖や司馬遼太郎らが歴史小説に新たな地平を拓き、多くの読者を獲得した。池波正太郎、杉本苑子、永井路子、陳舜臣、笹沢左保、南條範夫などもこの時期に登場した。

現代小説では、まず、戦前戦後から高い人気を誇った石川達三や丹羽文雄、石坂洋次郎、舟橋聖一らが、依然としてベストセラーを続々と生み出した。特に石坂洋次郎は『陽のあたる坂道』（1956年-1957年）や『あいつと私』（1961年）をはじめ、その作品は毎年映画化され、国民的な人気を博した。石川達三も『四十八歳の抵抗』（1956年）や『人間の壁』（1959年）などの注目作を発表し、その書名は流行語にまでなった。一方で、新進作家も台頭してきた。源氏鶏太は『三等重役』（1952年）などで人気を集め、その後も城山三郎の『総会屋錦城』（1959年）、山口瞳の『江分利満氏の優雅な生活』（1963年）などが後の経済小説へと繋がるサラリーマン小説の分野に現れた。『さらばモスクワ愚連隊』（1966年）や『蒼ざめた馬を見よ』（1967年）などで注目を浴びた五木寛之は、若い世代を中心に爆発的な人気を得た。焼跡闇市派を自称した野坂昭如は『火垂るの墓』（1967年）などの独自の戦争小説を執筆し、好評を博した。年代記物や歴史物で注目を集めた有吉佐和子や、石川達三の社会小説の系譜を継ぐ山崎豊子なども人気を集め、後にはベストセラーを連発することとなる。他にも、推理小説から純文学に志向し始めていた水上勉の作品や、梶山季之の経済小説、川上宗薫の官能小説、また、『挽歌』（1956年）の原田康子や『氷点』（1965年）の三浦綾子、さらには平岩弓枝、立原正秋、田辺聖子らによる現代物・恋愛物なども人気を博した。

推理小説の領域では、仁木悦子や松本清張のような作家が、社会派推理小説のフィールドを開拓し、水上勉や黒岩重吾らとともに注目を集めた。一方、冒険小説や伝奇小説では、半村良や都筑道夫らが著名な作品を発表した。SF文学においては、星新一、小松左京、筒井康隆といった御三家が昭和30年代（1955年-1964年）に躍り出た。

「内向の世代」の後、1970 年代半ばからは団塊の世代の作家が相次いで登場した。その中には、中上健次が初めて芥川賞を受賞した戦後生まれの作家として脚光を浴びた。彼は紀州三部作『岬』(1975 年・翌年芥川賞受賞)、『枯木灘』(1977 年)、『地の果て 至上の時』(1983 年) で土着的文学世界を築き上げた。太宰治の次女である津島佑子は、作品『葎の母』や『寵児』などで高い評価を受け、1979 年には『光の領分』により第 1 回野間文芸新人賞を受賞した。その後も、『水府』や『黙市』などの作品で高い評価を得た。

一方で、中上健次や津島佑子とは異なり、都会的で軽妙な文体やゲームのような物語構成が特徴であり、1980 年代に入ってから注目を集めたのが、1979 年に『風の歌を聴け』で群像新人文学賞を受賞してデビューした村上春樹である。彼の作風は、『羊をめぐる冒険』(1982 年) などの作品でアメリカ文学の影響を受けたものであり、新しい時代を象徴する有力な新人作家として注目された。そして、村上春樹と同様に注目を集めたのが村上龍で、1976 年に芥川賞を受賞した作品『限りなく透明に近いブルー』を発表し、社会的にも大きな反響を呼んだ。

また、中上健次や津島佑子と村上春樹の間に位置する作家として、戦後大阪の庶民の生活を描いた宮本輝や、立松和平、青野聰、高橋三千綱などが登場し、文壇の注目を集めた。さらに、田中康夫も 1980 年に『なんとなく、クリスタル』を発表し、大きな話題を呼んだ。

しかし、これらの新人作家だけがこの時代の文学を代表していたわけではなく、既存の作家たちもこの時期に著しい活躍を見せた。石川淳は『狂風記』(1979 年–1980 年) を執筆し、深沢七郎は『みちのくの人形たち』(1980 年)、藤枝静男は『田神有楽』(1981 年) を発表し、高く評価された。さらに、和田芳恵や川崎長太郎、野口冨士男らが復活し、円熟を示した。文壇の大御所である丹羽文雄は、『蓮如』全 8 巻 (1971 年–1981 年) を完結させて自身の仏教文学を完成させ、野上弥生子も最後の大作『森』(1972 年–1985 年) に取り組んだ。

戦後派の作家たちもなお健在であり、堀田善衛や大西巨人、中村真一郎、安部公房、檀一雄、安岡章太郎、吉行淳之介、小島信夫、古井由吉、黒井千次らがその一環として作品を発表しました。

戦後派の作家たちもなお活躍しており、堀田善衛は『ゴヤ』全 4 巻（1974 年-1982 年）、大西巨人は『神聖喜劇』全 5 巻（1960 年-1980 年）、中村真一郎は『四季』四部作（1975 年-1984 年）を完成させた。同様に、安部公房は『箱男』（1973 年）、『密会』（1977 年）、檀一雄は『火宅の人』（1975 年）、安岡章太郎は『流離譚』（1976 年）、吉行淳之介は『夕暮まで』（1978 年）、小島信夫は『別れる理由』（1973 年-1981 年）、古井由吉は『槿』（1983 年）、黒井千次は『群棲』（1984 年）を発表した。

大江健三郎は、『洪水はわが魂に及び』（1973 年）、『同時代ゲーム』（1979 年）の後、1983 年に代表作の一つとなる『新しい人よ眼ざめよ』を著し、現代文学の最先端を走り続けた。また、開高健や井上光晴、丸谷才一、辻邦生、高井有一、田久保英夫、水上勉、立原正秋、五木寛之ら中堅作家も高い評価を得る作品を発表した。

その一方で、昭和 40 年代（1965 年-1974 年）以降も女流作家の活動が目立ち、引き続き多様な文学活動が展開された。特に、高橋たか子の『空の果てまで』（1974 年）や大庭みな子の『寂兮寥兮』（1982 年）、そして富岡多恵子などがその才能を示し、広く注目を集めた。河野多恵子や大原富枝、森茉莉、萩原葉子らの中堅作家も著名な作品を発表し、宮尾登美子や竹西寛子、林京子、金井美恵子なども活発な創作活動を開始した。その一方で、過去の文学界の巨匠たちも力強く筆を振るっていた。野上弥生子は壮大な作品『森』の執筆に取り組んだ。女流文学の象徴として名を馳せた円地文子は、『源氏物語』の翻訳プロジェクト（1967 年-1973 年）を成功裏に終え、その後『食卓のない家』（1978 年）などの重要作品に着手した。同様に、佐多稲子も精力的な文学活動を続け、『樹影』（1973 年）や『時に佇つ』（1975 年）などの作品を発表した。芝木好子は『青磁砧』（1972 年）や『隅田川暮色』（1982 年-1983 年）などを執筆し、中里恒子も『歌枕』（1973 年）などで高い評価を受けた。同時に、比較的年配の新人作家の活躍も目覚ましく、宮尾登美子、竹西寛子、林京子のほかにも、加賀乙彦の『フランドルの冬』（1967 年）、清岡卓行の『アカシヤの大連』（1969 年）、吉田健一の『瓦礫の中』（1970 年）、三木卓の『砲撃のあとで』（1971 年）、そして当時最年長の芥川賞受賞者となった森敦の『月山』（1973 年）などが注目されました。日野啓三の『抱擁』（1977 年）、李恢成の『見果てぬ夢』（1976 年-1979 年）、色川武大の『怪しい来客簿』（1977 年）なども著名な作品として挙げられる。他にも、三枝和子、中野孝次、古山高麗雄、野呂邦暢、佐木隆三などが文学界に輝かしい功績を残した。

その一方で、演劇界でつかこうへいは 1981 年の作品『蒲田行進曲』で直木賞を受賞し、唐十郎も 1983 年の『佐川君からの手紙』で芥川賞を手にした。同様に、大衆文学の分野では井上ひさしが 1980 年に『吉里吉里人』を、SF の専門家である筒井康隆が 1981 年に『虚人たち』を発表した。このような傾向により、昭和 40 年代から 50 年代にかけて文学は多様化し、純文学と大衆文学の境界がより曖昧になった。この時期には、司馬遼太郎の歴史小説や松本清張の推理小説、星新一の SF 小説、五木寛之の大衆小説などが幅広い読者に親しまれた。

1983 年には、島田雅彦が『優しいサヨクのための嬉遊曲』でデビューし、新たな文学世代の旗手として注目された。翌年には、高樹のぶ子が『光抱く友よ』で芥川賞を受賞し、以降は恋愛小説の優れた作品を数多く発表した。山田詠美も 1985 年のデビュー作『ベッドタイムアイズ』などで芥川賞にノミネートされ、1987 年には『ソウル・ミュージック・ラバーズ・オンリー』で直木賞を獲得した。1987 年には、評論家吉本隆明の次女である吉本ばななが『キッチン』でデビューし、バナナ現象を引き起こした。その後の作品『うたかた／サンクチュアリ』（1988 年）、『TUGUMI』（1989 年）などは、孤独で現代的な登場人物を描いたことで高い評価を受けた。同じく 1988 年には、芥川賞に対抗する三島由紀夫賞が設立され、最初の受賞作品として日本のポストモダン文学を代表する高橋源一郎の『優雅で感傷的な日本野球』が選ばれた。

デビュー後、村上春樹は着実に自身の独自の文学的領域を築き上げ、1985 年の『世界の終りとハードボイルド・ワンダーランド』や 1988 年の『ダンス・ダンス・ダンス』などを発表した。特に、1987 年に刊行された『ノルウェイの森』は大きなベストセラーとなり、2009 年までに 1000 万 3400 部以上を販売した。同様に、村上龍も 1980 年の『コインロッカー・ベイビーズ』や 1987 年の『愛と幻想のファシズム』などで注目を集めた。中上健次も 1984 年の『日輪の翼』や 1989 年の

『奇蹟』などで独自の世界を描き、津島佑子は1986年に代表作の一つである『夜の光に追われて』を発表した。さらに、宮本輝は1986年の『優駿』で幅広い読者を獲得し、渡辺淳一は1990年代に恋愛小説で大きなブームを巻き起こし、村上春樹や吉本ばななと共に社会現象を引き起こし、時代の寵児となった。

この時期において、大江健三郎は1986年の『M/Tと森のフシギの物語』や1987年の『懐かしい年への手紙』などを発表したが、それほど多くの読者を獲得することはできなかった。しかし、これらの作品はフランス語に翻訳され、大江は安部公房とともに欧米で高い評価を受ける日本の作家の一人となった。また、筒井康隆は1980年の『虚人たち』以降、純文学の領域にも活動を広げ、1984年の『虚航船団』や1987年の『夢の木坂分岐点』などの前衛的で実験的な作品で大きな注目を集めた。

戦前からの詩人たちの作品には、高村光太郎の1950年の『典型』、金子光晴の1948年の『落下傘』、西脇順三郎の1947年の『旅人かへらず』、釈迢空（折口信夫）の1947年の『古代感愛集』、三好達治の1952年の『駱駝の瘤にまたがつて』、高見順の1964年の『死の淵より』などがあり、これらは注目を浴びた。

第二次世界大戦後に盛んになった現代詩は、各詩人によって作風が大きく異なり、共通するものが少ない「分散性」が特徴だが、共通要素を取り出すとすれば、私的性が強調される。例えば、詩誌「荒地」を中心に集まった鮎川信夫、田村隆一、吉本隆明、そして詩誌「櫂」を中心に集まった谷川俊太郎、大岡信、吉野弘などの詩人は、私的な表現に焦点を当てた。また、飯島耕一、吉岡実、入沢康夫、天沢退二郎、吉増剛造、荒川洋治といった詩人の活躍も見られた。さらに、石垣りんや茨木のり子などの女性詩人も注目された。

短歌の領域では、釈迢空、土屋文明、木俣修、宮柊二といった詩人が活躍し、俳句では、水原秋桜子、山口誓子、中村草田男、加藤楸邨、西東三鬼、金子兜太などが主要な存在であった。俳誌『雲母』を主催した飯田蛇笏や龍太も活発な活動を見せた。また、1987年に発表された俵万智の『サラダ記念日』は歌集として異例の売れ行きを示した。

演劇の分野では、加藤道夫の『なよたけ』（1946年）、木下順二の『夕鶴』（1949

年）などの名作が誕生した。さらに、小説、評論、詩などの分野で活躍した福田恆存、三島由紀夫、安部公房、寺山修司、井上ひさし、唐十郎らも戯曲を手がけた。また、不条理演劇の別役実は独自の存在感を示し、戦後に生まれたつかこうへい、野田秀樹、鴻上尚史らも若い才能を発揮した。

平成時代の文学

平成時代（1989 年-2019 年）に入ると、戦後派の小説家が段々と表舞台から退き、第三の新人も創作のピークを過ぎていた。この時期、文学界は様々な世代の作家が入り混じり、特定の文芸思潮によっては統括できない状況に至った。この中で、「純文学の危機」という声が高まり、商業主義と作家の芸術性の両立がますます困難になり、文学は文化の中心的な位置を失いつつあった。

詩人として出発した池澤夏樹は、1987 年の『スティル・ライフ』で芥川賞を受賞し、その後神話的手法を用いた 1993 年の『マシアス・ギリの失脚』で高い評価を得た。同様に、1981 年の『極楽』で群像新人文学賞を受賞した笙野頼子は、1994 年の『タイムスリップ・コンビナート』で芥川賞を受賞し、その後もフェミニズムを軸にポストモダン文学の開拓を進めた。また、ドイツ在住の多和田葉子も 1992 年の『犬婿入り』で芥川賞を受賞し、日本語とドイツ語の作品を通じて新たな関係性を模索し続けた。

この時期に注目された作家としては、1993 年の『親指 P の修行時代』で知られる松浦理英子や、1992 年の『鹽壺の匙』や 1998 年の『赤目四十八瀧心中未遂』で高い評価を得た車谷長吉、また童話作家として活躍し、1991 年の『きらきらひかる』で若い女性たちから支持を受けた江國香織などが挙げられる。また、『海峡の光』（1997 年）で芥川賞を受賞し、ロックバンド ECHOES のボーカルとしても知られる経歴を持つ辻仁成、劇作家として注目された後、家族の解体と再生をテーマに『フルハウス』（1996 年）や『家族シネマ』（1997 年）などの小説を執筆した柳美里、アメリカ出身で『星条旗の聞こえない部屋』（1992 年）を著したリービ英雄、さらに、村田喜代子、辻原登、小川洋子、保坂和志、奥泉光などが挙げられる。

大衆文学の領域では、宮部みゆきが1992年の『火車』を契機に一躍ベストセラー作家となり、ミステリーから時代物、ファンタジーまで幅広いジャンルの作品を手がけた。浅田次郎もこの時期に登場し、1997年の『鉄道員』が映画化され大ベストセラーとなった。また、作詞家としても活躍していた伊集院静も、1992年の『受け月』や1994年の『機関車先生』などでその作家としての地位を確立していった。

この時代において、ベテラン作家たちもその執筆力を見せつけ、井上靖の『孔子』(1989年)、筒井康隆の『文学部唯野教授』(1990年)、河野多恵子の『みいら採り猟奇譚』(1990年)、開高健の『珠玉』(1990年)、丸谷才一の『女ざかり』(1992年)、遠藤周作の『深い河』(1993年)などが注目を集めた。同時に、山崎豊子の『大地の子』(1987年-1991年)や宮尾登美子の『藏』(1993年)などは、幅広い読者から支持を得た。さらに、実業家から執筆活動に移行した辻井喬は、『虹の岬』(1994年)などを発表した。中上健次も『軽蔑』(1992年)を発表し、その文学的系譜が際立つ中、同年に逝去した。この時期には、大岡昇平、井上靖、安部公房、井伏鱒二、遠藤周作など、世界的な作家が相次いで亡くなった。

1994年、大江健三郎が日本人として2人目のノーベル文学賞を受賞した。彼は『燃えあがる緑の木』(1995年)を「最後の小説」としたが、その後も『宙返り』(1999年)で小説創作を再開した。村上春樹は三部作である『ねじまき鳥クロニクル』(1992年-1995年)を発表し、ベストセラーとなった。また、村上龍は『五分後の世界』(1994年)、『イン　ザ・ミソスープ』(1997年)など、多くの作品を発表した。島田雅彦は『彼岸先生』(1992年)、『忘れられた帝国』(1995年)で、山田詠美は『トラッシュ』(1991年)、『アニマル・ロジック』(1996年)で、それぞれ小説家としての地位を確立した。

1990年代後半からは、純文学の商品化が進み、多くの新進気鋭の作家がポピュラー音楽や映画などの大衆文化との接点を強調して登場した。J-POPと呼ばれる音楽に合わせて、雑誌『文藝』が阿部和重、町田康、星野智幸、吉田修一ら1990年代に登場した作家を広く「J文学」と称したが、大きな反響はなかった。

1998年、津島佑子は自身の文学的テーマの集大成として『火の山－山猿記』を完成させた。1999年に芥川賞を受賞した平野啓一郎は、古風な文体を多用し、京都大学の学生であったことからマスメディアに頻繁に登場した。同じく芥川賞を受賞した川上弘美は、2001年に『センセイの鞄』を発表し、幅広く受け入れられた。同年、高橋源一郎の『日本文学盛衰史』、2002年に村上春樹の『海辺のカフカ』、2003年に阿部和重の『シンセミア』、2005年には村上龍の『半島を出よ』、町田康の『告白』など、大作が相次いで発表された。また、島田雅彦は『無限カノン』の3部作を発表した。

2000年代に入ると、文学賞の受賞年齢が低下し、2004年には最年少で芥川賞を受賞した綿矢りさや金原ひとみなど、10代でデビューした若手作家が活躍した。この時期には、辻原登が19世紀のヨーロッパ小説の伝統を引き継いだ作品を、堀江敏幸が随筆と小説の境界を曖昧にするような作品を発表した。国際的に名を馳せた大江健三郎は、「おかしな二人組」三部作として知られる『取り替え子』(2000年)、『憂い顔の童子』(2002年)、『さようなら、私の本よ!』(2005年)を発表した。

さらに、新しい文学賞として2004年に本屋大賞が設立され、数々のヒット作を生み出した。この時期には、海外での日本文学の翻訳が盛んになり、一部の作家は同時代の海外文学に強い影響を与えるようになった。村上春樹の作品は多くの国でベストセラーとなり、彼は世界的に最も影響力のある小説家の一人となった。多和田葉子は日本語とドイツ語で執筆し、その作品は国境を超えて高く評価された。小川洋子も『博士の愛した数式』(2003年)などの作品で世界的に名を馳せた。

舞姫

森鴎外

石炭をばはや積み果てつ。中等室の卓のほとりはいと静かにて、熾熱燈の光の晴れがましきも徒なり。今宵は夜ごとにここに集い来る骨牌仲間も「ホテル」に宿りて、舟に残れるは余一人のみなれば。五年前の事なりしが、平生の望み足りて、洋行の官命[1]をこうむり、このセイゴンの港まで来しころは、目に見るもの、耳に聞くもの、一つとして新たならぬはなく、筆に任せて書きしるしつる紀行文日ごとに幾千言をかなしけん、当時の新聞に載せられて、世の人にもてはやされしかど、今日になりておもえば、穉き思想、身のほど知らぬ放言、さらぬも尋常の動植金石、さては風俗などをさえ珍しげにしるししを、心ある人はいかにか見けん。こたびは途に上りしとき、日記ものせんとて買いし冊子もまだ白紙のままなるは、独逸にて物学びせし間に、一種の「ニル・アドミラリイ」[2]の気象をや養

1　官命：官府の命令。

2　ニル・アドミラリイ：何事にも無感動なこと。また、そのさま。ローマの詩人ホラティウスの「書簡詩」に見える言葉。

い得たりけん、あらず、これには別に故（ゆえ）あり。

げに東（ひんがし）に還（かえ）る今の我は、西に航せし昔の我ならず、学問こそなお心に飽き足らぬところも多かれ、浮世（うきよ）のうきふしをも知りたり、人の心の頼みがたきは言うも更（さら）なり、われとわが心さえ変わりやすきをも悟り得たり。きのうの是（ぜ）はきょうの非（ひ）なるわが瞬間の感触を、筆に写して誰（たれ）にか見せん。これや日記の成らぬ縁故なる、あらず、これには別に故あり。

ああ、ブリンジイシイ[1]の港を出でてより、はや二十日（はつか）あまりを経ぬ。世の常ならば生面（せいめん）の客にさえ交わりを結びて、旅の憂（う）さを慰めあうが航海の習いなるに、微恙（びよう）にことよせて房（へや）のうちにのみ籠（こも）りて、同行の人々にも物言うことの少なきは、人知らぬ恨みに頭（かしら）のみ悩ましたればなり。この恨みは初め一抹（いちまつ）の雲のごとくわが心をかすめて、瑞西（スイス）の山色をも見せず、伊太利（イタリア）の古蹟（こせき）にも心を留（とど）めさせず、中ごろは世をいとい、身をはかなみて、腸（はらわた）日ごとに九廻（きゅうかい）すともいうべき惨痛をわれに負わせ、今は心の奥に凝（こ）り固まりて、一点の翳（かげ）とのみなりたれど、文（ふみ）読むごとに、物見るごとに、鏡に映る影、声に応ずる響きのごとく、限りなき懐旧の情を喚（よ）び起こして、幾度（いくたび）となくわが心を苦しむ。ああ、いかにしてかこの恨みを銷（しょう）せん。もし外（ほか）の恨みなりせば、詩に詠じ歌によめる後は心地（ここち）すがすがしくもなりなん。これのみはあまりに深くわが心に彫（え）りつけられたればさはあらじと思えど、今宵（こよい）はあたりに人もなし、房奴（ぼうど）の来て電気線の鍵（かぎ）をひねるにはなおほどもあるべければ、いで、その概略を文に綴（つづ）りてみん。

余は幼きころより厳（きび）しき庭の訓（おし）えを受けし甲斐（かい）に、父をば早く喪（うしな）いつれど、学

1　ブリンジイシイ：イタリア共和国南部・プッリャ州にある都市。

問の荒（すさ）み衰うることなく、旧藩（きゅうはん）の学館にありし日も、東京に出でて予備黌（よびこう）に通いしときも、大学法学部に入（い）りし後も、太田豊太郎（おおたとよたろう）という名はいつも一級の首（はじめ）にしるされたりしに、一人子（ひとりご）の我を力になして世を渡る母の心は慰みけらし。十九の歳（とし）には学士の称を受けて、大学の立ちてよりそのころまでにまたなき名誉なりと人にも言われ、某（なにがし）省に出仕して、故郷なる母を都（みやこ）に呼び迎え、楽しき年を送ること三とせばかり、官長の覚え殊（こと）なりしかば、洋行して一課の事務を取り調べよとの命を受け、わが名を成さんも、わが家を興（おこ）さんも、今ぞとおもう心の勇み立ちて、五十を踰（こ）えし母に別るるをもさまで悲しとは思わず、はるばると家を離れてベルリンの都に来ぬ。

余は模糊（もこ）たる功名の念と、検束に慣れたる勉強力とを持ちて、たちまちこの欧羅巴（ヨーロッパ）の新大都の中央に立てり。なんらの光彩ぞ、わが目を射んとするは。なんらの色沢（しきたく）ぞ、わが心を迷わさんとするは。菩提樹下（ぼだいじゅか）と訳するときは、幽静なる境（さかい）なるべく思わるれど、この大道髪（かみ）のごときウンテル・デン・リンデン[1]に来て両辺なる石だたみの人道を行く隊々（くみぐみ）の士女を見よ。胸張り肩聳（そび）えたる士官の、まだ維廉（ウィルヘルム）一世の街（まち）に臨める窓に倚（よ）りたもう頃なりければ、さまざまの色に飾り成したる礼装をなしたる、妍（かおよ）き少女（おとめ）の巴里（パリ）まねびの粧（よそお）いしたる、かれもこれも目を驚かさぬはなきに、車道の土瀝青（アスファルト）の上を音もせで走るいろいろの馬車、雲に聳（そび）ゆる楼閣の少しとぎれたるところには、晴れたる空に夕立の音を聞かせて漲（みなぎ）り落

1　ウンテル・デン・リンデン：ドイツ・ベルリンの大通りの一つである。ウンター・デン・リンデンとは「菩提樹の下」の意味で、その名の通り菩提樹の並木道を満喫することができる。

つる噴井の水、遠く望めばブランデンブルゲル門[1]を隔てて緑樹枝をさし交わしたる中より、半天に浮かびいでたる凱旋塔の神女の像、このあまたの景物目睫の間に聚まりたれば、始めてここに来しものの応接にいとまなきも宜なり。されどわが胸にはたといいかなる境に遊びても、あだなる美観に心をば動かさじの誓いありて、つねに我を襲う外物を遮り留めたりき。

余が鈴索を引き鳴らして謁を通じ、おおやけの紹介状を出だして東来の意を告げし普魯西の官員は、みな快く余を迎え、公使館よりの手つづきだに事なく済みたらましかば、何事にもあれ、教えもし伝えもせんと約しき。喜ばしきは、わが故里にて、独逸、仏蘭西の語を学びしことなり。彼らは始めて余を見しとき、いずくにていつのまにかくは学び得つると問わぬことなかりき。

さて官事の暇あるごとに、かねておおやけの許しをば得たりければ、ところの大学に入りて政治学を修めんと、名を簿冊に記させつ。ひと月ふた月と過すほどに、おおやけの打ち合せもすみて、取調べも次第に捗り行けば、急ぐことをば報告書に作りて送り、さらぬをば写し留めて、ついには幾巻をかなしけん。大学のかたにては、稚き心に思い計りしがごとく、政治家になるべき特科のあるびょうもあらず、これかかれかと心迷いながらも、二、三の法家の講筵に列なることにおもい定めて、謝金を収め、往きて聴きつ。

かくて三年ばかりは夢のごとくにたちしが、時来れば包みても包みがたきは人の好尚なるらん、余は父の遺言を守り、母の教えに従い、人の神童なりなど褒む

1　ブランデンブルク門：ドイツ・ベルリンのシンボルとされている門である。正面部はパリ広場の西側に面しており、ミッテ区に属している。

るが嬉(うれ)しさに怠らず学びし時より、官長の善(よ)き働き手を得たりと奨(はげ)ますが喜ばしさにたゆみなく勤めし時まで、ただ所動的、器械的の人物になりて自ら悟らざりしが、今二十五歳になりて、すでに久しくこの自由なる大学の風に当りたればにや、心の中なにとなくおだやかならず、奥深く潜みたりしまことの我は、ようよう表にあらわれて、きのうまでの我ならぬ我を攻むるに似たり。余はわが身の今の世に雄飛すべき政治家になるにもよろしからず、またよく法典を諳(そらん)じて獄を断ずる法律家になるにもふさわしからざるを悟りたりと思いぬ。余はひそかに思うよう、わが母は余を活(い)きたる辞書となさんとし、わが官長は余を活きたる法律となさんとやしけん。辞書たらんはなお堪(た)うべけれど、法律たらんは忍ぶべからず。今までは瑣々(ささ)たる問題にも、きわめて丁寧(ていねい)にいらえしつる余が、このころより官長に寄する書(ふみ)にはしきりに法制の細目にかかずろうべきにあらぬを論じて、ひとたび法の精神をだに得たらんには、紛々(ふんぷん)たる万事は破竹のごとくなるべしなどと広言しつ。また大学にては法科の講筵をよそにして、歴史文学に心を寄せ、ようやく蔗(しょ)を嚼(か)む境に入(い)りぬ。

官長はもと心のままに用いるべき器械をこそ作らんとしたりけめ。独立の思想をいだきて、人なみならぬ面(おも)もちしたる男をいかでか喜ぶべき。危うきは余が当時の地位なりけり。されどこれのみにては、なおわが地位を覆(くつがえ)すに足らざりけんを、日ごろ伯林(ベルリン)の留学生のうちにて、ある勢力ある一群(ひとむ)れと余との間に、おもしろからぬ関係ありて、かの人々は余を猜疑(さいぎ)し、またついに余を讒誣(ざんぶ)[1]するに至りぬ。されどこれとてもその故なくてやは。

かの人々は余がともに麦酒(ビール)の杯をも挙げず、球突きの棒(キュー)をも取らぬを、かたく

1　讒誣：他人を陥れるため、事実を曲げ悪く言うこと。

ななる心と欲を制する力とに帰して、かつは嘲(あざけ)りかつは嫉(ねた)みたりけん。されどこは余を知らねばなり。ああ、この故よしは、わが身だに知らざりしを、いかでか人に知らるべき。わが心はかの合歓(ねむ)という木の葉に似て、物触(さや)れば縮みて避けんとす。わが心は処女に似たり。余が幼きころより長者の教えを守りて、学びの道をたどりしも、仕えの道をあゆみしも、みな勇気ありてよくしたるにあらず、耐忍勉強の力と見えしも、みな自ら欺き、人をさえ欺きつるにて、人のたどらせたる道を、ただ一条(ひとすじ)にたどりしのみ。よそに心の乱れざりしは、外物を棄(す)ててかえりみぬほどの勇気ありしにあらず、ただ外物に恐れて自らわが手足を縛(ばく)せしのみ。故郷を立ち出づる前にも、わが有為(ゆうい)の人物なることを疑わず、またわが心のよく耐えんことをも深く信じたりき。ああ、彼も一時。舟の横浜を離るるまでは、あっぱれ豪傑と思いし身も、せきあえぬ涙に手巾(しゅきん)を濡(ぬ)らしつるをわれながら怪しと思いしが、これぞなかなかにわが本性なりける。この心は生れながらにやありけん、また早く父を失いて母の手に育てられしによりてや生じけん。

かの人々の嘲(あざけ)るはさることなり。されど嫉(ねた)むはおろかならずや。この弱くふびんなる心を。赤く白く面(おもて)を塗りて、赫然(かくぜん)たる色の衣をまとい、珈琲(カッフェー)店に坐して客をひく女を見ては、往(ゆ)きてこれに就(つ)かん勇気なく、高き帽を戴(いただ)き、眼鏡(めがね)に鼻を挟ませて、普魯西(プロシヤ)にては貴族めきたる鼻音にて物言う「レエベマン」[1]を見ては、往きてこれと遊ばん勇気なし。これらの勇気なければ、かの活溌なる同郷の人々と交わらんようもなし。この交際の疎(うと)きがために、かの人々はただ余を嘲り、余を嫉むのみならで、また余を猜疑(さいぎ)することとなりぬ。これぞ余が冤罪(えんざい)を身に負いて、暫時の間に無量の艱難(かんなん)を閲(けみ)し尽くす媒(なかだち)[2]なりける。

1　レエベマン：道楽者。

2　媒：双方の間に立って事を取り持つこと。

ある日の夕暮れなりしが、余は獣苑を漫歩して、ウンテル・デン・リンデンを過ぎ、わがモンビシュウ街の僑居に帰らんと、クロステル巷の古寺の前に来ぬ。余はかの燈火の海を渡り来て、この狭く薄暗き巷に入り、楼上の木欄に干したる敷布、襦袢[1]などまだ取り入れぬ人家、頰髭長き猶太教徒の翁が戸前に佇みたる居酒屋、一つの梯はただちに楼に達し、他の梯は窖住まいの鍛冶が家に通じたる貸家などに向かいて、凹字の形に引っこみて立てられたる、この三百年前の遺跡を望むごとに、心の恍惚となりてしばし佇みしこと幾度なるを知らず。

今この処を過ぎんとするとき、とざしたる寺門の扉に倚りて、声を呑みつつ泣くひとりの少女あるを見たり。年は十六、七なるべし、被りし巾を洩れたる髪の色は、薄きこがね色にて、着たる衣は垢つき汚れたりとも見えず。わが足音に驚かされてかえりみたる面、余に詩人の筆なければこれを写すべくもあらず。この青く清らにて物問いたげに愁いを含める目の、半ば露を宿せる長き睫毛に掩われたるは、何故に一顧したるのみにて、用心深きわが心の底までは徹したるか。

彼は料らぬ深き歎きにあいて、前後を顧みるいとまなく、ここに立ちて泣くにや。わが臆病なる心は憐憫の情に打ち勝たれて、余は覚えず側に倚り、「何故に泣きたもうか。ところに繫累[2]なき外人は、かえりて力を借し易きこともあらん」といいかけたるが、われながらわが大胆なるにあきれたり。

彼は驚きてわが黄なる面をうち守りしが、わが真率なる心や色にあらわれたりけん。「君は善き人なりと見ゆ。彼のごとく酷くはあらじ。またわが母のごとく」

1　襦袢：肌につけて着る短衣。

2　繫累：つながること。

しばし涸(か)れたる涙の泉はまた溢れて愛らしき頬を流れ落つ。

「われを救いたまえ、君。わが恥(はじ)なき人とならんを。母はわが彼の言葉に従わねばとて、われを打ちき。父は死にたり。明日(あす)は葬らではかなわぬに、家に一銭の貯(たくわ)えだになし」

跡(あと)は欷歔(ききょ)[1]の声のみ。わが眼(まなこ)はこのうつむきたる少女(おとめ)の顫(ふる)う項(うなじ)にのみ注がれたり。

「君が家に送り行かんに、まず心を鎮(しず)めたまえ。声をな人に聞かせたまいそ。ここは往来なるに」彼は物語りするうちに、覚えずわが肩に倚(よ)りしが、この時ふと頭(かしら)をもたげ、また始めてわれを見たるがごとく、恥じてわが側を飛びのきつ。

人の見るが厭(いと)わしさ[2]に、早足に行く少女のあとにつきて、寺の筋向かいなる大戸(おおと)を入(い)れば、欠け損じたる石の梯(はしご)あり。これを上(の)ぼりて、四階目に腰を折りて潜(くぐ)るべきほどの戸あり。少女は鏽(さ)びたる針金の先きをねじ曲げたるに、手を掛けて強く引きしに、中には咳枯(しわが)れたる老媼(おうな)の声して、「誰(た)ぞ」と問う。エリス帰りぬと答うる間もなく、戸をあららかに引き開けしは、半ば白(しら)みたる髪(かみ)、悪(あ)しき相にはあらねど、貧苦(ひんく)の痕(あと)を額(ぬか)にしるせし面の老媼にて、古き獣綿(じゅうめん)の衣を着(き)、汚れたる上靴(うわぐつ)を穿(は)きたり。エリスの余に会釈(えしゃく)して入るを、かれは待ち兼ねしごとく、戸をはげしくたて切りつ。

余はしばし茫然(ぼうぜん)として立ちたりしが、ふと油燈(ランプ)の光にすかして戸を見れば、エルンスト・ワイゲルトと漆(うるし)もて書き、下に仕立物師(したてものし)と注したり。これすぎぬとい

1　欷歔：悲しんですすり泣くこと。

2　厭わしさ：いやで、避けたいことである。

う少女が父の名なるべし。内には言い争うごとき声聞こえしが、また静かになりて戸は再びあきぬ。さきの老媼は慇懃[1]におのが無礼の振る舞いせしを詫びて、余を迎え入れつ。戸の内は厨にて、右手の低き窓に、真白に洗いたる麻布をかけたり。左手には粗末に積み上げたる煉瓦の竈あり。正面の一室の戸は半ば開きたるが、内には白布をおおえる臥床あり。伏したるはなき人なるべし。竈の側なる戸を開きて余を導きつ。このところはいわゆる「マンサルド」の街に面したる一間なれば、天井もなし。隅の屋根裏より窓に向かいて斜めにさがれる梁を、紙にて張りたる下の、立たば頭の支うべきところに臥床あり。中央なる机には美しき氈をかけて、上には書物一、二巻と写真帖とをならべ、陶瓶にはここに似合わしからぬ価高き花束を生けたり。そが傍らに少女は羞をおびて立てり。

彼は優れて美なり。乳のごとき色の顔は燈火に映じて微紅をさしたり。手足のかぼそくたおやかなるは、貧家の女に似ず。老媼の室を出でしあとにて、少女は少し訛りたる言葉にて言う。「許したまえ。君をここまで導きし心なさを。君は善き人なるべし。われをばよも憎みたまわじ。明日に迫るは父の葬、たのみに思いしシャウムベルヒ、君は彼を知らでやおわさん。彼は『ヰクトリア』座の座頭なり。彼が抱えとなりしより、はや二年なれば、事なくわれらを助けんと思いしに、人の憂いにつけこみて、身勝手なるいいがけせんとは。われを救いたまえ、君。金をば薄き給金[2]をさきて還し参らせん。よしやわが身は食わずとも。それもならずば母の言葉に」彼は涙ぐみて身をふるわせたり。その見上げたる目には、

1 慇懃：礼儀正しくていねいなこと。

2 給金：給料として渡される金銭。

人に否（いな）とはいわせぬ媚態（びたい）あり。この目の働きは知りてするにや、また自らは知らぬにや。

わが隠しには二、三「マルク」の銀貨あれど、それにて足るべくもあらねば、余は時計をはずして机の上に置きぬ。「これにて一時の急を凌（しの）ぎたまえ。質屋の使いのモンビシュウ街三番地にて太田と尋ね来ん折りには価（あたい）を取らすべきに」

少女は驚き感ぜしさま見えて、余が辞別（わかれ）のためにいだしたる手を唇（くちびる）にあてたるが、はらはらと落つる熱き涙をわが手の背（そびら）に濺（そそ）ぎつ。

ああ、何らの悪因ぞ。この恩を謝せんとて、自らわが僑居（きょうきょ）に来（こ）し少女は、ショオペンハウエル[1]を右にし、シルレル[2]を左にして、終日兀坐（ひねもすこつざ）するわが読書（どくしょ）の窓下（そうか）に、一輪の名花を咲かせてけり。このときを始めとして、余と少女との交わりようやくしげくなりもて行きて、同郷人にさえ知られぬれば、彼らは速了（そくりょう）にも、余をもて色を舞姫（まいひめ）の群れに漁（ぎょ）するものとしたり。われら二人の間にはまだ痴（ちがい）なる歓楽のみ存じたりしを。

その名を斥（さ）さんは憚（はばか）りあれど、同郷人の中に事を好む人ありて、余がしばしば芝居に出入りして、女優と交わるということを、官長のもとに報じつ。さらぬだに余がすこぶる学問の岐路（きろ）に走るを知りて憎み思いし官長は、ついに旨（むね）を公使館に伝えて、わが官を免じ、わが職を解いたり。公使がこの命を伝うる時余にいいしは、御身（おんみ）もし即時に郷（きょう）に帰らば、路用を給すべけれど、もしなおここに在（あ）らんには、公（おおやけ）の助けをば仰ぐべからずとのことなりき。余は一週日の猶予を請いて、

1　ショオペンハウエル：Arthur Schopenhauer，ドイツの哲学者。主著は『意志と表象としての世界』。

2　シルレル：Johann Christoph Friedrich von Schiller（1759-1805）は、ドイツの詩人、歴史学者、劇作家、思想家。

とやこうと思い煩(わずら)ううち、わが生涯にてもっとも悲痛を覚えさせたる二通の書状に接しぬ。この二通はほとんど同時にいだししものなれど、一は母の自筆、一は親族なる某(なにがし)が、母の死を、わがまたなく慕う母の死を報じたる書(ふみ)なりき。余は母の書中の言(こと)をここに反覆するに堪えず、涙の迫り来て筆の運びを妨ぐればなり。

作家紹介

森鷗外（1862 年 2 月 17 日-1922 年 7 月 9 日）は、日本の明治・大正期の小説家、評論家、翻訳家、教育者、陸軍軍医、官僚。医学博士、文学博士。本名：森林太郎。別号観潮楼主人など。石見国津和野（現：島根県鹿足郡津和野町）出身。

藩医家の嫡男として、幼い頃から『論語』『孟子』といった漢学書とオランダ語などを学び、養老館では四書五経を復読した。激動の明治維新期に家族と周囲から将来を期待されることになった。東京大学医学部卒業。大学卒業後、陸軍軍医になり、陸軍省派遣留学生としてドイツでも軍医として 4 年過ごした。留学中、西欧文学の素養を深め、帰国後訳詩編『於母影』、小説『舞姫』、翻訳『即興詩人』を発表する一方、同人たちと文芸雑誌『しがらみ草紙』を創刊して文筆活動に入った。

このように、外国文学などの翻訳を手始めに熱心に評論的啓蒙活動を続けた。当時、情報の乏しい欧州ドイツを舞台にした『舞姫』を蘇峰の依頼により『国民之友』1890 年 1 月に発表した。読者を驚かせたとされる。そのドイツ三部作をめぐって石橋忍月と論争を、また『しがらみ草紙』上で坪内逍遥の記実主義を批判して没理想論争を繰り広げた。

以後、翻訳、評論、創作に旺盛な活動を示し、浪漫主義的立場に立ち日本近代文学の形成に大きく関与した。明治四〇年代には『スバル』に拠り反自然主義の雄として活躍、晩年は歴史小説、史伝に健筆をふるった。『スバル』創刊後に『雁』などを発表。翻訳『即興詩人』『ファウスト』『阿部一族』『高瀬舟』など歴史小説や史伝『渋江抽斎』『伊沢蘭軒』なども執筆した。

作品解説

『舞姫』は、森鷗外の短編小説。1890年（明治23年）1月号の『国民之友』に発表。ドイツに留学した青年男性の手記の形をとり、生い立ちからドイツでの経験までを綴る。高雅な文体と浪漫的な内容で、鷗外初期の代表作とされる。本作は、森鷗外の創作小説として発表された第一作目である。

ドイツを舞台とした作品であり、ドイツへ留学した経験が生かされ、自伝的要素の強い作品である。19世紀末の舞台設定において、ドイツ留学中の太田豊太郎は、祖国日本への帰途にあたる船上での内省に耽りながら、心を苦しめていた。サイゴンでの停泊中、心の葛藤を和らげるため、過去を振り返り記すことを決意した。太田の手記の形で知識人の内面の矛盾を描き、日本近代の黎明期における自我の苦悩をつづった問題作である。豊太郎は、封建的社会秩序に反抗し、結局は封建的官僚制の犠牲になってしまう。

したがって、当時の日本社会に残っていた封建的な秩序が、舞姫の悲劇の元凶であったと言える。森鴎外の最も自伝的な小説のひとつである。実際、豊太郎は森鴎外自身であり、エリスはドイツ留学時代の森鴎外の恋人である。森鷗外は留学から帰国後に、本作、『うたかたの記』『文づかひ』と次々に創作小説を発表しているが、そのいずれも舞台はドイツであり、これらはドイツ三部作と呼ばれる。石橋忍月は本作の評論を発表し、これから鷗外・露伴の時代が始まるだろう、と高く評価した。

卒業論文の参考資料

中島国彦『森鷗外 学芸の散歩者』岩波書店〈岩波新書〉、2022年
海堂尊『森鷗外』筑摩書房、2022年
酒井敏『森鷗外 ： 作品と周辺』鼎書房、2022年
池内健次『森鷗外と近代日本』ミネルヴァ書房、2001年
小金井喜美子『鷗外の思い出』岩波書店〈岩波文庫〉、1999年

小堀桂一郎『森鷗外 批評と研究』岩波書店、1998 年
末延芳晴『森鷗外と日清・日露戦争』平凡社、2008 年
長島要一『森鷗外 文化の翻訳者』岩波書店〈岩波新書〉、2005 年
山崎國紀『評伝 森鷗外』大修館書店、2007 年
六草いちか『鷗外の恋 舞姫エリスの真実』講談社、2011 年

研究課題

1. 豊太郎はドイツ留学中、日本の伝統的な道徳観と西洋の自由主義思想の影響のバランスをどのように取っているのか。彼の内面の葛藤や道徳的選択をどのように反映しているのか。

2. 森鴎外のデビュー作として、『舞姫』は日本文学史上どのような位置を占めるのか。

3. 森鷗外の作品にはしばしば倫理観や道徳観が反映されているが、これらの概念は明治期の社会思想とどのように絡み合っていたのか。当時の知識人の考え方をどの程度反映しているのか。

4. 森鴎外は日本の伝統文学者であると同時に、ヨーロッパ文学の強い影響を受けた人物でもある。この融合は彼の作品の芸術的スタイルやテーマにどのような影響を与えているか研究しよう。

5. 森鷗外の文学的遺産は日本文学の発展にどのように貢献したか。今日の日本文学においてどのような価値と意義を持ち続けているのか評価してみよう。

吾輩は猫である

夏目漱石

吾輩(わがはい)は猫である。名前はまだ無い。

どこで生れたかとんと見当がつかぬ。何でも薄暗いじめじめした所でニャーニャー泣いていた事だけは記憶している。吾輩はここで始めて人間というものを見た。しかもあとで聞くとそれは書生という人間中で一番獰悪(どうあく)[1]な種族であったそうだ。この書生というのは時々我々を捕えて煮て食うという話である。しかしその当時は何という考もなかったから別段恐しいとも思わなかった。ただ彼の掌(てのひら)に載せられてスーと持ち上げられた時何だかフワフワした感じがあったばかりである。掌の上で少し落ちついて書生の顔を見たのがいわゆる人間というものの見始(みはじめ)であろう。この時妙なものだと思った感じが今でも残っている。第一毛をもって装飾されべきはずの顔がつるつるしてまるで薬缶(やかん)だ。その後猫にもだいぶ逢(あ)ったがこんな片輪(かたわ)[2]には一度も出会(でく)わした事がない。のみならず顔の真中があまりに

1　獰悪：性質などが荒々しくわるづよいこと。

2　片輪：不完全であること。見苦しいようす。不都合でよくないこと。

突起している。そうしてその穴の中から時々ぷうぷうと煙（けむり）を吹く。どうも咽（む）せぽくて実に弱った。これが人間の飲む煙草というものである事はようやくこの頃知った。

この書生の掌の裏でしばらくはよい心持に坐っておったが、しばらくすると非常な速力で運転し始めた。書生が動くのか自分だけが動くのか分らないが無暗（むやみ）に眼が廻る。胸が悪くなる。到底助からないと思っていると、どさりと音がして眼から火が出た。それまでは記憶しているがあとは何の事やらいくら考え出そうとしても分らない。

ふと気が付いて見ると書生はいない。たくさんおった兄弟が一疋（ぴき）も見えぬ。肝心（かんじん）の母親さえ姿を隠してしまった。その上今までの所とは違って無暗に明るい。眼を明いていられぬくらいだ。はてな何でも容子がおかしいと、のそのそ這い出して見ると非常に痛い。吾輩は藁の上から急に笹原の中へ棄てられたのである。

ようやくの思いで笹原を這い出すと向うに大きな池がある。吾輩は池の前に坐ってどうしたらよかろうと考えて見た。別にこれという分別も出ない。しばらくして泣いたら書生がまた迎に来てくれるかと考え付いた。ニャー、ニャーと試みにやって見たが誰も来ない。そのうち池の上をさらさらと風が渡って日が暮れかかる。腹が非常に減って来た。泣きたくても声が出ない。仕方がない、何でもよいから食物（くいもの）のある所まであるこうと決心をしてそろりそろりと池を左りに廻り始めた。どうも非常に苦しい。そこを我慢して無理やりに這って行くとようやくの事で何となく人間臭い所へ出た。ここへ這入（はい）ったら、どうにかなると思って竹垣の崩れた穴から、とある邸内にもぐり込んだ。縁は不思議なもので、もしこの竹垣が破れていなかったなら、吾輩はついに路傍（ろぼう）に餓死（がし）したかも知れんのである。一樹の蔭とはよく云（い）ったものだ。この垣根の穴は今日（こんにち）に至るまで吾輩が隣家（となり）の三毛を訪問する時の通路になっている。さて邸（やしき）へは忍び込んだもののこれから先どうして善（い）いか分らない。そのうちに暗くなる、腹は減る、寒さは寒し、雨が降って来るという始末でもう一刻の猶予[1]が出来なくなった。仕方がないからとにかく明るくて暖かそうな方へ方へとあるいて行く。今から考えるとその時はすでに家の内に這入っておったのだ。ここで吾輩は彼の書生以外の人間を再び見るべき機会に遭遇したのである。第一に逢ったのがおさんである。これは前の書生より一層乱暴な方で吾輩を見るや否やいきなり頸筋をつかんで表へ抛り出した。いやこれは駄目だと思ったから眼をねぶって運を天に任せていた。しかしひもじいのと寒いのにはどうしても我慢が出来ん。吾輩は再びおさんの隙を見て台所へ這い上った。すると間もなくまた投げ出された。吾輩は投げ出されては這い上り、這い上っては投げ出され、何でも同じ事を四五遍繰り返したのを記憶している。その時におさんと云う者はつくづくいやになった。この間おさんの三馬を偸んでこの返報をしてやってから、やっと胸の痞[2]が下りた。吾輩が最後につまみ出されようとしたときに、この家の主人が騒々しい何だといいながら出て来た。下女は吾輩をぶら下げて主人の方へ向けてこの宿なしの小猫がいくら出しても出しても御台所へ上って来て困りますという。主人は鼻の下の黒い毛を撚りながら吾輩の顔をしばらく眺めておったが、やがてそんなら内へ置いてやれといったまま奥へ這入ってしまった。主人はあまり口を聞かぬ人と見えた。下女は口惜しそうに吾輩を台所へ抛り出した。かくして吾輩はついにこの家を自分の住家と極める事にしたのである。

吾輩の主人は滅多に吾輩と顔を合せる事がない。職業は教師だそうだ。学校から帰ると終日書斎に這入ったぎりほとんど出て来る事がない。家のものは大変な勉強家だと思っている。当人も勉強家であるかのごとく見せている。しかし実際

1　猶予：事物を疑って容易に決しないこと。ぐずぐずして決めかねること。

2　痞：癪などで胸がふさがるようで苦しいこと。

はうちのものがいうような勤勉家ではない。吾輩は時々忍び足に彼の書斎を覗いて見るが、彼はよく昼寝をしている事がある。時々読みかけてある本の上に涎をたらしている。彼は胃弱で皮膚の色が淡黄色(たんこうしょく)を帯びて弾力のない不活溌(ふかっぱつ)な徴候をあらわしている。その癖に大飯を食う。大飯を食った後でタカジヤスターゼ[1]を飲む。飲んだ後で書物をひろげる。二三ページ読むと眠くなる。涎を本の上へ垂らす。これが彼の毎夜繰り返す日課である。吾輩は猫ながら時々考える事がある。教師というものは実に楽なものだ。人間と生れたら教師となるに限る。こんなに寝ていて勤まるものなら猫にでも出来ぬ事はないと。それでも主人に云わせると教師ほどつらいものはないそうで彼は友達が来る度に何とかかんとか不平を鳴らしている。

　吾輩がこの家へ住み込んだ当時は、主人以外のものにははなはだ不人望であった。どこへ行っても跳ね付けられて相手にしてくれ手がなかった。いかに珍重されなかったかは、今日に至るまで名前さえつけてくれないのでも分る。吾輩は仕方がないから、出来得る限り吾輩を入れてくれた主人の傍にいる事をつとめた。朝主人が新聞を読むときは必ず彼の膝の上に乗る。彼が昼寝をするときは必ずその背中に乗る。これはあながち主人が好きという訳ではないが別に構い手がなかったからやむを得んのである。その後いろいろ経験の上、朝は飯櫃(めしびつ)の上、夜(よる)は炬燵(こたつ)の上、天気(てんき)のよい昼(ひる)は椽側(えんがわ)[2]へ寝る事とした。しかし一番心持の好いのは夜(よ)に入(い)ってここのうちの小供の寝床へもぐり込んでいっしょにねる事である。この小供というのは五つと三つで夜になると二人が一つ床へ入って一間(ひとま)へ寝る。吾輩はいつでも彼等の中間に己(おの)れを容(い)るべき余地を見出(みいだ)してどうにか、こうにか割り込むのであるが、運悪く小供の一人が眼を醒(さ)ますが最後大変な事になる。小供は——ことに小さい方が質(たち)がわるい——猫が来た猫が来たといって夜中でも何でも大き

1　タカジヤスターゼ：胃腸薬。

2　椽側：日本家屋で、座敷の外側に沿う細長い板敷。

な声で泣き出すのである。すると例の神経胃弱性の主人は必ず眼をさまして次の部屋から飛び出してくる。現にせんだってなどは物指(ものさし)で尻ぺたをひどく叩かれた。

吾輩は人間と同居して彼等を観察すればするほど、彼等は我儘(わがまま)なものだと断言せざるを得ないようになった。ことに吾輩が時々同衾(どうきん)する小供のごときに至っては言語同断(ごんごどうだん)[1]である。自分の勝手な時は人を逆さにしたり、頭へ袋をかぶせたり、抛り出したり、へっついの中へ押し込んだりする。しかも吾輩の方で少しでも手出しをしようものなら家内総がかりで追い廻して迫害を加える。この間もちょっと畳で爪を磨(と)いだら細君が非常に怒(おこ)ってそれから容易に座敷へ入れない。台所の板の間で他が顫えていても一向平気なものである。吾輩の尊敬する筋向(すじむこう)の白君などは逢(あ)う度毎(たびごと)に人間ほど不人情なものはないと言っておらるる。白君は先日玉のような子猫を四疋産(う)まれたのである。ところがそこの家の書生が三日目にそいつを裏の池へ持って行って四疋ながら棄てて来たそうだ。白君は涙を流してその一部始終を話した上、どうしても我等猫族が親子の愛を完(まった)くして美しい家族的生活をするには人間と戦ってこれを剿滅(そうめつ)せねばならぬといわれた。一々もっともの議論と思う。また隣りの三毛(みけ)君などは人間が所有権という事を解していないといって大に憤慨している。元来我々同族間では目刺(めざし)[2]の頭でも鰡(ぼら)の臍(へそ)でも一番先に見付けたものがこれを食う権利があるものとなっている。もし相手がこの規約を守らなければ腕力に訴えて善(よ)いくらいのものだ。しかるに彼等人間は毫(ごう)もこの観念がないと見えて我等が見付けた御馳走は必ず彼等のために掠奪(りゃくだつ)せらるるのである。彼等はその強力を頼んで正当に吾人が食い得べきものを奪(うば)ってすましている。白

1　言語同断：一般に、口ではとうてい言い表せないことにいう。

2　目刺：鰯・鯷などに塩をふり、数尾ずつ竹や藁で目の所を刺し連ねて乾した食品。

君は軍人の家におり三毛君は代言の主人を持っている。吾輩は教師の家に住んでいるだけ、こんな事に関すると両君よりもむしろ楽天である。ただその日その日がどうにかこうにか送られればよい。いくら人間だって、そういつまでも栄える事もあるまい。まあ気を永く猫の時節を待つがよかろう。

我儘で思い出したからちょっと吾輩の家の主人がこの我儘で失敗した話をしよう。元来この主人は何といって人に勝(すぐ)れて出来る事もないが、何にでもよく手を出したがる。俳句をやってほととぎすへ投書をしたり、新体詩を明星へ出したり、間違いだらけの英文をかいたり、時によると弓に凝(こ)ったり、謡(うたい)を習ったり、またあるときはヴァイオリンなどをブーブー鳴らしたりするが、気の毒な事には、どれもこれも物になっておらん。その癖やり出すと胃弱の癖にいやに熱心だ。後架(こうか)の中で謡をうたって、近所で後架先生と渾名(あだな)をつけられているにも関せず一向平気なもので、やはりこれは平(たいら)の宗盛(むねもり)にて候(そうろう)を繰返している。みんながそら宗盛だと吹き出すくらいである。この主人がどういう考になったものか吾輩の住み込んでから一月ばかり後のある月の月給日に、大きな包みを提(さ)げてあわただしく帰って来た。何を買って来たのかと思うと水彩絵具と毛筆とワットマンという紙で今日から謡や俳句をやめて絵をかく決心と見えた。果して翌日から当分の間というものは毎日毎日書斎で昼寝もしないで絵ばかりかいている。しかしそのかき上げたものを見ると何をかいたものやら誰にも鑑定がつかない。当人もあまり甘くないと思ったものか、ある日その友人で美学とかをやっている人が来た時に下(しも)のような話をしているのを聞いた。

「どうも甘(うま)くかけないものだね。人のを見ると何でもないようだが自ら筆をとって見ると今更(いまさら)のようにむずかしく感ずる」これは主人の述懐(じゅっかい)である。なるほど詐(いつわ)りのない処だ。彼の友は金縁の眼鏡越(めがねごし)に主人の顔を見ながら、「そう初めから上手にはかけないさ、第一室内の想像ばかりで画(え)がかける訳のものではない。昔し以太利(イタリー)の大家アンドレア・デル・サルトが言った事がある。画をかくなら何でも自然その物を写せ。天に星辰(せいしん)あり。地に露華(ろか)あり。飛ぶに禽(とり)あり。走るに獣(けもの)あり。池に金魚あり。枯木(こぼく)に寒鴉(かんあ)あり。自然はこれ一幅の大活画(だいかつが)なりと。どうだ君も画らしい画をかこうと思うならちと写生をしたら」

「へえアンドレア・デル・サルトがそんな事をいった事があるかい。ちっとも知らなかった。なるほどこりゃもっともだ。実にその通りだ」と主人は無暗(むやみ)に感心している。金縁の裏には嘲(あざ)けるような笑(わらい)が見えた。

その翌日吾輩は例のごとく椽側(えんがわ)に出て心持善く昼寝をしていたら、主人が例になく書斎から出て来て吾輩の後(うし)ろで何かしきりにやっている。ふと眼が覚(さ)めて何をしているかと一分(いちぶ)ばかり細目に眼をあけて見ると、彼は余念もなくアンドレア・デル・サルト[1]を極(き)め込んでいる。吾輩はこの有様を見て覚えず失笑するのを禁じ得なかった。彼は彼の友に揶揄(やゆ)[2]せられたる結果としてまず手初めに吾輩を写生しつつあるのである。吾輩はすでに十分寝た。欠伸(あくび)がしたくてたまらない。しかしせっかく主人が熱心に筆を執っているのを動いては気の毒だと思って、じっと辛棒しておった。彼は今吾輩の輪廓をかき上げて顔のあたりを色彩っている。吾輩は自白する。吾輩は猫として決して上乗の出来ではない。背といい毛並といい顔の造作といいあえて他の猫に勝(まさ)るとは決して思っておらん。しかしいくら不器量の吾輩でも、今吾輩の主人に描き出されつつあるような妙な姿とは、どうしても思われない。第一色が違う。吾輩は波斯産(ペルシャさん)の猫のごとく黄を含める淡灰色に漆(うるし)のごとき斑入(ふい)りの皮膚を有している。これだけは誰が見ても疑うべからざる

1　アンドレア・デル・サルト：イタリア、フィレンツェ派の画家。

2　揶揄：からかうこと。からかい。

事実と思う。しかるに今主人の彩色を見ると、黄でもなければ黒でもない、灰色でもなければ褐色でもない、さればとてこれらを交ぜた色でもない。ただ一種の色であるというよりほかに評し方のない色である。その上不思議な事は眼がない。もっともこれは寝ているところを写生したのだから無理もないが眼らしい所さえ見えないから盲猫だか寝ている猫だか判然しないのである。吾輩は心中ひそかにいくらアンドレア・デル・サルトでもこれではしようがないと思った。しかしその熱心には感服せざるを得ない。なるべくなら動かずにおってやりたいと思ったが、さっきから小便が催うしている。身内の筋肉はむずむずする。最早一分も猶予が出来ぬ仕儀となったから、やむをえず失敬して両足を前へ存分のして、首を低く押し出してあーあと大なる欠伸をした。さてこうなって見ると、もうおとなしくしていても仕方がない。どうせ主人の予定は打ち壊わしたのだから、ついでに裏へ行って用を足そうと思ってのそのそ這い出した。すると主人は失望と怒りを掻き交ぜたような声をして、座敷の中から「この馬鹿野郎」と怒鳴った。この主人は人を罵るときは必ず馬鹿野郎というのが癖である。ほかに悪口の言いようを知らないのだから仕方がないが、今まで辛棒した人の気も知らないで、無暗に馬鹿野郎呼わりは失敬だと思う。それも平生吾輩が彼の背中へ乗る時に少しは好い顔でもするならこの漫罵も甘んじて受けるが、こっちの便利になる事は何一つ快くしてくれた事もないのに、小便に立ったのを馬鹿野郎とは酷い。元来人間というものは自己の力量に慢じてみんな増長している。少し人間より強いものが出て来て窘めてやらなくてはこの先どこまで増長するか分らない。

我儘もこのくらいなら我慢するが吾輩は人間の不徳についてこれよりも数倍悲しむべき報道を耳にした事がある。

吾輩の家の裏に十坪ばかりの茶園がある。広くはないが瀟洒とした心持ち好く日の当る所だ。うちの小供があまり騒いで楽々昼寝の出来ない時や、あまり退屈で腹加減のよくない折などは、吾輩はいつでもここへ出て浩然の気を養うのが例である。ある小春の穏かな日の二時頃であったが、吾輩は昼飯後快よく一睡した後、運動かたがたこの茶園へと歩を運ばした。茶の木の根を一本一本嗅ぎながら、西側の杉垣のそばまでくると、枯菊を押し倒してその上に大きな猫が前後不覚に寝ている。彼は吾輩の近づくのも一向心付かざるごとく、また心付くも無頓着なるごとく、大きな鼾をして長々と体を横えて眠っている。他の庭内に忍び入りたるものがかくまで平気に睡られるものかと、吾輩は窃かにその大胆なる度胸に驚かざるを得なかった。彼は純粋の黒猫である。わずかに午を過ぎたる太陽は、透明なる光線を彼の皮膚の上に抛げかけて、きらきらする柔毛の間より眼に見えぬ炎でも燃え出ずるように思われた。彼は猫中の大王とも云うべきほどの偉大なる体格を有している。吾輩の倍はたしかにある。吾輩は嘆賞の念と、好奇の心に前後を忘れて彼の前に佇立して余念もなく眺めていると、静かなる小春の風が、杉垣の上から出たる梧桐の枝を軽く誘ってばらばらと二三枚の葉が枯菊の茂みに落ちた。大王はかっとその真丸の眼を開いた。今でも記憶している。その眼は人間の珍重する琥珀というものよりも遥かに美しく輝いていた。彼は身動きもしない。双眸の奥から射るごとき光を吾輩の矮小なる額の上にあつめて、御めえは一体何だと云った。大王にしては少々言葉が卑しいと思ったが何しろその声の底に犬をも挫しぐべき力が籠っているので吾輩は少なからず恐れを抱いた。しかし挨拶をしないと険呑[1]だと思ったから「吾輩は猫である。名前はまだない」となるべく平気を装って冷然と答えた。しかしこの時吾輩の心臓はたしかに平時よ

1 険呑：あやういこと。あやぶむこと。

りも烈しく鼓動しておった。彼は大に軽蔑せる調子で「何、猫だ？猫が聞いてあきれらあ。全てえどこに住んでるんだ」随分傍若無人である。「吾輩はここの教師の家にいるのだ」「どうせそんな事だろうと思った。いやに瘠せてるじゃねえか」と大王だけに気焔を吹きかける。言葉付から察するとどうも良家の猫とも思われない。しかしその膏切って肥満しているところを見ると御馳走を食ってるらしい、豊かに暮しているらしい。吾輩は「そう云う君は一体誰だい」と聞かざるを得なかった。「己れあ車屋の黒よ」昂然たるものだ。車屋の黒はこの近辺で知らぬ者なき乱暴猫である。しかし車屋だけに強いばかりでちっとも教育がないからあまり誰も交際しない。同盟敬遠主義の的になっている奴だ。吾輩は彼の名を聞いて少々尻こそばゆき[1]感じを起すと同時に、一方では少々軽侮の念も生じたのである。吾輩はまず彼がどのくらい無学であるかを試してみようと思って左の問答をして見た。

「一体車屋と教師とはどっちがえらいだろう」

「車屋の方が強いに極っていらあな。御めえのうちの主人を見ねえ、まるで骨と皮ばかりだぜ」

「君も車屋の猫だけに大分強そうだ。車屋にいると御馳走が食えると見えるね」

「何におれなんざ、どこの国へ行ったって食い物に不自由はしねえつもりだ。御めえなんかも茶畠ばかりぐるぐる廻っていねえで、ちっと己の後へくっ付いて来て見ねえ。一と月とたたねえうちに見違えるように太れるぜ」

「追ってそう願う事にしよう。しかし家は教師の方が車屋より大きいのに住ん

1　尻こそばゆき：(尻がくすぐったいの意) なんとなく落ち着かない気持である。恥ずかしくて、または気がとがめてじっとすわっていられない。

でいるように思われる」

「箆棒め、うちなんかいくら大きくたって腹の足しになるもんか」

彼は大に肝癪[1]に障った様子で、寒竹をそいだような耳をしきりとぴく付かせてあららかに立ち去った。吾輩が車屋の黒と知己になったのはこれからである。

その後吾輩は度々黒と邂逅する。邂逅する毎に彼は車屋相当の気焔を吐く。先に吾輩が耳にしたという不徳事件も実は黒から聞いたのである。

或る日例のごとく吾輩と黒は暖かい茶畠の中で寝転びながらいろいろ雑談をしていると、彼はいつもの自慢話しをさも新しそうに繰り返したあとで、吾輩に向って下のごとく質問した。「御めえは今までに鼠を何匹とった事がある」智識は黒よりも余程発達しているつもりだが腕力と勇気とに至っては到底黒の比較にはならないと覚悟はしていたものの、この問に接したる時は、さすがに極りが善くはなかった。けれども事実は事実で詐る訳には行かないから、吾輩は「実はとろうとろうと思ってまだ捕らない」と答えた。黒は彼の鼻の先からぴんと突張っている長い髭をびりびりと震わせて非常に笑った。元来黒は自慢をする丈にどこか足りないところがあって、彼の気焔を感心したように咽喉をころころ鳴らして謹聴していればはなはだ御しやすい猫である。吾輩は彼と近付になってから直にこの呼吸を飲み込んだからこの場合にもなまじい己れを弁護してますます形勢をわるくするのも愚である、いっその事彼に自分の手柄話をしゃべらして御茶を濁す[2]に若くはないと思案を定めた。そこでおとなしく「君などは年が年であるから大分とったろう」とそそのかして見た。果然彼は墻壁の欠所に吶喊して来た。

---

1 肝癪：神経過敏で怒りやすい性質。また、怒り出すこと。

2 御茶を濁す：いいかげんにその場をごまかす。

「たんとでもねえが三四十はとったろう」とは得意気なる彼の答であった。彼はなお語をつづけて「鼠の百や二百は一人でいつでも引き受けるがいたちってえ奴は手に合わねえ。一度いたちに向って酷い目に逢った」「へえなるほど」と相槌を打つ[1]。黒は大きな眼をぱちつかせて云う。「去年の大掃除の時だ。うちの亭主が石灰の袋を持って椽の下へ這い込んだら御めえ大きないたちの野郎が面喰って飛び出したと思いねえ」「ふん」と感心して見せる。「いたちってけども何鼠の少し大きいぐれえのものだ。こん畜生って気で追っかけてとうとう泥溝の中へ追い込んだと思いねえ」「うまくやったね」と喝采してやる。「ところが御めえいざってえ段になると奴め最後っ屁をこきゃがった。臭えの臭くねえのってそれからってえものはいたちを見ると胸が悪くならあ」彼はここに至ってあたかも去年の臭気を今なお感ずるごとく前足を揚げて鼻の頭を二三遍なで廻わした。吾輩も少々気の毒な感じがする。ちっと景気を付けてやろうと思って「しかし鼠なら君に睨まれては百年目だろう。君はあまり鼠を捕るのが名人で鼠ばかり食うものだからそんなに肥って色つやが善いのだろう」黒の御機嫌をとるためのこの質問は不思議にも反対の結果を呈出した。彼は喟然として大息していう。「考げえるとつまらねえ。いくら稼いで鼠をとったって——一てえ人間ほどふてえ奴は世の中にいねえぜ。人のとった鼠をみんな取り上げやがって交番へ持って行きゃあがる。交番じゃ誰が捕ったか分らねえからそのたんびに五銭ずつくれるじゃねえか。うちの亭主なんか己の御蔭でもう壱円五十銭くらい儲けていやがる癖に、碌なものを食わせた事もありゃしねえ。おい人間てものあ体の善い泥棒だぜ」さすが無学の黒もこのくらいの理窟はわかると見えてすこぶる怒った容子で背中の毛を逆立てている。吾輩は少々気味が悪くなったから善い加減にその場を胡魔化して家へ

1　相槌を打つ：相手の言葉に同意のしるしを表してうなずく。相手の話に調子を合せる。

帰った。この時から吾輩は決して鼠をとるまいと決心した。しかし黒の子分になって鼠以外の御馳走を猟（あさ）ってあるく事もしなかった。御馳走を食うよりも寝ていた方が気楽でいい。教師の家にいると猫も教師のような性質になると見える。要心しないと今に胃弱になるかも知れない。

作家紹介

夏目漱石（なつめそうせき、1867年2月9日〈慶応3年1月5日〉-1916年〈大正5年〉12月9日）は、日本の教師・小説家・評論家・英文学者・俳人。近代日本の代表的国民作家。本名夏目金之助。俳号は愚陀仏。明治末期から大正初期にかけて活躍し、今日に通用する言文一致の現代書き言葉を作った近代日本文学の文豪のうちの一人。代表作は、『吾輩は猫である』『坊っちゃん』『三四郎』『それから』『こころ』『明暗』など。明治の文豪として日本の千円紙幣の肖像にもなった。漱石の名は、唐代の『晋書』にある故事『漱石枕流』（石に漱〔くちすす〕ぎ流れに枕す）から取ったもので、負け惜しみの強いこと、変わり者の例えである。

大学時代に正岡子規と出会い、俳句を学んだ。帝国大学（のちの東京帝国大学、現在の東京大学）英文科卒業後、松山で愛媛県尋常中学校教師、熊本で第五高等学校教授などを務めたあと、イギリスへ留学。1903年（明治36年）1月に英国留学から帰国した。同年4月、第一高等学校と東京帝国大学の講師になった。職場での風評被害に苛まれて苦悩した結果、とうとう漱石は神経衰弱を患ってしまい、授業中や家庭において頻繁に癇癪を起こしては暴れまわるようになり、欠席・代講が増え、妻とも約2か月別居した。1904年（明治37年）にはある程度落ち着きを取り戻し、明治大学の講師も務めた。

1906年の暮れ、高浜虚子から神経衰弱の治療の一環で創作を勧められ、処女作になる『吾輩は猫である』を執筆した。初めて子規門下の会「山会」で発表され、好評を博した。1905年（明治38年）1月、『ホトトギス』に1回の読み切りとして掲載されたが、好評のため続編を執筆した。この頃から作家として生きていくことを熱望し始め、その後『倫敦塔』『坊つちやん』と立て続けに作品を発表し、人気作家としての地位を固めていった。漱石の作品は世俗を忘れ、人生をゆったりと眺めようとする低徊趣味（漱石の造語）的要素が強く、当時の主流であった自然主義とは対立する余裕派と呼ばれた。

1907年（明治40年）2月、一切の教職を辞し、朝日新聞社に入社した当時、京都帝国大学文科大学初代学長狩野亨吉からの英文科教授への誘いも断り、本格的に職業作家としての道を歩み始めた。同年6月、職業作家としての初めての作品『虞美人草』の連載を開始。執筆途中に、神経衰弱や胃病に苦しめられた。1910年（明治43年）6月、『三四郎』『それから』に続く前期三部作の3作目にあたる『門』を執筆途中に胃潰瘍で入院した。同年8月、生死の間を彷徨う危篤状態に陥った。これが「修善寺の大患」と呼ばれる事件である。この時の一時的な「死」を体験したことは、その後の作品に影響を与えることとなった。漱石自身も『思い出すことなど』で、この時のことに触れている。

最晩年の漱石は「則天去私」を理想としていたが、この時の心境を表したものではないかと言われる。『硝子戸の中』では、本音に近い真情の吐露が見られる。その後も胃潰瘍などの病気に何度も苦しめられた。晩年は病との闘いを続けながらの執筆が続いた。作品は人間のエゴイズムを追い求めていき、後期三部作と呼ばれる『彼岸過迄』『行人』『こころ』へと繋がっていく。

作品解説

『吾輩は猫である』は、夏目漱石の長編小説であり、処女小説である。日本近代文学史における重要な作品である。1905年に『ホトトギス』にて発表されたこの小説は、そのユニークな語り口と深い社会批判によって、発表と同時に広く注目され、好評を博した。

この小説は、猫の視点から人間社会の現象を巧みに観察し、描写している。この猫は傍観者であるばかりでなく、コメンテーターでもあり、独特の言葉と視点によって、人間社会のあらゆる不条理や偽善を深く暴き、嘲笑する。このような語り口を通して、漱石は読者を見慣れたようで見慣れない世界に引き込むことに成功し、私たちがいる社会を別の視点から見つめ直し、考え直すことを可能にしている。

この作品の主人公中学の英語教師苦沙弥先生と書斎に集まる美学者迷亭、理学者寒月、哲学者東風らといった明治の知識人たちは、間違いなく明治時代の社会的エリートの典型である。それぞれ学問分野も思想傾向も異なるが、例外なく全員が社会のさまざまな矛盾や問題に深く関わっている。彼らの行動と思考は、知識人の追求と探求を示すと同時に、彼らの限界と無力さを露呈している。彼らを描くことで、漱石はある時代のスタイルと精神を示すことに成功している。

そして、文明と社会に対する漱石の批判がこの作品の核心である。彼は猫の目を通して、あらゆる種類の社会的不正義や偽善、金目当ての実業家たちの醜い顔、近代化を追求するあまり人々が失ったものを見ている。彼は日本の近代化の表面的なものに反対し、真の文明は人間の本性に対する敬意と配慮に基づくべきだと信じている。この深い批判と考察が、この作品に時代を超えた価値と意義を与えている。

加えて、漱石はこの作品の創作にパロディーやカリカチュアライズ、デフォルメなどの手法も多用し、物語全体をユーモアとウィットに満ちたものにしている。このような語り方は、作品の読みやすさと面白さを高めるだけでなく、社会現象に対する啓示と批判をより貫徹したものにしている。落語を思わせる語り口や近世以来の言語遊戯など、痛快な笑いの文学となった。小説家夏目漱石の誕生を告げた記念すべき作品である。

卒業論文の参考資料

江藤淳『漱石論集』新潮社、1992 年

江藤淳『決定版 夏目漱石』新潮文庫、2006 年

柄谷行人『増補版 漱石論集成』平凡社ライブラリー、1997 年

小森陽一『漱石を読みなおす』ちくま新書、1995 年

小谷野敦『夏目漱石を江戸から読む』中公新書、1995 年
夏目鏡子『漱石の思い出』文春文庫、1994 年
福田清人『夏目漱石 人と作品』清水書院、1966 年
石原千秋『漱石はどう読まれてきたか』新潮選書、2010 年
江藤淳『漱石とその時代』第 1・2 部、新潮選書、1993-1999 年
川島幸希『英語教師　夏目漱石』新潮選書、2000 年
長尾剛『漱石ゴシップ』文春ネスコ、1993 年
松原正『夏目漱石　上巻』地球社、1995 年
松原正『夏目漱石　中巻』地球社、1999 年
三浦雅士『漱石 母に愛されなかった子』岩波新書、2008 年
山下浩『本文の生態学——漱石・鷗外・芥川』日本エディタースクール出版部、1993 年
廣木寧『小林秀雄と夏目漱石-その経験主義と内発的生』総和社、2013 年

研究課題

1. 語り手としての猫は、人間社会のさまざまな悪や矛盾をどのようにユニークに表現しているのか。猫の視点を通して、夏目漱石は当時の日本社会のどのような問題や現象をどのように巧みに批判しているのか。

2. 夏目漱石の代表作である『吾輩は猫である』は、日本文学史上どのような位置づけにあり、どのような影響を与えたのか。

3. エゴイズムと個人主義は夏目漱石の作品に共通するテーマである。 これらのテーマは、ストーリー展開、人物描写、台詞によってどのように表現されているのか。また、これらの表現が漱石の人間性、社会、倫理観にどのような洞察を反映しているのか。

4. 夏目漱石独自の文芸創作スタイルにはどのような特徴があり、作品の構成、言語、物語技法にはどのような特徴があるのか。森鷗外や芥川龍之介といった同時代の日本の作家たちとの共通点と相違点は何か。この比較から、日本文学史における夏目漱石の独自の位置づけと貢献について述べてみよう。

5. 夏目漱石の作品は、当時の日本社会が抱えていた様々な問題を反映し、批判していることが多い。夏目漱石は、その文学的創作を通して、どのように社会の暗部を暴き、人間の醜さを探求したのか研究しよう。

千曲川のスケッチ

島崎藤村

学生の家

地久節[1]には、私は二三の同僚と一緒に、御牧ヶ原の方へ山遊びに出掛けた。松林の間なぞを猟師のように歩いて、小松の多い岡の上では大分蕨を採った。それから鴇窪という村へ引返して、田舎の中の田舎とでも言うべきところで半日を送った。

私は今、小諸の城址に近いところの学校で、君の同年位な学生を教えている。君はこういう山の上への春がいかに待たれて、そしていかに短いものであると思う。四月の二十日頃に成らなければ、花が咲かない。梅も桜も李も殆んど同時に開く。城址の懐古園には二十五日に祭があるが、その頃が花の盛りだ。すると、毎年きまりのように風雨がやって来て、一時にすべての花を浚って行って了う。私達の教室は八重桜の樹で囲繞されていて、三週間ばかり前には、丁度花束のよ

1　地久節：皇后の誕生日の旧称。

うに密集したやつが教室の窓に近く咲き乱れた。休みの時間に出て見ると、濃い花の影が私達の顔にまで映った。学生等はその下を遊び廻って戯（たわむ）れた。殊（こと）に小学校から来たての若い生徒と来たら、あっちの樹に隠れたり、こっちの枝につかまったり、まるで小鳥のように。どうだろう、それが最早（もう）すっかり初夏の光景に変って了った。一週間前、私は昼の弁当を食った後、四五人の学生と一緒に懐古園へ行って見た。荒廃した、高い石垣の間は、新緑で埋（うずも）れていた。

私の教えている生徒は小諸町の青年ばかりでは無い。平原、小原、山浦、大久保、西原、滋野（しげの）、その他小諸附近に散在する村落から、一里も二里もあるところを歩いて通って来る。こういう学生は多く農家の青年だ。学校の日課が済むと、彼等は各自の家路を指して、松林の間を通り鉄道の線路に添い、あるいは千曲川（ちくまがわ）の岸に随（つ）いて、蛙（かわず）の声などを聞きながら帰って行く。山浦、大久保は対岸にある村々だ。牛蒡（ごぼう）、人参（にんじん）などの好い野菜を出す土地だ。滋野は北佐久（きたさく）の領分でなく、小県（ちいさがた）の傾斜にある農村で、その附近の村々から通って来る学生も多い。

ここでは男女（なんにょ）が烈（はげ）しく労働する。君のように都会で学んでいる人は、養蚕休みなどということを知るまい。外国の田舎にも、小麦の産地などでは、学校に収穫休みというものがあるとか。何かの本でそんなことを読んだことがあった。私達の養蚕（ようさん）休みは、それに似たようなものだろう。多忙（いそが）しい時季が来ると、学生でも家の手伝いをしなければ成らない。彼等は又、少年の時からそういう労働の手助けによく慣らされている。

Ｓという学生は小原村から通って来る。ある日、私はＳの家を訪ねることを約束した。私は小原のような村が好きだ。そこには生々とした樹蔭（こかげ）が多いから。それに、小諸からその村へ通う畠（はたけ）の間の平かな道も好きだ。

私は盛んな青麦の香を嗅（か）ぎながら出掛けて行った。右にも左にも麦畠がある。風が来ると、緑の波のように動揺する。その間には、麦の穂の白く光るのが見える。こういう田舎道を歩いて行きながら、深い谷底の方で起る蛙の声を聞くと、妙に私は圧(お)しつけられるような心持(こころもち)に成る。可怖(おそろ)しい繁殖の声。知らない不思議な生物の世界は、活気づいた感覚を通して、時々私達の心へ伝わって来る。

近頃Ｓの家では牛乳屋を始めた。可成(かなり)大きな百姓で父も兄も土地では人望がある。こういう田舎へ来ると七人や八人の家族を見ることは別にめずらしくない。十人、十五人の大きな家族さえある。Ｓの家では年寄から子供まで、田舎風に慇懃(いんぎん)[1]な家族の人達が私の心を惹(ひ)いた。

君は農家を訪れたことがあるか。入口の庭が広く取ってあって、台所の側(わき)から直(じか)に裏口へ通り抜けられる。家の建物の前に、幾坪かの土間のあることも、農家の特色だ。この家の土間は葡萄棚(ぶどうだな)などに続いて、その横に牛小屋が作ってある。三頭ばかりの乳牛(ちちうし)が飼われている。

Ｓの兄は大きなバケツを提(さ)げて、牛小屋の方から出て来た。戸口のところには、Ｓが母と二人で腰を曲(かが)めて、新鮮な牛乳を罎詰(びんづめ)にする仕度(したく)をした。暫時(しばらく)、私は立って眺(なが)めていた。

やがて私は牛小屋の前で、Ｓの兄から種々(いろいろ)な話を聞いた。牛の性質によって温順(おとな)しく乳を搾(しぼ)らせるのもあれば、それを惜むのもある。アバレるやつ、沈着(おちつ)いたやつ、いろいろある。牛は又、非常に鋭敏な耳を持つもので、足音で主人を判別する。こんな話が出た後で私はこういう乳牛を休養させる為に西(にし)の入(いり)の牧場(まきば)なぞが設けてあることを聞いた。

晩の乳を配達する用意が出来た。Ｓの兄は小諸を指して出掛けた。

1　慇懃：礼儀正しくていねいなこと。

烏帽子山麓の牧場

水彩画家Ｂ君は欧米を漫遊して帰った後、故郷の根津村に画室を新築した。以前、私達の学校へは同じ水彩画家のＭ君が教えに来てくれていたが、Ｍ君は沢山信州の風景を描いて、一年ばかりで東京の方へ帰って行った。今ではＢ君がその後をうけて生徒に画学を教えている。Ｂ君は製作の余暇に、毎週根津村から小諸まで通って来る。

土曜日に、私はこの画家を訪ねるつもりで、小諸から田中まで汽車に乗って、それから一里ばかり小県の傾斜を上った。

根津村には私達の学校を卒業したＯという青年が居る。Ｏは兵学校の試験を受けたいと言っているが、最早一人前の農夫として恥しからぬ位だ。私はその家へも寄って、Ｏの母や姉に逢った。Ｏの母は肥満した、大きな体格の婦人で、赤い艶々とした頬の色なぞが素樸な快感を与える。一体千曲川の沿岸では女がよく働く、随って気象も強い。恐らく、これは都会の婦人ばかり見慣れた君なぞの想像もつかないことだろう。私は又、この土地で、野蛮な感じのする女に遭遇うこともある。Ｏの母にはそんな荒々しさが無い。何しろこの婦人は驚くべき強健な体格だ。Ｏの姉も労働に慣れた女らしい手を有っていた。

私はＢ君や、Ｂ君の隣家の主人に誘われて、根津村を見て廻った。隣家の主人はＢ君が小学校時代からの友達であるという。パノラマ[1]のような風光は、この大傾斜から擅[2]に望むことが出来た。遠く谷底の方に、千曲川の流れて行くのも見えた。

1　パノラマ：全景。広い眺望。一望の下に収められた景色。

2　擅：自分の思うとおりにふるまうさま。

私達は村はずれの田圃道を通って、ドロ柳の若葉のかげへ出た。谷川には鬼芹などの毒草が茂っていた。小山の裾を選んで、三人とも草の上に足を投出した。そこでB君の友達は提げて来た焼酎を取出した。この草の上の酒盛の前を、時々若い女の連が通った。草刈に行く人達だ。

B君の友達は思出したように、

「君とここで鉄砲打ちに来て、半日飲んでいたっけナ」

と言うと、B君も同じように洋行以前のことを思出したらしい調子で、

「もう五年前だ——」

と答えた。B君は写生帳を取出して、灰色なドロ柳の幹、風に動くそのやわらかい若葉などを写し写し話した。一寸散歩に出るにも、この画家は写生帳を離さなかった。

翌日は、私はB君と二人ぎりで、烏帽子ヶ岳の麓を指して出掛けた。私が牧場のことを尋ねたら、B君も写生かたがた一緒に行こうと言出したので、到頭私は一晩厄介に成った。尤も、この村から牧場のあるところへは、更に一里半ばかり上らなければ成らない。案内なしに、私などの行かれる場処では無かった。

夏山——山鶺鴒——こういう言葉を聞いただけでも、君は私達の進んで行く山道を想像するだろう。「のっぺい」と称する土は乾いていて灰のよう。それを踏んで雑木林の間にある一条の細道を分けて行くと、黄勝なすずしい若葉のかげで、私達は旅の商人に逢った。

更に山深く進んだ。山鳩なぞが啼いていた。B君は歩きながら飛騨の旅の話を始めて、十一という鳥を聞いた時の淋しかったことを言出した。「十一……十一……十一……」とB君は段々声を細くして、谷を渡って行く鳥の啼声を真似て聞かせた。そのうちに、私達はある岡の上へ出て来た。

君、白い鈴のように垂下った可憐[1]な草花の一面に咲いた初夏の光に満ちた岡の上を想像したまえ。私達は、あの香気の高い谷の百合がこんなに生えている場所があろうとは思いもよらなかった。B君は西洋でこの花のことを聞いて来て、北海道とか浅間山脈とかにあるとは知っていたが、なにしろあまり沢山あるので終には採る気もなかった。二人とも足を投出して草の中に寝転んだ。まるで花の臥床だ。谷の百合は一名を君影草とも言って、「幸福の帰来」を意味するなどと、花好きなB君が話した。

話の面白い美術家と一緒で、牧場へ行き着くまで、私は倦むことを知らなかった。岡の上には到るところに躑躅の花が咲いていた。この花は牛が食わない為に、それでこう繁茂しているという。

一周すれば二里あまりもあるという広々とした高原の一部が私達の眼にあった。牛の群が見える。何と思ったか、私達の方を眼掛けて突進してくる牛もある。こうして放し飼にしてある牛の群の側を通るのは、慣れない私には気味悪く思われた。私達は牧夫の住んでいる方へと急いだ。

番小屋は谷を下りたところにあった。そこへ行く前に沢の流れに飲んでいる小牛、蕨を採っている子供などに逢った。牛が来て戸や障子を突き破るとかで、小屋の周囲には柵が作ってある。年をとった牧夫が住んでいた。僅かばかりの痩せた畑もこの老爺が作るらしかった。破れた屋根の下で、牧夫は私達の為に湯を沸かしたり、茶を入れたりしてくれた。

壁には鋸、鉈、鎌の類を入れた「山猫」というものが掛けてあった。こんな山の中までよく訪ねて来てくれたという顔付で、牧夫は私達に牛飼の経験などを

---

1 可憐：いじらしいこと。かわいらしいこと。

語り、この牧場の管理人から月に十円の手宛を貰っていることや、自分は他の牧場からこの西の入の沢へ移って来たものであることなどを話した。牛は角がかゆい、それでこすりつけるようにして、物を破壊して困るとか言った。今は草も短く、少いから、草を食い食い進むという話もあった。

牧夫は一寸考えて、見えなくなった牛のことを言出した。あの山間の深い沢を、山の湯の方へ行ったかと思う、とも言った。

「ナニ、あの沢は裾まで下りるなんてものじゃねえ。柳の葉でもこいて食ってら」

こう復た考え直したように、その牛のことを言った。

間もなく私達は牧夫に伴われて、この番小屋を出た。牧夫は、多くの牛が待っているという顔付で、手に塩を提げて行った。途次私達に向って、「この牧場は芝草ですから、牛の為に好いです」とか「今は木が低いから、夏はいきれていけません」とか、種々な事を言って聞かせた。

ここへ来て見ると、人と牛との生涯が殆んど混り合っているかのようである。この老爺は、牛が塩を嘗めて清水を飲みさえすれば、病も癒えるということまで知悉していた。月経期の牝牛の鳴声まで聞き分ける耳を持っていた。

アケビの花の紫色に咲いている谷を越して、復た私達は牛の群の見えるところへ出た。牧夫が近づいて塩を与えると、黒い小牛が先ず耳を振りながらやって来た。つづいて、額の広い、目付の愛らしい赤牛や、首の長い斑なぞがぞろぞろやって来て、「御馳走」と言わないばかりに頭を振ったり尻尾を振ったりしながら、塩の方へ近づいた。牧夫は私達に、牛もここへ来たばかりには、家を懐しがるが、二日も経てば慣れて、強い牛は強い牛と集り、弱い牛は弱い牛と組を立てるなどと話した。向うの傾斜の方には、臥たり起きたりして遊んでいる牛の群も見える……

この牧場では月々五十銭ずつで諸方(ほうぼう)の持主から牝牛を預っている。そういう牝牛が今五十頭ばかり居る。種牛は一頭置いてある。牧夫が勤めの主なるものは、牛の繁殖を監督することであった。礼を言って、私達はこの番人に別れた。

青麦の熟する時

学校の小使[1]は面白い男で、私に種々(いろいろ)な話をしてくれる。この男は小使のかたわら、自分の家では小作[2]を作っている。それは主に年老いた父と、弟とがやっている。純小作人の家族だ。学校の日課が終って、小使が教室々々の掃除をする頃には、頬(ほお)の紅い彼の妻が子供を背負(おぶ)ってやって来て、夫の手伝いをすることもある。学校の教師仲間の家でも、いくらか畠のあるところへは、この男が行って野菜の手入をして遣(や)る。校長の家では毎年可成(かなり)な農家ほどに野菜を作った。燕麦(からすむぎ)なども作った。休みの時間に成ると、私はこの小使をつかまえては、耕作の話を聞いてみる。

私達の教員室は旧士族の屋敷跡に近くて、松林を隔てて深い谷底を流れる千曲川(ちくまがわ)の音を聞くことが出来る。その部屋はある教室の階上にあたって、一方に幹事室、一方に校長室と接して、二階の一隅(ぐう)を占めている。窓は四つある。その一方の窓からは、群立した松林、校長の家の草屋根などが見える。一方の窓からは、起伏した浅い谷、桑畠(くわばたけ)、竹藪(たけやぶ)などが見える。遠い山々の一部分も望まれる。

粗末ではあるが眺望(ちょうぼう)の好い、その窓の一つに倚(よ)りながら、私は小使から六月の豆蒔(まめまき)の労苦を聞いた。地を鋤(す)くもの、豆を蒔くもの、肥料を施すもの、土をかけるもの、こう四人でやるが、土は焼けて火のように成っている、素足で豆蒔は出

---

1 小使:学校・会社・官庁などで雑用に従事する人。用務員。

2 小作:地主から土地を借り、小作料を払ってその土地を自ら耕作し、農業を営むこと。

来かねる、草鞋(わらじ)を穿(は)いて漸(ようや)くそれをやるという。小使は又、麦作の話をしてくれた。麦一ツカ——九十坪に、粉糠(こぬか)一斗の肥料を要するとか。それには大麦(おおむぎ)の殻(から)と、刈草(かりくさ)とを腐らして、粉糠(こなぬか)を混ぜて、麦畠に撒(ま)くという。麦は矢張小作の年貢(ねんぐ)の中に入って、夏の豆、蕎麦なぞが百姓の利得に成るとのことであった。

南風が吹けば浅間山の雪が溶け、西風が吹けば畠の青麦が熟する。これは小使の私に話したことだ。そう言えば、なまぬるい、微(かすか)な西風が私達の顔を撫(な)でて、窓の外を通る時候に成って来た。

古城の初夏

その日は、校長はじめ、他の同僚も懐古園(かいこえん)の方へ弓をひきに出掛けた。あの緑蔭には、同志の者が集って十五間ばかりの矢場を造ってある。私も学士に誘われて、学校から直(じか)に城址(しろあと)の方へ行くことにした。

はじめて私が学士に逢った時は、唯(ただ)こんな田舎へ来て隠れている年をとった学者と思っただけで、そう親しく成ろうとは思わなかった。私達は——三人の同僚を除いては、皆な旅の鳥で、その中でも学士は幾多の辛酸(しんさん)を嘗(な)め尽して来たような人である。服装(みなり)なぞに極く関(かま)わない、授業に熱心な人で、どうかすると白墨で汚れた古洋服を碌(ろく)に払わずに着ているという風だから、最初のうちは町の人からも疎(うと)んぜられた。服装と月給とで人間の価値(ねうち)を定(き)めたがるのは、普通一般の人の相場だ。しかし生徒の父兄達も、次第に学士の親切な、正直な、尊い性質を認めないわけに行かなかった。これ程何もかも外部(そと)へ露出した人を、私もあまり見たことが無い。何時の間にか私はこの老学士と仲好(なかよし)に成って自分の身内からでも聞くように、その制(おさ)えきれないような嘆息(たんそく)や、内に憤(いきどお)る声までも聞くように成った。

私達は揃って出掛けた。学士の口からは、時々軽い仏蘭西語なぞが流れて来る。それを聞く度に、私は学士の華やかな過去を思いやった。学士は又、そんな関わない風采の中にも、何処か往時の瀟洒なところを失わないような人である。その胸にはネキタイが面白く結ばれて、どうかすると見慣れない襟留[1]なぞが光ることがある。それを見ると、私は子供のように噴飯したくなる。

白い黄ばんだ柿の花は最早到る処に落ちて、香気を放っていた。学士は弓の袋や、クスネの類を入れた鞄を提げて歩きながら、

「ねえ、実はこういう話サ。私共の二番目の伜が、あれで子供仲間じゃナカナカ相撲が取れるんですトサ。此頃もネ、弓の弦を褒美に貰って来ましたがネ、相撲の方の名が可笑しいんですよ。何だッて聞きましたらネ——沖の鮫」

私は笑わずにいられなかった。学士も笑を制えかねるという風で、

「兄のやつも名前が有るんですよ。貴様は何とつけたと聞きましたら、父さんが弓が御好きだから、よく当るように矢当りとつけましたトサ。ええ、矢当りサ。子供というものは可笑しなものですネ」

こういう阿爺さんらしい話を聞きながら古い城門の前あたりまで行くと馬に乗った医者が私達に挨拶して通った。

学士は見送って、

「あの先生も、鶏に、馬に、小鳥に、朝顔——何でもやる人ですナ。菊の頃には菊を作るし、よく何処の田舎にも一人位はああいう御医者で奇人が有るもんです。『なアに他の奴等は、ありゃ医者じゃねえ、薬売りだ、とても話せない』なんて、エライ気焔サ。でも、面白い気象[2]の人で、在へでも行くと、薬代がなけりゃ畠の物でも何でもいいや、葱が出来たら提げて来い位に言うものですから、百姓

1　襟留：着物の襟の合わせ目が乱れないように襟に止める金具。

2　気象：生れつきの性情。心だて。気だて。気質。

仲間には非常に受が好い……」

奇人はこの医者ばかりでは無い。旧士族で、閑散な日を送りかねて、千曲川へ釣に行く隠士風の人もあれば、姉と二人ぎり城門の傍（かたわら）に住んで、懐古園の方へ水を運んだり、役場の手伝いをしたりしている人もある。旧士族には奇人が多い。時世が、彼等を奇人にして了（しま）った。

もし君がこのあたりの士族屋敷の跡を通って、荒廃した土塀（どべい）、礎（いしずえ）ばかり残った桑畠なぞを見、離散した多くの家族の可傷（いたま）しい歴史を聞き、振返って本町、荒町の方に町人の繁昌（はんじょう）を望むなら、「時」の歩いた恐るべき足跡を思わずにいられなかろう。しかし他の土地へ行って、頭角を顕（あらわ）すような新しい人物は、大抵教育のある士族の子孫だともいう。私はこの古城址（こじょうし）に遊んで、君なぞの思いもよらないような風景を望んだ。それは茂った青葉のかげから、遠く白い山々を望む美しさだ。日本アルプスの谿々（たにだに）の雪は、ここから白壁を望むように見える。

懐古園内の藤、木蘭（もくれん）、躑躅（つつじ）、牡丹（ぼたん）なぞは一時花と花とが映り合って盛んな香気を発したが、今では最早濃い新緑の香に変って了った。千曲川は天主台の上まで登らなければ見られない。谷の深さは、それだけでも想像されよう。海のような浅間一帯の大傾斜は、その黒ずんだ松の樹の下へ行って、一線に六月の空に横（よこた）わる光景が見られる。既に君に話した烏帽子山麓の牧場、B君の住む根津村なぞは見えないまでも、そこから松林の向に指すことが出来る。私達の矢場を掩う欅（けやき）、楓（かえで）の緑も、その高い石垣の上から目の下に瞰下（みおろ）すことが出来る。

城址の桑畠には、雨に濡れながら働いている人々もあった。皆なで雲行を眺めていると、初夏らしい日の光が遽（にわ）かに青葉を通して射して来た。弓仲間は勇んで一手ずつ射はじめた。やがて復たザアと降って来た。到頭一同は断念して、茶屋の方へ引揚（ひきあ）げた。

私が学士と一緒に高い荒廃(こうはい)した石垣の下を帰って行く途中、東の空に深い色の虹(にじ)を見た。実に、学士はユックリユックリ歩いた。

作家紹介

島崎藤村（1872 年 2 月 17 日-1943 年 8 月 22 日）明治～昭和前期の詩人・小説家。本名は島崎春樹。長野県出身。1881 年（明治 14 年）上京。泰明小学校に通い、卒業後は、伯父・武居用拙に『詩経』などを学んだ。さらに三田英学校（旧慶應義塾分校)、共立学校（開成高校の前身）など当時の進学予備校で学び、明治学院本科（明治学院大学の前身）入学。在学中は馬場孤蝶、戸川秋骨、北村季晴、中島久万吉らと交友を結び、学生時代は西洋文学を読みふけり、また松尾芭蕉や西行などの日本古典文学も読み漁った。明治学院本科の第一期卒業生で、校歌も作詞している。

卒業後、『女学雑誌』に訳文を寄稿するようになり、1892 年 9 月、20 歳の時に明治女学校高等科英語科教師となる。翌年、交流を結んでいた北村透谷、星野天知の雑誌『文学界』に参加し、同人として劇詩や随筆を発表した。浪漫主義文学運動のなかにあって青春の彷徨を体験し，処女詩集『若菜集』『一葉舟』『夏草』『落梅集』の詩集で明治浪漫主義の開花の先端となり、土井晩翠と共に『藤晩時代』と並び称された。これら 4 冊の詩集を出した後、詩作から離れていく。藤村の詩のいくつかは、歌としても親しまれている。

さらに、主な活動事項を小説に転じたのち、自然主義文学の記念碑的作品『破戒』によって小説家として認められ，以後『春』『家』などの自伝的小説を発表した。代表的な自然主義作家となった。父である島崎正樹をモデルとした歴史小説の大作『夜明け前』などが存在する。父・島崎正樹（1831 年-1886 年）は国学者。庄屋・問屋を兼ねる島崎家 17 代。国学を学び、33 歳で平田篤胤没後の門人となる。明治維新後、文明開化の風潮に失望、木曾山林の解放運動に奔走し戸長を免職され、家産を傾ける。正樹は藤村に与えた文学的影響は多大だった。

作品解説

『千曲川のスケッチ』とは、島崎藤村の写生文である。1899 年（明治 32 年）に藤村が移住した小諸が舞台になっている。藤村が小諸義塾に赴任した際に、小諸を中心とした千曲川一帯の自然やそこに住む人々の暮らしを鮮やかに描写したもの。ここで藤村は、小諸の自然と人々とを四季の移り変わりを背景に、詩情たっぷりに描いている。

大正元年の出版であるが、書かれたのは小諸時代で、詩から散文への移行期の所産である。浪漫的な傾向はどこにも見られず、みごとに写実で終始しているのを見る。島崎藤村の文章において、千曲川はもはや単なる川ではなく、生命、感情、芸術が出会う場所である。彼の『千曲川のスケッチ』は、自然の風景を描いただけでなく、人間の本質、生命、そして人間と自然との調和した共生関係を深く探求している。この作品では、島崎藤村の繊細な筆致が、移り変わる千曲川の四季、自然の美しさ、そして川辺に暮らす人々の生活風景を生き生きと描き出している。「西の空はと見ると、山の端は黄色に光り、急に焦茶色と変り、沈んだ日の反射も最後の輝きを野面に投げた。働いている三人の女の頬冠り、曲めた腰、皆な一時に光った。男の子の鼻の先まで光った」。

特筆すべきは、島崎藤村が自然の風景を描く一方で、人間の輝きを表現することにも力を入れていることだ。島崎藤村は、農民などの庶民を描くことで、彼らの純粋さ、勤勉さ、優しさを表現している。これらの人物は目の前にいるかのように生き生きとしており、私たちに人生の現実と美しさを感じさせてくれる。瀬沼茂樹は「なかでも『収穫』のように、ミレーの或る画を連想させるタブロオ、スケッチもある。藤村文学を考えるものには、ここでは叙事詩のような物語性をすらことさらに作為せずに、ただめぐまれぬ自然や風物のなかに労苦する農民の労働生活に温い愛情をよせ、かえってその故にその日常を、ありのままに静かに切りとってみせるというタブロオになっている」と好評している。

島崎藤村は、その芸術的アプローチにおいて、豊かなスケッチ技法を用い、千曲川のそれぞれの風景を細部まで丁寧に描写している。その筆致は力強さと柔らかさを併せ持ち、荒々しい輪郭線と繊細な彫りの両方を表現している。この多様な芸術的技法が、この作品を重厚かつ芸術的価値の高いものにしている。全体として、詩的で哲学的な作品である。同時に、人間と自然との関係や生命への限りない愛についての島崎藤村の深い思索を表現している。この作品は、私たちに美しい風景画を提供するだけでなく、人間と自然、人間と生命の関係について考えるユニークな視点を与えてくれる。

卒業論文の参考資料

三好行雄『島崎藤村論』筑摩書房、1984 年
亀井勝一郎『島崎藤村論』新潮社、1965 年
伊狩弘『島崎藤村小説研究』双文社出版、2008 年
下山嬢子『近代の作家島崎藤村』明治書院、2008 年
平野謙『島崎藤村』岩波書店、2001 年
倉持三郎『島崎藤村の文学 ： 情熱と忍従の家族史』光陽社出版、2021 年
佐々木徹〈著〉福田清人〈編〉『島崎藤村』新装版、清水書院、2017 年
今井節子『島崎藤村研究』三恵社、2017 年
中山弘明『溶解する文学研究 ： 島崎藤村と〈学問史〉』翰林書房、2016 年
水本精一郎『島崎藤村研究 詩の世界』近代文藝社、2010 年
水本精一郎『島崎藤村研究 小説の世界』近代文藝社、2010 年
小林明子『島崎藤村抵抗と容認の構造』双文社出版、2012 年
土屋道雄『島崎藤村：苦悩と悲哀の生涯』笠原書房、2011 年
松本鶴雄『春回生の世界：島崎藤村の文学』勉誠出版、2010 年

研究課題

1.『千曲川のスケッチ』が言文一致の文体を使って、特に客観性と真正性の追求をどのように実践しているかを探ってみよう。

2. この作品に描かれたのどかな風景に焦点を当て、島崎藤村がその繊細な筆致によって、千曲川地方の自然の美しさと人間の特徴をどのように表現しているかを探ってみよう。

3. 日本文学史における島崎藤村の作品の位置づけを分析し、日本における自然主義文学の発展にどのように貢献したかを考察しよう。

細雪

谷崎潤一郎

井谷と云うのは、神戸のオリエンタルホテルの近くの、幸子たちが行きつけの美容院の女主人なのであるが、縁談[1]の世話をするのが好きと聞いていたので、幸子はかねてから雪子のことを頼み込んで、写真を渡しておいたところ、先日セットに行った時に、「ちょっと奥さん、お茶に附き合って下さいませんか」と手の空いた隙(すき)に幸子を誘い出して、ホテルのロビーで始めてこの話をしたのである。実はこちらへ御相談をしないで悪かったけれども、ぐずぐずしていて良い縁を逃がしてはと思ったので、お預かりしてあったお嬢様のお写真を何ともつかず先方へ見せたのが、一箇月半程も前のことになる。それきり暫く音沙汰(おとさた)[2]がなかったので、自分は忘れかけていたのであったが、先方ではその間にお宅さんのことを調べた模様で、大阪の御本家のこと、御分家のお宅さんのこと、それから御本人のことについては、女学校へも、習字やお茶の先生の所へも、行って尋ねたらしい。それで御家庭の事情は何も彼(か)も知っていて、いつかの新聞の事件なども、あの記事

1　縁談：結婚や養子縁組の相談。結婚話。

2　音沙汰：たより。消息。

が誤りだと云うことはわざわざ新聞社まで行って調べて来ているくらいなので、よく諒解していたけれども、なお自分からも、そんなことがあるようなお嬢様かどうかまあお会いになって御覧なさいと云って、納得が行くように説明はしておいた。先方は謙遜して、蒔岡さんと私とでは身分違いでもあり、薄給の身の上で、そう云う結構なお嬢様に来て戴けるものとも思えないし、来て戴いても貧乏所帯で苦労をさせるのがお気の毒のようだけれども、万一縁があって結婚出来るならこんな有難いことはないから、話すだけは話してみてほしいと云っている。自分の見たところでは、先方も祖父の代までは或る北陸の小藩[1]の家老[2]職をしていたとかで、現に家屋敷[3]の一部が郷里に残っていると云うのであるから、家柄の点ではそう不釣合でもないのではあるまいか。お宅さんは旧家でおありになるし、大阪で「蒔岡」と云えば一時は聞えていらしったに違いないけれども、——こう申しては失礼であるが、いつ迄もそう云う昔のことを考えておいでになっては、結局お嬢様が縁遠くおなりになるばかりだから、大概なところで御辛抱なすったらいかがであろうか。現在では月給も少いけれども、まだ四十一だから昇給の望みもないことはないし、それに日本の会社と違ってわりに時間の余裕があるので、夜学の受持時間の方をもっと殖やして四百円以上の月収にすることは容易だと云っているから、新婚の所帯を持って女中を置いて暮して行くには先ず差支えあるまい。人物については、自分の二番目の弟が中学時代の同窓で、若い時からよく知っているので、太鼓判を捺す[4]と云っている。そう云ってもお宅さんの手で

1　小藩：領知の石高の小さい藩。

2　家老：江戸時代、大名の重臣で、家中の武士を統率し、家務を総轄した職。1藩に数名以上おり、普通は世襲。この名は鎌倉時代からあった。

3　家屋敷：家屋と宅地。

4　太鼓判を捺す：(証明のために大きな判をおす意から)絶対まちがいのないことを保証する。

一往（いちおう）お調べになるに越したことはないけれども、結婚がおくれた原因は全く器量好み[1]のためで外に理由はないと云うのが、矢張ほんとうらしく思える。それは巴里にも行っていたのだし、四十を越してもいることだから、まるきり女を知らない筈（はず）はないだろうけれども、自分がこの間会って見た感じでは、それこそ生真面目（きまじめ）なサラリーマンで、遊びの味などを知っていそうな様子は微塵（みじん）もなかった。器量好み[1]などと云うことは、得てそう云う堅人（かたじん）によくあるものだが、その人も巴里を見て来た反動でか、奥さんは純日本式の美人に限る、洋服なんか似合わなくてもよい、しとやかで、大人しくて、姿がよくて、和服の着こなしが上手で、顔立も勿論だけれども、第一に手足のきれいな人がほしいと云う注文なので、お宅のお嬢様なら打ってつけだと思うのであるが、———と云うような話なのであった。

長らく中風症で臥たきりの夫を扶養しつつ美容院を経営して、かたわら一人の弟を医学博士にまでさせ、今年の春には娘を目白に入学させたと云うだけあって、井谷は普通の婦人よりは何層倍か頭脳の廻転が速く、万事に要領がよい代りに、商売柄どうかと思われるくらい女らしさに欠けていて、言葉を飾るような廻りくどいことをせず、何でも心にあることを剥き出しに云ってのけるのであるが、その云い方がアクドクなく、必要に迫られて真実を語るに過ぎないので、わりに相手に悪感を与えることがないのであった。幸子も最初、井谷がいつもの急き込むような早口でしゃべるのを聞いていると、随分この人はと思うところもあったけれども、段々聞いて行くうちに、男勝り[2]の親分肌（おやぶんはだ）[3]な気象から好意で云ってくれ

1　器量好み：顔だちのよい女をより好みすること。面食い。

2　男勝り：女でありながら、気性が男にもまさるほどに勝気であること。また、そのような女。

3　親分肌：親分のように、面倒見がよく人から頼られる気質。

ていることがよく分るし、それに何よりも、理路整然（りろせいぜん）[1]と、打ち込む隙もなく話しかけて来られるので、ぐっと俯伏（うつぶ）せに取って抑えられてしまった感じがした。そして、では早速本家の方とも相談をし、又此方（こちら）でもその人の身元を調べるだけは調べさせて戴いてと、その時はそう云って別れたのであった。

幸子の直（す）ぐ下の妹の雪子が、いつの間にか婚期を逸してもう卅歳にもなっていることについては、深い訳がありそうに疑う人もあるのだけれども、実際はこれと云うほどの理由はない。ただ一番大きな原因を云えば、本家の姉の鶴子にしても、幸子にしても、又本人の雪子にしても、晩年の父の豪奢（ごうしゃ）な生活、蒔岡と云う旧い家名、———要するに御大家であった昔の格式に囚（とら）われていて、その家名にふさわしい婚家先を望む結果、初めのうちは降る程あった縁談を、どれも物足りないような気がして断り断りしたものだから、次第に世間が愛憎（あいそ）をつかして話を持って行く者もなくなり、その間に家運が一層衰えて行くと云う状態になった。だから「昔のことを考えるな」と云う井谷の言葉は、ほんとうに為めを思った親切な忠告なので、蒔岡の家が全盛であったのはせいぜい大正の末期までのことで、今ではその頃のことを知っている一部の大阪人の記憶に残っているに過ぎない。いや、もっと正直のことを云えば、全盛と見えた大正の末頃には、生活の上にも営業の上にも放縦（ほうじゅう）であった父の遣り方が漸（ようや）く祟（たた）って[2]来て、既に破綻（はたん）が続出しかけていたのであった。それから間もなく父が死に、営業の整理縮小が行われ、次いで旧幕時代からの由緒を誇る船場（せんば）の店舗が他人の手に渡るようになったが、幸子や雪子はその後も長く父の存生中のことを忘れかねて、今のビルディングに改築される前までは大体昔の俤（おもかげ）をとどめていた土蔵造りのその店の前を通り過ぎ、

1　理路整然：物事や話のすじみちが、きちんと通っているさま。

2　祟る：神仏・怨霊・もののけなどが禍いをする。罰をあたえる。

薄暗い暖簾の奥を懐しげに覗いてみたりしたものであった。

女の子ばかりで男の子を持たなかった父は、晩年に隠居して家督を養子辰雄に譲り、次女幸子にも婿を迎えて分家させたが、三女雪子の不仕合せ[1]は、もうその時分そろそろ結婚期になりかけていたのに、とうとう父の手で良縁を捜して貰えなかったこと、義兄辰雄との間に感情の行き違いが生じたこと、などにもあった。いったい辰雄は銀行家の伜で、自分も養子に来る迄は大阪の或る銀行に勤めていたのであり、養父の家業を受け継いでからも実際の仕事は養父や番頭がしていたようなものであった。そして養父の死後、義妹たちや親戚などの反対を押し切って、まだ何とか蹈ん張れば維持出来たかも知れなかった店の暖簾を、蒔岡家からは家来筋に当る同業の男に譲り、自分は又もとの銀行員になった。それと云うのは、派手好きな養父と違い、堅実[2]一方で臆病でさえある自分の性質が、経営難と闘いつつ不馴れな家業を再興するのに不向きなことを考え、より安全な道を選んだ結果で、当人にすれば養子たる身の責任を重んじたからこその処置なのであるが、雪子は昔を恋うるあまり、そう云う義兄の行動を心の中で物足りなく思い、亡くなった父もきっと自分と同様に感じて、草葉の蔭から義兄を批難しているであろうと思っていた。と、ちょうどその時分、———父が死んで間もない頃、義兄がたいそう熱心に彼女に結婚をすすめた口があった。それは豊橋市の素封家の嗣子[3]で、その地方の銀行の重役をしている男で、義兄の勤める銀行がその銀行の親銀行になっている関係から、義兄はその男の人物や資産状態などをよく知っていると云う訳であった。そして豊橋の三枝家ならば格式から云っても申分はないし、現在の蒔岡家に取っては分に過ぎた相手であるし、本人も至って好人物であ

1　不仕合せ：運のわるいこと。幸福でないこと。

2　堅実：しっかりしてあぶなげのないこと。てがたいこと。

3　嗣子：家督を相続する子。あとつぎ。

るからと、見合いをするまでに話を進行させたのであったが、雪子はその人に会って見て、どうにも行く気になれなかったのであった。と云うのは、別に男振がどうこうと云うのではないが、如何(いか)にも田舎紳士と云う感じで、なるほど好人物らしくはあるけれども、知的なところが全くない顔つきをしていた。聞けば中学を出た時に病気をしたとかで上の学校へは這入(はい)らなかったと云うのであるが、恐らく学問の方の頭は良くないのであろうと思うと、女学校から英文専修科までを優秀な成績で卒業した雪子としては、さきざきその人を尊敬することが出来そうもない懸念(けねん)があった。それに、いくら資産家の跡取(あととり)で生活の保証はあるにしても、豊橋と云うような地方の小都会で暮すことは淋(さび)しさに堪えられない気がしたが、それには誰よりも幸子が同情して、そんな可哀(かわい)そうなことがさせられるものかと云ったりした。義兄にしてみれば、義妹は学問はよく出来たかも知れないけれども、少し因循過ぎるくらい引っ込み思案の、日本趣味の勝った女であるから、刺戟(しげき)の少い田舎の町で安穏(あんのん)に暮して行くのには適しているし、定めし本人にも異存はあるまいと極めてかかったのが、案に相違したのであったが、内気で、含羞屋(はにかみや)で、人前では満足に口が利けない雪子にも、見かけに依らない所があって、必ずしも忍従(にんじゅう)一方の婦人ではないことを、義兄が知ったのはその時が最初であった。

が、雪子にしても、お腹の中ではっきり「否」にきまっていることなら、早くそう云えばよいものを、どうとも取れるような生返事ばかりしていて、いよいよとなってから、それも義兄や上の姉には云わないで、幸子に打ち明けたのは、一つには余りにも熱心な義兄の手前、云い出しにくかったせいもあろうが、そう云う風に言葉数の足りないのが、彼女の悪い癖なのであった。そのために義兄は内心否でないものと感違いをし、先方も見合いをしてからは、急に乗り気になって是非にと懇望(こんもう)して来ると云う訳で、話は退(の)っ引きならない所まで進んだのであったが、一旦「否」の意志表示をしてからの雪子は、そうなると義兄や上の姉が代る代る口を酸く[1]して頼むようにして勧めても、最後まで「うん」と云うことは云わないでしまった。今度は泉下の養父にも喜んで貰えると思ってかかった縁談であるだけに、義兄の失望は大きかったが、それより困ったのは、先方に対し、仲に立って斡旋してくれた銀行の上役の人に対し、今更挨拶のしようがなくて冷汗の出る思いをしたこと、―それも、尤もに聞える理由があるならばだけれども、顔が知的でないなどと下らぬ難癖をつけて、こんな、二度とありそうにもない勿体ない縁を嫌うと云うのは、ただ雪子の我が儘で、邪推をすれば、故意に兄を苦しい立ち場に陥れてやろうと云う底意があるのではないかとさえ、取れないでもなかった。

それから此方、義兄は雪子の縁談には懲り懲りした形で、他人が持って来てくれる話には喜んで耳を傾けるけれども、自分が積極的に取り持つことや、先に立って良い悪いの意見を述べることは、出来れば避けたいと云う風に見えた。

雪子を縁遠くしたもう一つの原因に、井谷の話の中に出た「新聞の事件」と云うものがあった。

それは今から五六年前、当時廿歳であった末の妹の妙子が、同じ船場の旧家である貴金属商の奥畑家の倅と恋に落ちて、家出をした事件があった。雪子をさしおいて妙子が先に結婚することは、尋常の方法ではむずかしいと見て、若い二人がしめし合わして非常手段に出たもので、動機は真面目であるらしかったが、孰方の家でもそんなことは許すべくもなかったので、直きに見つけ出して双方に連れ戻して、そのことはたわいもなく[2]解消したかの如くであったが、運悪くそれが大阪の或る小新聞に出てしまった。而も妙子を間違えて、雪子と出、年齢も雪

1　口を酸く：何度も繰り返し意見する。

2　たわいもない：とりとめもない。思慮がない。

子の年になっていた。当時蒔岡家では、雪子のために取消を申し込んだものか、但しそうすれば半面に於いて妙子がしたことを裏書きするのと同じ結果を招く恐れがあり、それも智慧のない話であるからいっそ黙殺してしまったものかと、当主辰雄が散々考えたのであったが、過ちを犯した者はどうあろうとも、罪のない者に飛ばっちりを受けさせて置く訳には行かぬと思ったので、取消を申し込んだところ、新聞に載ったのはその取消ではなく、正誤の記事で、予想した通り改めて妙子の名が出た。辰雄はその前に雪子の意見も聞いて見るべきであるとは心付いていたのだけれども、聞いたところで取り分け自分に対しては口の重い雪子が、どうせ明瞭な答をしてくれそうもないことは分っていたし、義妹たちに相談すれば利害の相反する雪子と妙子との間が紛糾することもあろうしと考え、妻の鶴子に話しただけで、自分一人の責任でそう云う手段に出たのであったが、正直のところを云えば、妙子を犠牲にしても雪子の冤を雪ぐことに依って雪子によく思われたいと云う底意[1]が、いくらか働いていたかも知れない。それと云うのが、養子の辰雄には、大人しいようでその実いつまでも打ち解けてくれない雪子と云うものが一番気心の分らない扱いにくい小姑なので、こんな機会に彼女の機嫌を取りたかったこともあろう。しかしその時も当てが外れて、雪子も妙子も彼に悪い感じを持った。雪子に云わせれば、新聞に間違った記事が出たのは私の不運としてあきらめるより仕方がない、取消などと云うものはいつも人目に付かない隅の方に小さく載るだけで、何の効果もありはしない、私達としては、取消にせよ何にせよ一回でも多く新聞に出ることが不愉快なのだから、そっと黙殺してしまうのが賢かったのだ、兄さんが私の名誉回復をしてくれるのは有難いけれども、そうしたらこいさんはどうなるであろう、こいさんのしたことは悪いには違いな

1 底意：心のそこ。心の奥。したごころ。

いが、年歯[1]も行かない同士の無分別から起ったこととすれば、責められてよいのは監督不行届な両方の家庭で、少くともこいさんについては、兄さんは勿論私にだって一部の責任がないとは云えない、そう云っては何だけれども、私は自分の潔白は、知る人は知っていてくれると信じているので、あのくらいな記事でそんなにひどく傷つけられる自分であるとは思っていない、それより今度のことが原因で、こいさんが僻み出して不良にでもなったらどうするか、兄さんのすることは万事理窟詰めで、情味がない、第一これほどのことを、最も利害関係の深い私に一言の相談もせずに実行するとは専横過ぎる、——と云うのであったが、妙子は妙子で、兄さんが雪姉ちゃんのために証を立てて上げるのは当り前だけれども、私の名を出さないでも済ませる方法もあったろうではないか、相手は小新聞なのだから、何とか手を廻せば伏せてしまうことが出来たろうものを、兄さんはそう云う場合にお金を吝しむからいけない、——と、これはその時分から云うことがませていた。

辰雄はこの新聞の事件の時、世間に合わす顔がないと云って辞職願を出した程であった。尤もその方は「それには及ばぬ」と云うことで無事に済んだが、雪子が受けた災難の方は何としても償いようがなかった。たまたま幾人かの人は、正誤の記事に気が付いて彼女の冤罪を知ったでもあろうが、彼女は潔白であったにしても、そう云う妹娘のある事実が知れ渡ったことは、姉娘を、その自負心にも拘らず、いよいよ縁遠くする原因になった。ただ、雪子自身は内心は兎に角、表面は「それくらいなことで傷つきはしない」と云う建前でいたので、そんな事件のために妙子と感情が齟齬[2]する結果にはならず、却って義兄に対して妙子を庇うと云う風であった。そして、この二人は、上本町九丁目の本家から、阪急蘆屋川

1 年歯：年齢のほど。年ばえ。

2 齟齬：くいちがい。ゆきちがい。

の分家(ぶんけ)[1]、——幸子の家の方へ、前からも始終、一人が帰れば一人が来ると云う風にして、代る代る泊りに来ていたのが、この事件を切掛(きっか)けにして段々頻繁(ひんぱん)になり、二人が一緒にやって来て半月も泊り続けることがあるようになった。それと云うのが、幸子の夫の貞之助(ていのすけ)は、計理士をしていて毎日大阪の事務所へ通い、外に養父から分けて貰った多少の資産で補いをつけつつ暮しているのであったが、厳格一方の本家の兄と違って、商大出に似合わず文学趣味があり、和歌などを作ると云う風であったし、本家の兄のような監督権を持たなかったし、いろいろの点で雪子たちには、そう恐くない人なのであった。ただ余り雪子達の滞在が長くなると、本家へ気がねして「一遍帰ってもろたら」と幸子に注意することはあったが、幸子は毎度、そのことなら姉ちゃんが諒解していてくれるから、心配しやはらんでもよい、今では本家も子供が殖えて家が手狭になったことだし、時々妹達が留守にした方が姉ちゃんも息抜きが出来るであろう、まあ当分は当人達の好きなようにさせておいても別条はないと云い云いして、いつかそう云う状態が普通になっていたのであった。

そんな工合[2]にして数年たつうちに、雪子の身の上には格別の変化も起らなかったが、妙子の境遇に思いがけない発展があったので、結局に於いてそれが雪子の運命にも或る関わりを持つに至った。———と云うのは、妙子は女学校時代から人形を作るのが上手で、暇があるとよく小裂(こぎれ)を切り刻んでいたずらしていたものであったが、だんだん技術が進歩して、百貨店の陳列棚(だな)へ作品が出るようになった。彼女の作るのは仏蘭西(フランス)人形風のもの、純日本式の歌舞伎趣味のもの、その他さまざまで、どれにも他人の追随(ついずい)を許さない独創の才が閃めいていたが、それは

1　分家：家族が任意にその家を去って新たに一家を設立すること。また、設立したその家。新家。第二次大戦後、「家」の制度の廃止に伴い、法律上は認められない。

2　工合：物事のしくみやはたらきの状態。調子。

一面、映画、演劇、美術、文学等に亘(わた)る彼女の日頃の嗜(たしな)みを語るものでもあった。兎(と)に角(かく)彼女の手から生れる可憐(かれん)な小芸術品は次第に愛好者を呼び集め、去年は幸子の肝煎(きもいり)[1]で心斎橋筋の或る画廊(がろう)を借りて個展を開いた程であった。彼女は最初、本家は子供が大勢で騒々しいので、幸子の家へ来て作っていたが、そうなるともっと完全な仕事部屋がほしくなって、幸子の所から三十分もかからずに行ける、同じ電車の沿線の夙川(しゅくがわ)の松濤(しょうとう)アパートの一室を借りた。本家の兄は妙子が職業婦人めいて来ることには不賛成であったし、殊(こと)に部屋借りをするのはどうかと思ったのだけれども、この時も幸子が口をきいてやって、――過去にちょっとした汚点を持つ妙子は、雪子以上に縁遠い訳であるから、何か一つ仕事を当てがっておく方がよいかも知れない、部屋借りと云っても仕事をしに行くだけで寝泊りをするのではない、幸い友達の未亡人が経営しているアパートがあるから、よく頼み込んでそこを借りることにしたらどうであろう、そこなら近い所だから自分も時々様子を見に行くことが出来る、と云うようなことを云って、やや事後承諾的に運んでしまったのであった。

元来が陽気な性質の妙子は、雪子とは反対に警句や冗談などを飛ばすと云った風であったのが、事件を引き起した当座は陰鬱(いんうつ)になってしまい、変に考え込んでばかりいたが、そう云う新しい世界の開けたのが救いになって、近頃は以前の朗かさを取り返しつつあったので、その点では幸子の見通しが中(あた)った訳であった。が、本家からは月々の小遣を貰ってい、その外に又作品が相当な値で売れるところから、自然金廻りがよくなって、時々びっくりするようなハンドバッグを提げていたり、舶来品(はくらいひん)らしい素敵な靴を穿(は)いていたりした。これには上の姉や幸子が心配して貯金をすすめたことがあったが、云われる迄もなく蓄める方も如才なく蓄めていて、ちゃんと郵便貯金の通帳を、上の姉には内証だと云って幸子にだけ

1　肝煎：世話をすること。周旋すること。

出して見せ、「中姉(なかあん)ちゃんお小遣ないなら貸したげるわ」と云ったのには、さすがの幸子も開いた口が塞(ふさ)がらなかった。と、或る時幸子は、「お宅のこいさんが奥畑の啓坊(けいぼん)と夙川の土手[1]を歩いてはったのを見た」と云って、注意してくれた人があったのではっとした。実はこの間、妙子のポケットからハンカチと一緒にライタアが転げ出したのを見て、妙子が隠れて煙草を吸うことには心づいていたが、廿五六にもなってそのくらいなことは仕方がなかろうかと思っていた矢先だったので、当人を呼んで聞いてみると、本当だと云う答であった。そして、だんだん質(ただ)して行くと、あれきり啓ちゃんとは音信不通になっていたのだが、先日人形の個展を開いた時に見に来て、一番の大作を買ってくれたりしたことから、又附き合うようになった、でも勿論清い交際をしているのだし、それもほんのたまにしか会わない、自分も昔と違って大人になっているから、その点は信用して貰いたいと云うのであった。しかし幸子は、そうなって来ると、アパートに部屋を持たせておくことはちょっと不安で、本家に対しても責任があるように感じた。いったい妙子の仕事と云うものが、気分本位のものであり、そこへ持って来ていっぱし当人は芸術家気取(きどり)でいるので、製作と云っても毎日詰めて規則的にするのではなく、幾日も続けて休むこともあり、気が向くと徹夜で仕事して翌朝脹(は)れぼったい[2]顔をして帰って来ることもあり、寝泊りはさせない筈(はず)だったのが、だんだんそうも行かなくなっていた。それに、上本町の本家と、蘆屋の分家と、夙川のアパートとで、そう一々、妙子が何時に彼方(あちら)を出たから何時には此方(こちら)へ着く筈だと云う風に連絡を取っていなかったことなどを考えると、幸子は少し自分がぼんやり過ぎたか知らんと云う気がして、或る日妙子の留守を窺(うかが)ってアパートへ行き、友達

1　土手：つつみ。堤防。

2　ぼったい：〔接尾〕（形容詞型活用）形容詞の語幹や動詞の連用形に付いて、いかにもそういう状態である、そういう感じであるの意を表す。

の女主人に会っていろいろそれとなく聞いてみたりしたが、女主人の云うのには、こいさんも近頃は偉くなって、製作法を習いに来る弟子が二三人も出来たけれども、それは奥様やお嬢様たちで、男の人と云っては、箱の職人が時々注文を取りに来たり品物を納めに来たりするくらいに過ぎない、仕事は、やり始めたら凝る方で、午前三時四時になることも珍しくないが、そんな時には、泊る設備もないことだから一服しながら夜の明けるのを待って、一番電車で蘆屋へ帰って行くと云う話で、時間の点なども辻褄(つじつま)が合って[1]いた。部屋はこの間まで六畳の日本間だったのが、最近広い方へ変ったと云うので、行ってみると、洋間に一段高くなった四畳半の日本間の附いた部屋で、参考書、雑誌、ミシン台、裂地(きれじ)その他の諸材料、未完成の作品等々で一杯になってい、壁に数々の写真がピンで留めてあるなど、芸術家の工房らしく雑然としてはいるけれども、さすがに若い女の仕事場らしい色彩の花やかさも感じられ、掃除もよく行き届いていて、きちんと整理してあり、灰皿の底にも吸殻(すいがら)一つ溜(たま)っていないと云う風で、その辺の抽出、状挿(じょうさし)などを調べてみても、何等訝(いぶか)しく思われる節もなかった。

作家紹介

谷崎潤一郎（1886 年〈明治 19 年〉7 月 24 日-1965 年〈昭和 40 年〉7 月 30 日）は、小説家。東京出身。東京帝国大学中退。第二次「新思潮」同人として出発し、耽美的・悪魔主義的な傾向の作品を発表。関東大震災を機に関西に移住し、古典的・伝統的な日本美に傾倒、新境地をひらく。『源氏物語』の現代語訳、『陰翳礼讃』などの随筆もすぐれた仕事。著作『刺青』『痴人の愛』『蓼喰ふ虫』『蘆刈』『春琴抄』『細雪』『少将滋幹の母』など。

明治末期から昭和中期まで、終生旺盛な執筆活動を続け、国内外でその作品の芸術性が高い評価を得た。初期は耽美主義の一派とされ、その作風や題材、文体・

---

1 辻褄が合う：細かい点まで食い違いがなく、筋道が通る。前後が一貫する。

表現は生涯にわたって様々に変遷した。漢語や雅語から俗語や方言までを使いこなす端麗な文章と、作品ごとにがらりと変わる巧みな語り口が特徴。

『痴人の愛』『春琴抄』『細雪』など、情痴や時代風俗などのテーマを扱う通俗性と、文体や形式における芸術性を高いレベルで融和させた純文学の秀作によって世評高く、「文豪」「大谷崎」と称された。その一方、今日のミステリー・サスペンスの先駆的作品、活劇的な歴史小説、口伝・説話調の幻想譚、果てはグロテスクなブラックユーモアなど、娯楽的なジャンルにおいても多く佳作を残している。

作品解説

『細雪』は、谷崎潤一郎の長編小説。1936 年（昭和 11 年）秋から 1941 年（昭和 16 年）春までの大阪の旧家を舞台に、四姉妹の日常生活の明暗を綴った作品。阪神間の生活文化を描いた作品としても知られ、全編の会話が船場言葉で書かれている。上流の大阪人の生活を描き絢爛でありながら、それゆえに第二次世界大戦前の崩壊寸前の滅びの美を内包し、挽歌的な切なさをも醸し出している。

まず、大阪の上流社会の生活描写が見事である。谷崎潤一郎は独特の文語で、あの時代の繁栄と贅沢を存分に表現している。四姉妹の服装や化粧にしても、住んでいる屋敷にしても、当時の雰囲気に満ちている。しかし、その壮麗さは単に重ねられたものではなく、小説のテーマや心情と密接に結びつき、物語全体に彩りを添えている。

しかし、その壮大さとは裏腹に、この小説には悲しみも見え隠れする。その悲しみは人生の苦難から来るものではなく、時代の変化と文化の崩壊から来るものである。谷崎潤一郎は阪神間の生活様式を描くことで、大阪の文化が徐々に失われていく様を描いている。その消滅は一朝一夕に起こるものではなく、日常生活の中で徐々に明らかになり、細かい雪のように静かに降り積もる。この静かな変化は、時間の容赦なさと文化のはかなさを考えさせる。

人物描写においても、谷崎潤一郎はその手腕を発揮している。雪子と末娘の妙子のキャラクターは対照的だ。雪子は時代にそぐわず、のんびりとしていて母性的な印象を与えるかもしれないが、女性的で謙虚な自然美を醸し出している。一方、自立心が強く奔放な妙子の存在は、物語全体に新たな活力を与えている。この対位法的な構造の描写は、物語の意味合いを豊かにするだけでなく、登場人物をより立体的で充実したものにしている。

谷崎潤一郎の代表作として、『細雪』は三島由紀夫をはじめ、多くの小説家や文芸評論家から高く評価されている。ある時代の様式や文化を示すだけでなく、繊細な筆致と深い情感で読者の心を打つ。この小説は文学作品であると同時に、時代へのエレジーでもあり、その素晴らしさを享受しながらも、歴史の重さや文化の悲しみを感じさせてくれる。

卒業論文の参考資料

中村光夫『谷崎潤一郎論』講談社文芸文庫、2015 年
伊藤整『谷崎潤一郎の文学』中央公論社、1970 年
三島由紀夫『作家論』中公文庫、2016 年
三島由紀夫『谷崎潤一郎・川端康成』中公文庫、2020 年
野口武彦『谷崎潤一郎論』中央公論社、1973 年
秦恒平『谷崎潤一郎』筑摩書房、1989 年
渡部直己『谷崎潤一郎 擬態の誘惑』新潮社、1992 年
たつみ都志『谷崎潤一郎・「関西」の衝撃』和泉書院、1992 年
野崎歓『谷崎潤一郎と異国の言語』中公文庫、 2015 年
細江光『谷崎潤一郎 深層のレトリック』和泉書院、2004 年
阿刀田高『谷崎潤一郎を知っていますか 愛と美の巨人を読む』新潮社、2020 年
谷崎松子『湘竹居追想―潤一郎と「細雪」の世界』中央公論社、1983 年
板東洋介『谷崎潤一郎』清水書院〈人と思想〉、2020 年

研究課題

1. 谷崎潤一郎が日本文学の伝統である季節感を用いて、『細雪』における自然風

景の描写と登場人物の心理的な活動をどのように結びつけているかを掘り下げてみよう。

2.『細雪』における伝統美と現代性の要素の融合を探求し、作品における伝統美とモダニティの混淆と衝突を探ってみよう。

3. 異文化研究と比較文学の観点から、異なる文化的文脈における『細雪』の受容と解釈を探求しよう。

4. 谷崎潤一郎の作品には、美しい画風だけでなく、深い社会批判や人間性の探求が含まれている。谷崎潤一郎が作品を通してどのように社会現象を明らかにし、社会を批判しているのか、また人間性に対する深い洞察と考察を研究しよう。

一房の葡萄

有島武郎

僕は小さい時に絵を描くことが好きでした。僕の通っていた学校は横浜の山の手という所にありましたが、そこいらは西洋人ばかり住んでいる町で、僕の学校も教師は西洋人ばかりでした。そしてその学校の行きかえりにはいつでもホテルや西洋人の会社などがならんでいる海岸の通りを通るのでした。通りの海添いに立って見ると、真青（まっさお）な海の上に軍艦だの商船だのが一ぱいならんでいて、煙突（えんとつ）から煙の出ているのや、檣（ほばしら）[1]から檣へ万国旗をかけわたしたのやがあって、眼がいたいように綺麗でした。僕はよく岸に立ってその景色を見渡して、家に帰ると、覚えているだけを出来るだけ美しく絵に描いて見ようとしました。けれどもあの透きとおるような海の藍色（あいいろ）と、白い帆前船などの水際（みずぎわ）[2]近くに塗ってある洋紅色（ようこうしょく）とは、僕の持っている絵具（えのぐ）ではどうしてもうまく出せませんでした。いくら描いても描いても本当の景色で見るような色には描けませんでした。

ふと僕は学校の友達の持っている西洋絵具を思い出しました。その友達は矢張（やはり）

1　檣：船に立てて帆をかかげる柱。マスト。

2　水際：船が水面と接する所。

西洋人で、しかも僕より二つ位齢が上でしたから、身長は見上げるように大きい子でした。ジムというその子の持っている絵具は舶来[1]の上等のもので、軽い木の箱の中に、十二種の絵具が小さな墨のように四角な形にかためられて、二列にならんでいました。どの色も美しかったが、とりわけて藍と洋紅とは喫驚するほど美しいものでした。ジムは僕より身長が高いくせに、絵はずっと下手でした。それでもその絵具をぬると、下手な絵さえがなんだか見ちがえるように美しく見えるのです。僕はいつでもそれを羨しいと思っていました。あんな絵具さえあれば僕だって海の景色を本当に海に見えるように描いて見せるのになあと、自分の悪い絵具を恨みながら考えました。そうしたら、その日からジムの絵具がほしくってほしくってたまらなくなりました。けれども僕はなんだか臆病になってパパにもママにも買って下さいと願う気になれないので、毎日々々その絵具のことを心の中で思いつづけるばかりで幾日か日がたちました。

今ではいつの頃だったか覚えてはいませんが秋だったのでしょう。葡萄の実が熟していたのですから。天気は冬が来る前の秋によくあるように空の奥の奥まで見すかされそうに霽れわたった日でした。僕達は先生と一緒に弁当をたべましたが、その楽しみな弁当の最中でも僕の心はなんだか落着かないで、その日の空とはうらはらに暗かったのです。僕は自分一人で考えこんでいました。誰かが気がついて見たら、顔も屹度青かったかも知れません。僕はジムの絵具がほしくってほしくってたまらなくなってしまったのです。胸が痛むほどほしくなってしまったのです。ジムは僕の胸の中で考えていることを知っているにちがいないと思って、そっとその顔を見ると、ジムはなんにも知らないように、面白そうに笑ったりして、わきに坐っている生徒と話をしているのです。でもその笑っているのが僕のことを知っていて笑っているようにも思えるし、何か話をしているのが、「い

1　舶来：外国から舶載して来ること。外国から渡来すること。また、そのもの。

まに見ろ、あの日本人が僕の絵具を取るにちがいないから。」といっているようにも思えるのです。僕はいやな気持ちになりました。けれどもジムが僕を疑っているように見えれば見えるほど、僕はその絵具がほしくてならなくなるのです。

僕はかわいい顔はしていたかも知れないが体も心も弱い子でした。その上臆病者で、言いたいことも言わずにすますような質でした。だからあんまり人からは、かわいがられなかったし、友達もない方でした。昼御飯がすむと他の子供達は活溌に運動場に出て走りまわって遊びはじめましたが、僕だけはなおさらその日は変に心が沈んで、一人だけ教場に這入っていました。そとが明るいだけに教場の中は暗くなって僕の心の中のようでした。自分の席に坐っていながら僕の眼は時々ジムの卓の方に走りました。ナイフで色々ないたずら書きが彫りつけてあって、手垢で真黒になっているあの蓋を揚げると、その中に本や雑記帳や石板と一緒になって、飴のような木の色の絵具箱があるんだ。そしてその箱の中には小さい墨のような形をした藍や洋紅の絵具が……僕は顔が赤くなったような気がして、思わずそっぽ[1]を向いてしまうのです。けれどもすぐ又横眼でジムの卓の方を見ないではいられませんでした。胸のところがどきどきとして苦しい程でした。じっと坐っていながら夢で鬼にでも追いかけられた時のように気ばかりせかせかしていました。

教場に這入る鐘がかんかんと鳴りました。僕は思わずぎょっとして立上りました。生徒達が大きな声で笑ったり呶鳴ったりしながら、洗面所の方に手を洗いに出かけて行くのが窓から見えました。僕は急に頭の中が氷のように冷たくなるのを気味悪く思いながら、ふらふらとジムの卓の所に行って、半分夢のようにそこの蓋を揚げて見ました。そこには僕が考えていたとおり雑記帳や鉛筆箱とまじっ

1　そっぽ：正面でなく、よその方。

て見覚えのある絵具箱がしまってありました。なんのためだか知らないが僕はあっちこちを見廻（みまわ）してから、誰も見ていないなと思うと、手早くその箱の蓋を開けて藍と洋紅との二色（ふたいろ）を取上げるが早いかポッケットの中に押込みました。そして急いでいつも整列して先生を待っている所に走って行きました。

僕達は若い女の先生に連れられて教場に這入り銘々の席に坐りました。僕はジムがどんな顔をしているか見たくってたまらなかったけれども、どうしてもそっちの方をふり向くことができませんでした。でも僕のしたことを誰も気のついた様子がないので、気味が悪いような、安心したような心持ちでいました。僕の大好きな若い女の先生の仰（おっしゃ）ることなんかは耳に這入りは這入ってもなんのことだかちっともわかりませんでした。先生も時々不思議そうに僕の方を見ているようでした。

僕は然（しか）し先生の眼を見るのがその日に限ってなんだかいやでした。そんな風で一時間がたちました。なんだかみんな耳こすり[1]でもしているようだと思いながら一時間がたちました。

教場を出る鐘が鳴ったので僕はほっと安心して溜息（ためいき）をつきました。けれども先生が行ってしまうと、僕は僕の級（きゅう）で一番大きな、そしてよく出来る生徒に「ちょっとこっちにお出（い）で」と肱（ひじ）の所を掴（つか）まれていました。僕の胸は宿題をなまけたのに先生に名を指された時のように、思わずどきんと震えはじめました。けれども僕は出来るだけ知らない振りをしていなければならないと思って、わざと平気な顔をしたつもりで、仕方なしに運動場（うんどうば）の隅（すみ）に連れて行かれました。

「君はジムの絵具を持っているだろう。ここに出し給（たま）え。」

そういってその生徒は僕の前に大きく拡（ひろ）げた手をつき出しました。そういわれ

1　こすり：こすること。ざらざらしたものをすりみがくこと。

ると僕はかえって心が落着いて、

「そんなもの、僕持ってやしない。」と、ついでたらめをいってしまいました。そうすると三四人の友達と一緒に僕の側に来ていたジムが、

「僕は昼休みの前にちゃんと絵具箱を調べておいたんだよ。一つも失くなってはいなかったんだよ。そして昼休みが済んだら二つ失くなっていたんだよ。そして休みの時間に教場にいたのは君だけじゃないか。」と少し言葉を震わしながら言いかえしました。

僕はもう駄目だと思うと急に頭の中に血が流れこんで来て顔が真赤になったようでした。すると誰だったかそこに立っていた一人がいきなり僕のポケットに手をさし込もうとしました。僕は一生懸命にそうはさせまいとしましたけれども、多勢に無勢[1]で迚も叶いません。僕のポケットの中からは、見る見るマーブル球（今のビー球のことです）や鉛のメンコ[2]などと一緒に二つの絵具のかたまりが掴み出されてしまいました。「それ見ろ」といわんばかりの顔をして子供達は憎らしそうに僕の顔を睨みつけました。僕の体はひとりでにぶるぶる震えて、眼の前が真暗になるようでした。いいお天気なのに、みんな休時間を面白そうに遊び廻っているのに、僕だけは本当に心からしおれてしまいました。あんなことをなぜしてしまったんだろう。取りかえしのつかないことになってしまった。もう僕は駄目だ。そんなに思うと弱虫だった僕は淋しく悲しくなって来て、しくしくと泣き出してしまいました。

「泣いておどかしたって駄目だよ。」とよく出来る大きな子が馬鹿にするような憎みきったような声で言って、動くまいとする僕をみんなで寄ってたかって二

1　無勢：人数が少ないこと。

2　メンコ：子供の玩具。円形または方形に作った厚紙で、多く表面に絵や写真がある。地上に置いた相手のものに交互に打ち当て、裏返せば勝ちとする。

階に引張って行こうとしました。僕は出来るだけ行くまいとしたけれどもとうとう力まかせに引きずられて階子段（はしごだん）を登らせられてしまいました。そこに僕の好きな受持ちの先生の部屋があるのです。

やがてその部屋の戸をジムがノックしました。ノックするとは這入ってもいいかと戸をたたくことなのです。中からはやさしく「お這入り」という先生の声が聞えました。僕はその部屋に這入る時ほどいやだと思ったことはまたとありません。

何か書きものをしていた先生はどやどや[1]と這入って来た僕達を見ると、少し驚いたようでした。が、女の癖に男のように頸（くび）の所でぶつりと切った髪の毛を右の手で撫（な）であげながら、いつものとおりのやさしい顔をこちらに向けて、一寸（ちょっと）首をかしげただけで何の御用という風をしなさいました。そうするとよく出来る大きな子が前に出て、僕がジムの絵具を取ったことを委（くわ）しく先生に言いつけました。先生は少し曇った顔付きをして真面目（まじめ）にみんなの顔や、半分泣きかかっている僕の顔を見くらべていなさいましたが、僕に「それは本当ですか。」と聞かれました。本当なんだけれども、僕がそんないやな奴（やつ）だということをどうしても僕の好きな先生に知られるのがつらかったのです。だから僕は答える代りに本当に泣き出してしまいました。

先生は暫（しばら）く僕を見つめていましたが、やがて生徒達に向って静かに「もういってもようございます。」といって、みんなをかえしてしまわれました。生徒達は少し物足らなそうにどやどやと下に降りていってしまいました。

先生は少しの間なんとも言わずに、僕の方も向かずに自分の手の爪を見つめていましたが、やがて静かに立って来て、僕の肩（かた）の所を抱きすくめるようにして「絵具はもう返しましたか。」と小さな声で仰（おっしゃ）いました。僕は返したことをしっかり

1　どやどや：大勢の人が一団となって騒がしく出入りするさま。

先生に知ってもらいたいので深々と頷いて見せました。

「あなたは自分のしたことをいやなことだったと思っていますか。」

もう一度そう先生が静かに仰った時には、僕はもうたまりませんでした。ぶるぶると震えてしかたがない唇を、噛みしめても噛みしめても泣声が出て、眼からは涙がむやみに流れて来るのです。もう先生に抱かれたまま死んでしまいたいような心持ちになってしまいました。

「あなたはもう泣くんじゃない。よく解ったらそれでいいから泣くのをやめましょう、ね。次ぎの時間には教場に出ないでもよろしいから、私のこのお部屋に入らっしゃい。静かにしてここに入らっしゃい。私が教場から帰るまでここに入らっしゃいよ。いい。」と仰りながら僕を長椅子に坐らせて、その時また勉強の鐘がなったので、机の上の書物を取り上げて、僕の方を見ていられましたが、二階の窓まで高く這い上った葡萄蔓から、一房の西洋葡萄をもぎって、しくしくと泣きつづけていた僕の膝の上にそれをおいて静かに部屋を出て行きなさいました。一時がやがや[1]とやかましかった生徒達はみんな教場に這入って、急にしんとするほどあたりが静かになりました。僕は淋しくって淋しくってしようがない程悲しくなりました。あの位好きな先生を苦しめたかと思うと僕は本当に悪いことをしてしまったと思いました。葡萄などは迚も喰べる気になれないでいつまでも泣いていました。

ふと僕は肩を軽くゆすぶられて眼をさましました。僕は先生の部屋でいつの間にか泣寝入りをしていたと見えます。少し痩せて身長の高い先生は笑顔を見せて僕を見おろしていられました。僕は眠ったために気分がよくなって今まであったことは忘れてしまって、少し恥しそうに笑いかえしながら、慌てて膝の上から辷り落ちそうになっていた葡萄の房をつまみ上げましたが、すぐ悲しいことを思い

1　がやがや：大勢の人が個々に勝手に話す声が響いてつくる雑音。また、そのさま。

出して笑いも何も引込んでしまいました。

「そんなに悲しい顔をしないでもよろしい。もうみんなは帰ってしまいましたから、あなたはお帰りなさい。そして明日はどんなことがあっても学校に来なければいけませんよ。あなたの顔を見ないと私は悲しく思いますよ。屹度(きっと)ですよ。」

そういって先生は僕のカバンの中にそっと葡萄の房を入れて下さいました。僕はいつものように海岸通りを、海を眺めたり船を眺めたりしながらつまらなく家に帰りました。そして葡萄をおいしく喰べてしまいました。

けれども次の日が来ると僕は中々学校に行く気にはなれませんでした。お腹が痛くなればいいと思ったり、頭痛がすればいいと思ったりしたけれども、その日に限って虫歯一本痛みもしないのです。仕方なしにいやいやながら家は出ましたが、ぶらぶらと考えながら歩きました。どうしても学校の門を這入ることは出来ないように思われたのです。けれども先生の別れの時の言葉を思い出すと、僕は先生の顔だけはなんといっても見たくてしかたがありませんでした。僕が行かなかったら先生は屹度悲しく思われるに違いない。もう一度先生のやさしい眼で見られたい。ただその一事(ひとこと)があるばかりで僕は学校の門をくぐりました。

そうしたらどうでしょう、先(ま)ず第一に待ち切っていたようにジムが飛んで来て、僕の手を握ってくれました。そして昨日のことなんか忘れてしまったように、親切に僕の手をひいてどぎまぎ[1]している僕を先生の部屋に連れて行くのです。僕はなんだか訳がわかりませんでした。学校に行ったらみんなが遠くの方から僕を見て「見ろ泥棒のつきの日本人が来た」とでも悪口をいうだろうと思っていたのにこんな風にされると気味が悪い程(ほど)でした。

二人の足音を聞きつけてか、先生はジムがノックしない前に、戸を開けて下さいました。二人は部屋の中に這入りました。

「ジム、あなたはいい子、よく私の言ったことがわかってくれましたね。ジム

1　どぎまぎ：不意をつかれたり威圧されたりして、とっさに適切な対応ができず、うろたえあわてるさま。

はもうあなたからあやまって貰わなくってもいいと言っています。二人は今からいいお友達になればそれでいいんです。二人とも上手に握手をなさい。」と先生はにこにこしながら僕達を向い合せました。僕はでもあんまり勝手過ぎるようでもじもじ[1]していますと、ジムはいそいそとぶら下げている僕の手を引張り出して堅く握ってくれました。僕はもうなんといってこの嬉しさを表せばいいのか分らないで、唯恥しく笑う外ありませんでした。ジムも気持よさそうに、笑顔をしていました。先生はにこにこしながら僕に、

「昨日の葡萄はおいしかったの。」と問われました。僕は顔を真赤にして「ええ」と白状するより仕方がありませんでした。

「そんなら又あげましょうね。」

そういって、先生は真白なリンネル[2]の着物につつまれた体を窓からのび出させて、葡萄の一房をもぎ取って、真白い左の手の上に粉のふいた紫色の房を乗せて、細長い銀色の鋏で真中からぷつりと二つに切って、ジムと僕とに下さいました。真白い手の平に紫色の葡萄の粒が重って乗っていたその美しさを僕は今でもはっきりと思い出すことが出来ます。

僕はその時から前より少しいい子になり、少しはにかみ屋[3]でなくなったようです。

それにしても僕の大好きなあのいい先生はどこに行かれたでしょう。もう二度とは遇えないと知りながら、僕は今でもあの先生がいたらなあと思います。秋になるといつでも葡萄の房は紫色に色づいて美しく粉をふきますけれども、それを受けた大理石のような白い美しい手はどこにも見つかりません。

1　もじもじ：はにかみ・気おくれ・遠慮などで、行動をためらったり落ち着かなかったりしているさま。

2　リンネル：亜麻の繊維で織った薄地織物。

3　はにかみ屋：ちょっとしたことですぐはにかむ人。はずかしがり屋。

作家紹介

有島武郎（1878 年（明治 11 年）3 月 4 日-1923 年（大正 12 年）6 月 9 日）は、小説家。東京・小石川に旧薩摩藩郷士で大蔵官僚、実業家の有島武の長男として生まれる。武郎 4 歳の時、父の横浜税関長就任を機に一家で横浜に移る。父の教育方針により米国人家庭で生活。その後、横浜英和女学校（現青山学院横浜英和小学校）に通う。この頃の体験が後に童話『一房の葡萄』を生むことになる。

10 歳で学習院予備科に入学し、寄宿生として過ごし、19 歳で学習院中等全科を卒業する。その後、農学者を志して北海道の札幌農学校に入学。1903 年に渡米。米国ではハバフォード大学大学院、さらにハーバード大学で 1 年ほど歴史、経済学を学び、社会主義に傾倒しホイットマンやイプセンらの西欧文学、ベルクソン、ニーチェなどの西洋哲学の影響を受ける。ヨーロッパにも渡り、1907 年（明治 40 年）4 月 11 日に帰国。

東北帝国大学農科大学の英語講師として過ごしていたが、弟の生馬を通じて志賀直哉、武者小路実篤らと出会い、同人誌『白樺』に参加する。『かんかん虫』『お末の死』などを発表し、白樺派の中心人物の一人として小説や評論で活躍した。人道主義的な作風を示した。社会主義に関心深く，ブルジョア出身の自己との矛盾に苦しんだが，作品は社会的にも注目された。代表作に『カインの末裔』『或る女』や、評論『惜しみなく愛は奪ふ』がある。

作品解説

『一房の葡萄』は、有島武郎による小説（童話）。雑誌『赤い鳥』1920 年 8 月号に掲載された。その後、本作を表題作として全 4 篇を収録した単行本『一房の葡萄』が 1922 年に叢文閣より刊行された。『一房の葡萄』は、有島が書いた最初の創作童話で、横浜英和学校での自身の体験に基づいている。

単行本『一房の葡萄』は、全 4 篇中、本作を含む 3 篇が有島の幼少期の体験に基づくものである。小さい頃絵を描くことが好きだった主人公の「僕」は、自身の住む横浜の山の手の美しい海岸通りを絵に描いて再現しようとする。しかし、自身の所持している絵具では、本当の景色で見るような絵には描けない。ある日西洋人の同級生・ジムの持つ舶来の上等な絵具が羨ましくて衝動的に盗んでしまうが、程なくしてそのことが露呈し、美しい憧れの先生に言いつけられてしまう。泣き続けていた僕を先生は優しく許し、一房の葡萄を渡す。

『一房の葡萄』は単なる童話ではなく、哲学と感動に満ちた成長の寓話である。繊細な文章と鮮やかなプロットによって、有島武は過ち、許し、贖罪についての感動的な物語を提示し、読者に成長の悩みと心の温かさを感じさせる。物語のターニングポイントは、「私」がジムの絵の具を盗んだ瞬間である。この衝動的な行為は、「私」をより深いジレンマに陥れる。しかし幸いなことに、彼は寛容で親切な先生に出会う。この先生は「僕」に厳しい罰を与えるのではなく、ぶどうの房で「僕」をなぐさめた。このような扱いは、「僕」に自分の過ちに気づかせるだけでなく、「僕」に人間の温かさと美しさを感じさせた。

この物語で最も感動的なのは、葡萄の象徴性である。果物である葡萄は美味しく、栄養価も高い。この物語では、「私」に対する先生の慰めと励ましだけでなく、「私」の精神的成長の証人でもある。時が経つにつれ、葡萄はより美しくなり、魅力的な紫色を見せる。これは葡萄そのものの熟成と変化であると同時に、「私」の内面世界の成長と変容でもある。しかし惜しむらくは、「私」に許しと安らぎを与えてくれた、大理石のように白く完璧な手を持つ教師が、「私」の視界に一度も現れなかったことである。このエピソードは、先生への深い郷愁と感謝の気持ちを表しているだけでなく、人生の無常と尊さを気づかせてくれる。

私たちは周りの人を大切にし、その愛と助けに感謝しなければならない。鮮やかなプロットと繊細な人物描写によって、成長することの悩みと心の救済を感じさせてくれる。同時に、人生でさまざまな困難に直面したとき、寛容と理解の心を保ち、愛と温かさで対立や障壁を解消すべきだということも教えてくれる。そうすることでしか、私たちは真に愛と責任を持った人間に成長することはできないのだ。

卒業論文の参考資料

亀井俊介『有島武郎　世間に対して真剣勝負をし続けて』ミネルヴァ書房・ミネルヴァ日本評伝選、2013 年

高原二郎・福田清人『有島武郎　人と作品』清水書院、新版 2018 年

荒木優太『有島武郎　地人論の最果てへ』岩波新書、2020 年

杉淵洋一『有島武郎をめぐる物語：ヨーロッパに架けた虹』青弓社、2020 年

片山礼子『有島武郎小論』蒼丘書林、2013 年

有島武郎研究会『有島武郎事典』勉誠出版、2010 年

亀井俊介『有島武郎：世間に対して真剣勝負をし続けて』ミネルヴァ書房、2013 年

尾西康充『「或る女」とアメリカ体験：有島武郎の理想と叛逆』岩波書店、2012 年

中村三春『新編言葉の意志：有島武郎と芸術史的転回』ひつじ書房、2011 年

石丸晶子『有島武郎：作家作品研究』明治書院、2003 年

宮野光男『有島武郎の詩と詩論』朝文社、2002 年

生井知子『白樺派の作家たち：志賀直哉・有島武郎・武者小路実篤』和泉書院、2005 年

研究課題

1.『一房の葡萄』のテーマについて考察してみよう。有島武郎が何を伝えようとしているのか。

2.有島武郎の生涯にわたる作品の進化や変化について、初期の作品と後期の作品を比較するとどのような違いが見られるか？それが彼の文学的な発展にどのような影響を与えたか。

3.有島武郎の作品が中国でどのように受容されてきたかについて、翻訳や評論、その他の文学的影響についての研究を基に調査しよう。

4. 日本近代文学史における白樺派文学の具体的な位置づけと、白樺派の文学思想の特徴、文学の発展に及ぼした影響について研究しよう。

清兵衛と瓢箪

志賀直哉

　これは清兵衛という子供と瓢箪との話である。この出来事以来清兵衛と瓢箪とは縁が断れてしまったが、間もなく清兵衛には瓢箪に代わる物ができた。それは絵を描くことで、彼はかつて瓢箪に熱中したように今はそれに熱中している……

　清兵衛が時々瓢箪を買って来ることは両親も知っていた。三、四銭から十五銭ぐらいまでの皮つきの瓢箪を十ほども持っていたろう。彼はその口を切ることも種を出すことも独りで上手にやった。栓も自分で作った。最初茶渋(ちゃしぶ)[1]で臭味をぬくと、それから父の飲みあました酒を貯えておいて、それで頻りに磨いていた。

　全く清兵衛の凝りようは烈しかった。ある日彼は矢張り瓢箪のことを考え考え浜通りを歩いていると、ふと、眼に入った物がある。彼ははッとした。それは路端に浜を背にしてズラリと並んだ屋台店の一つから飛び出して来た爺さんの禿頭であった。清兵衛はそれを瓢箪だと思ったのである。

　「立派な瓢じゃ」こう思いながら彼は暫く気がつかずにいた。一気がついて、さすがに自分で驚いた。その爺さんはいい色をした禿頭を振り立てて彼方の横町へ入って行った。清兵衛は急におかしくなって一人大きな声を出して笑った。堪

1　茶渋：茶碗などに付着する、茶の煎じ汁のあか。

らなくなって笑いながら彼は半町ほど馳けた。それでもまだ笑いは止まらなかった。

これほどの凝りようだったから、彼は町を歩いていれば骨董屋（こっとうや）でも八百屋でも荒物屋（あらものや）[1]でも駄菓子屋でもまた専門にそれを売る家でも、およそ瓢箪を下げた店といえば必ずその前に立って凝っと見た。

清兵衛は十二歳でまだ小学校に通っている。彼は学校から帰って来ると他の子供とも遊ばずに、一人よく町へ瓢箪を見に出かけた。そして、夜は茶の間の隅に胡坐をかいて瓢箪の手入れをしていた。手入れが済むと酒を入れて、手拭で巻いて、鑵にしまって、それごと炬燵へ入れて、そして寝た。翌朝は起きるとすぐ彼は鑵を開けて見る。瓢箪の肌はすっかり汗をかいている。彼は厭かずそれを眺めた。それから丁寧に糸をかけて陽のあたる軒へ下げ、そして学校へ出かけて行った。

清兵衛のいる町は商業地で船つき場で、市にはなっていたが、割に小さな土地で二十分歩けば細長い市のその長い方が通りぬけられるくらいであった。だからたとえ瓢箪を売る家はかなり多くあったにしろ、ほとんど毎日それらを見歩いている清兵衛には、おそらくすべての瓢箪は眼を通されていたろう。

彼は古瓢にはあまり興味を持たなかった。まだ口も切ってないような皮つきに興味を持っていた。しかも彼の持っているのは大方いわゆる瓢箪形の、割に平凡な格好をした物ばかりであった。

「子供じゃけえ、瓢いうたら、こういうんでなかにゃあ気に入らんもんと見えるけのう」大工をしている彼の父を訪ねて来た客が、傍で清兵衛が熱心にそれを磨いているのを見ながら、こう言った。彼の父は、

「子供の癖に瓢いじりなぞをしおって……」とにがにがし[2]そうにその方を顧みた。

1　荒物屋：雑貨屋。

2　にがにがしい：甚だいとわしい。非常に不愉快だ。

「清公。そんな面白うないのばかり、えっと持っとってもあかんぜ。もちっと奇抜なんを買わんかいな」と客がいった。清兵衛は、

「こういうがええんじゃ」と答えて済ましていた。

清兵衛の父と客との話は瓢箪のことになって行った。

「この春の品評会に参考品で出ちょった馬琴の瓢箪という奴は素晴しいもんじゃったのう」と清兵衛の父が言った。

「えらい大けえ瓢じゃったけのう」

「大けえし、だいぶ長かった」

こんな話を聞きながら清兵衛は心で笑っていた。馬琴の瓢というのはその時の評判な物ではあったが、彼はちょっと見ると、—馬琴という人間も何者だか知らなかったし—すぐ下らない物だと思ってその場を去ってしまった。

「あの瓢はわしには面白うなかった。かさ張っとるだけじゃ」彼はこう口を入れた。

それを聴くと彼の父は眼を丸くして怒った。

「何じゃ。わかりもせん癖して、黙っとれ！」

清兵衛は黙ってしまった。

ある日清兵衛が裏通りを歩いていて、いつも見なれない場所に、仕舞屋[1]の格子先に婆さんが干柿や蜜柑の店を出して、その背後の格子に二十ばかりの瓢箪を下げておくのを発見した。彼はすぐ、

「ちょっと、見せてつかあせえな」と寄って一つ一つ見た。中には一つ五寸ばかりで一見ごく普通な形をしたので、彼には震いつきたいほどにいいのがあった。

彼は胸をどきどきさせて、

「これ何ぼかいな」と訊いて見た。婆さんは、

「ぼうさんじゃけえ、十銭にまけときやんしょう」と答えた。彼は息をはずませながら、

1　仕舞屋：もと商家であったが、その商売をやめた家。金利や資財の利潤で裕福に暮している人、またはそういう家。転じて、商店でない、普通の家。

「そしたら、きっと誰にも売らんといて、つかあせえのう。すぐ銭持って来やんすけえ」くどく、これを言って走って帰って行った。

間もなく、赤い顔をしてハアハアいいながら還って来ると、それを受け取ってまた走って帰って行った。

彼はそれから、その瓢が離せなくなった。学校へも持って行くようになった。しまいには時間中でも机下でそれを磨いていることがあった。それを受持の教員が見つけた。修身の時間だっただけに教員は一層怒った。

他所から来ている教員にはこの土地の人間が瓢箪などに興味を持つことが全体気に食わなかったのである。この教員は武士道を言うことの好きな男で、雲右衛門が来れば、いつもは通りぬけるさえ恐れている新地の芝居小屋に四日の興行を三日聴きに行くくらいだから、生徒が運動場でそれを唄うことにはそれほど怒らなかったが、清兵衛の瓢箪では声を震わして怒ったのである。「到底将来見込のある人間ではない」こんなことまで言った。そしてそのたんせいを凝らした瓢箪はその場で取り上げられてしまった。清兵衛は泣けもしなかった。

彼は青い顔をして家へ帰ると炬燵（こたつ）に入ってただぼんやりとしていた。

そこに本包みを抱えた教員が彼の父を訪ねてやって来た。清兵衛の父は仕事へ出て留守だった。

「こういうことは全体家庭で取り締っていただくべきで……」教員はこんなことをいって清兵衛の母に食ってかかった。母はただただ恐縮していた。

清兵衛はその教員の執念深さが急に恐ろしくなって、脣を震わしながら部屋の隅で小さくなっていた。教員のすぐ後の柱には手入れのできた瓢箪が沢山下げてあった。今気がつくか今気がつくかと清兵衛はヒヤヒヤしていた。

さんざん叱言を並べた後、教員はとうとうその瓢箪には気がつかずに帰って行った。清兵衛はほッと息をついた。清兵衛の母は泣き出した。そしてダラダラと愚痴っぽい叱言を言いだした。

間もなく清兵衛の父は仕事場から帰って来た。で、その話を聞くと、急に側にいた清兵衛を捕えてさんざんに撲りつけた。清兵衛はここでも「将来とても見込のない奴だ」と言われた。「もう貴様のような奴は出て行け」と言われた。

清兵衛の父はふと柱の瓢箪に気がつくと、玄能[1]を持って来てそれを一つ一つ割ってしまった。清兵衛はただ青くなって黙っていた。

さて、教員は清兵衛から取り上げた瓢箪を穢れた物ででもあるかのように、捨てるように、年寄った学校の小使にやってしまった。小使はそれを持って帰って、くすぶった[2]小さな自分の部屋の柱へ下げておいた。

二か月ほどして小使はわずかの金に困った時にふとその瓢箪をいくらでもいいから売ってやろうと思い立って、近所の骨董屋へ持って行って見せた。

骨董屋はためつ、すがめつ、それを見ていたが、急に冷淡な顔をして小使の前へ押しやると、

「五円やったら貰うとこう」と言った。

小使は驚いた。が、賢い男だった。何食わぬ顔をして、

「五円じゃとても離し得やしぇんのう」と答えた。骨董屋は急に十円に上げた。小使はそれでも承知しなかった。

結局五十円でようやく骨董屋はそれを手に入れた。—小使は教員からその人の四か月分の月給をただ貰ったような幸福を心ひそかに喜んだ。が、彼はそのことは教員にはもちろん、清兵衛にもしまいまで全く知らん顔をしていた。だからその瓢箪の行方については誰も知る者がなかったのである。

しかしその賢い小使も骨董屋がその瓢箪を地方の豪家に六百円で売りつけたことまでは想像もできなかった。

……清兵衛は今、絵を描くことに熱中している。これができた時に彼にはもう教員を怨む心も、十あまりの愛瓢を玄能で割ってしまった父を怨む心もなくなっていた。

しかし彼の父はもうそろそろ彼の絵を描くことにも叱言を言い出して来た。

1　玄能：大型の鉄鎚。頭の両端の尖らないもので、鑿の頭をたたいたり、石を割ったりするのに用いる。

2　くすぶる：煙のすすで黒くなる。

作家紹介

志賀直哉（1883年2月20日-1971年10月21日）は、日本の小説家。宮城県石巻生まれ、東京府育ち。学習院をへて東大中退。幼少時に実父母から引き離され，祖父母に溺愛されて育つ。

1895年（明治28年）9月、学習院中等科に入学する。翌1896年（明治29年）、有島生馬らとともに「倹遊会」（後に「睦友会」に改名）を結成し、その会誌『倹遊会雑誌』を発行する。直哉は「半月楼主人」や「金波楼半月」といった筆名で同誌に和歌などを発表。これが直哉にとって初めての文筆活動であった。中等科在学中の1901年（明治34年）、直哉は志賀家の書生だった末永馨の勧めにより、内村鑑三の講習会に出席する。直哉はこうして内村の魅力に惹かれ、以後7年間、内村に師事するようになる。

1910年学習院時代の友人武者小路実篤・里見弴や有島武郎らと『白樺』を創刊。明治から昭和にかけて活躍した白樺派を代表する小説家のひとり。「小説の神様」と称せられ多くの日本人作家に影響を与えた。1949年、文化勲章受章。

代表作に『暗夜行路』『和解』『小僧の神様』『城の崎にて』など。芥川龍之介は文学評論「文芸的な、余りに文芸的な」のなかで、「通俗的興味のない」「最も詩に近い」「最も純粋な小説」を書く日本の小説家は志賀直哉であると述べている。菊池寛は「志賀氏は現在の日本の文壇では、最も傑出した作家の一人だと思っている」と直哉を絶賛している。

作品解説

『清兵衛と瓢箪』は、志賀直哉の短編小説。1913年（大正2年）『読売新聞』に発表された。瓢箪をこよなく愛する少年と、その価値観が分からない大人達の作品である。ユーモラスな筆致の作品ながら、志賀自身の父との確執が投影されている。

『清兵衛と瓢箪』は志賀直哉の哲学的で感動的な短編小説である。瓢箪をこよなく愛する少年・清兵衛を主人公に、繊細な筆致と鮮やかなプロットで、矛盾と葛藤に満ちた世界を描き出し、芸術、人生、そして個人の選択について深い理解を与えてくれる。

清兵衛は瓢箪を人並み以上に、執着するほど愛するティーンエイジャーである。彼は瓢箪を丹念に集め、瓢箪で遊び、それぞれの瓢箪は彼の感情や夢を運ぶ友人のようだ。しかし、彼のこの愛情は周囲、特に父親の理解と支持を得られなかった。父親の目には、清兵衛の趣味は無意味で、時間とお金の浪費にしか映らない。この無理解と抑圧が、清兵衛の心を苦しみと葛藤で満たした。

清兵衛と父親の対立を通して、この作品は趣味や理想に関する親子の不一致を明らかにしている。親は現実主義的で、子どもの趣味は将来のキャリアや人生に役立つものであるべきだと考え、子どもの内面的な欲求や感情表現をないがしろにする傾向がある。一方、子どもは自分の感情や興味に注意を払う傾向があり、理解され尊重されることを望み、自分の夢や理想を追求する。このような意見の相違や対立は、清兵衛と父親の間の問題だけでなく、多くの家庭でよく見られる現象である。

同時にこの作品は、個人の選択や追求に対する社会の制約も示している。競争とプレッシャーに満ちた社会では、個人の選択や追求はしばしばさまざまな要因によって制限され、縛られる。人々は、確立された軌道や社会的規範や基準に従うことを期待されている。しかし、そうした束縛はしばしば人々の個性や違いを見過ごし、創造性や想像力を消し去ってしまう。清兵衛の瓢箪への愛は、彼の個性と創造性の追求であるが、その追求は社会によって抑圧され、否定される。しかし、あらゆる困難や挫折にもかかわらず、清兵衛は自分の愛と追求をあきらめなかった。その執念は、一人の青年の芸術への愛と追求を示すとともに、逆境に立たされた人間の逞しさ、不屈の精神を感じさせる。

志賀直哉は『清兵衛と瓢箪』という作品を通して、矛盾と葛藤に満ちた世界を私たちに示すと同時に、個人の内面や追求に目を向け、その選択や趣味を尊重するよう呼びかけている。芸術と人生は表裏一体であり、互いに絡み合い、影響を与え合っている。感情や考えを自由に表現し、夢や理想を追求できるように、私たちはすべての人の選択や追求を尊重すべきなのです。

『清兵衛と瓢箪』は文学的傑作であるだけでなく、深い社会的意義を持つ作品でもある。芸術と人生の関係、社会における個人の立場と役割について考えさせるとともに、一人ひとりの個性と創造性を大切にし、尊重させる。

卒業論文の参考資料

志賀直哉『志賀直哉全集』〈全22巻・補巻6〉岩波書店 1998-2002年

紅野敏郎『新潮日本文学アルバム11 志賀直哉』新潮社、1984年

阿川弘之『志賀直哉　上』新潮社〈新潮文庫〉、1997年

阿川弘之『志賀直哉　下』新潮社〈新潮文庫〉、1997年

栗林秀雄『志賀直哉』清水書院〈人と作品〉、2016年

末永航「白樺ヨーロッパ旅行団—志賀直哉と柳宗悦」『イタリア、旅する心—大正教養世代のみた都市と文化』青弓社、2005年

芥川龍之介『侏儒の言葉・文芸的な、余りに文芸的な』岩波文庫、2003年

菊池寛「志賀直哉氏の作品」『文芸往来』アルス、1920年

里見弴『君と私：志賀直哉をめぐる作品集 』中央公論新社、2023年

諸井秀文『志賀直哉異論』風詠社、2020

宮越勉『志賀直哉：芸術小説を描き続けた文豪』おうふう、2018年

研究課題

1.『清兵衛と瓢箪』の中心的な要素である瓢箪の象徴性とは何か。それは清兵衛の内面世界や大人の世界との葛藤をどのように反映しているのか。

2.『清兵衛と瓢箪』のストーリーは、志賀直哉の個人的体験とどのように似ているか。この小説は、志賀直哉自身と彼の父親との間の葛藤をどのように反映しているのか。

3. 志賀直哉は『清兵衛と瓢箪』でどのような物語技法を用いているか。小説におけるユーモアのスタイルの役割は何か。ユーモアは、読者が物語中の葛藤や矛

盾を理解し、感じるのにどのように役立っているのか。

4. 白樺派を代表する作家の一人である志賀直哉の文学思想が形成された背景、その核心的内容について探求し、志賀直哉の文学思想の変遷過程を段階的に分析しよう。

日和下駄

永井荷風

東京市中散歩の記事を集めて『日和下駄(ひよりげた)』と題す。

乙卯の年晩秋　　荷風小史

日和下駄

人並はずれて丈が高い上にわたしはいつも日和下駄をはき蝙蝠傘(こうもりがさ)[1]を持って歩く。いかに好く晴れた日でも日和下駄に蝙蝠傘でなければ安心がならぬ。これは年中湿気の多い東京の天気に対して全然信用を置かぬからである。変りやすいは男心に秋の空、それにお上の御政事(おせいじ)とばかり極ったものではない。春の花見頃午前の晴天は午後の二時三時頃からきまって風にならねば夕方から雨になる。梅雨の中は申すに及ばず。土用(どよう)に入ればいついかなる時驟雨沛然(しゅううはいぜん)として来らぬとも計りがたい。尤もこの変りやすい空模様思いがけない雨なるものは昔の小説に出て

1　蝙蝠傘：西洋風の傘。鉄の骨に布などを張って、柄をつけたもの。洋がさ。

来る才子佳人が割なき契(ちぎり)を結ぶ[1]よすがとなり、また今の世にも芝居のハネから急に降出す雨を幸いそのまま人目をつつむ幌(ほろ)の中、しっぽり[2]何処ぞで濡れの場を演ずるものまたなきにしもあるまい。閑話休題(それはさておき)日和下駄の効能といわば何ぞそれ不意の雨のみに限らんや。天気つづきの冬の日といえども山の手一面赤土を捏返(こねかえ)す霜解も何のその。アスファルト[3]敷きつめた銀座日本橋の大通、やたらに溝(どぶ)の水を撒きちらす泥濘(ぬかるみ)とて一向驚くには及ぶまい。

私はかくの如く日和下駄をはき蝙蝠傘を持って歩く。

市中の散歩は子供の時から好きであった。十三、四の頃私の家は一時小石川から麹町永田町(こうじまちながたちょう)の官舎へ引移った事があった。勿論電車のない時分である。私は神田錦町(かんだにしきちょう)の私立英語学校へ通っていたので、半蔵御門(はんぞうごもん)を這入って吹上御苑(ふきあげぎょえん)の裏手なる老松鬱々(ろうしょううつうつ)たる代官町(だいかんちょう)の通をばやがて片側に二の丸三の丸の高い石垣と深い堀とを望みながら竹橋を渡って平川口の御城門(ごじょうもん)を向うに昔の御搗屋(おつきや)今の文部省に沿うて一ツ橋へ出る。この道程もさほど遠いとも思わず初めの中は物珍しいのでかえって楽しかった。宮内省裏門の筋向(すじむこう)なる兵営に沿うた土手の中腹に大きな榎(えのき)があった。その頃その木蔭なる土手下の路傍に井戸があって夏冬ともに甘酒大福餅稲荷鮓飴湯(だいふくもちいなりずしあめゆ)なんぞ売るものがめいめい荷を卸して往来(ゆきき)の人の休むのを待っていた。車力や馬方(うまかた)が多い時には五人も六人も休んで飯をくっている事もあった。これは竹橋の方から這入って来ると御城内代官町の通は歩くものにはそれほどに気がつかないが車を曳くものには限りも知れぬ長い坂になっていて、丁

1　契を結ぶ：夫婦や主従などの約束を交わす。また、男女の関係を結ぶことにも言う。

2　しっぽり：春雨などのしとしとと降るさま。また、濡れるさま。

3　アスファルト：天然に、または石油の蒸留残渣として得られる黒色の固体または半固体。主成分は炭化水素。道路の舗装、建材、電線被覆に用いる。土瀝青。

度この辺がその中途に当っているからである。東京の地勢はかくの如く漸次(ぜんじ)に麹町四谷の方へと高くなっているのである。夏の炎天には私も学校の帰途井戸の水で車力や馬方と共に手拭を絞って汗を拭き、土手の上に登って大榎の木蔭に休んだ。土手にはその時分から既に「昇ルベカラズ」の立札が付物になっていたが構わず登れば堀を隔てて遠く町が見える。かくの如き眺望は敢てここのみならず、外濠(そとぼり)の松蔭から牛込(うしごめ)小石川の高台を望むと同じく先ず東京中での絶景であろう。

私は錦町からの帰途桜田御門の方へ廻ったり九段(くだん)の方へ出たりいろいろ遠廻りをして目新しい町を通って見るのが面白くてならなかった。しかし一年ばかりの後途中の光景にも少し飽きて来た頃私の家は再び小石川の旧宅に立戻る事になった。その夏始めて両国の水練場(すいれんば)へ通いだしたので、今度は繁華の下町と大川筋との光景に一方ならぬ興(きょう)を催すこととなった。

今日東京市中の散歩は私の身に取っては生れてから今日に至る過去の生涯に対する追憶の道を辿るに外ならない。これに加うるに日々昔ながらの名所古蹟を破却(はきゃく)して行く時勢の変遷は市中の散歩に無常悲哀の寂しい詩趣を帯びさせる。およそ近世の文学に現れた荒廃の詩情を味おうとしたら埃及伊太利(エジプトイタリー)に赴かずとも現在の東京を歩むほど無残にも傷ましい思をさせる処はあるまい。今日看て過ぎた寺の門、昨日休んだ路傍の大樹もこの次再び来る時には必貸家か製造場になっているに違いないと思えば、それほど由緒(ゆかり)のない建築もまたはそれほど年経ぬ樹木とても何とはなく奥床(おくゆか)しく[1]また悲しく打仰(うちあお)がれるのである。

一体江戸名所には昔からそれほど誇るに足るべき風景も建築もある訳ではない。そして其角は江戸名所の中唯ひとつ無疵(むきず)の名作は快晴の富士ばかりだとなした。これ恐らくは江戸の風景に対する最も公平なる批評であろう。江戸の風景堂

1　奥床しい：奥深くて慕わしい。深い心づかいがあって引きつけられる。

宇には一として京都奈良に及ぶべきものはない。それにもかかわらずこの都会の風景はこの都会に生れたるものに対して必ず特別の興趣を催させた。それは昔から江戸名所に関する案内記狂歌集絵本の類（たぐい）の夥しく出板されたのを見ても容易に推量する事が出来る。太平の世の武士町人は物見遊山（ものみゆさん）を好んだ。花を愛し、風景を眺め、古蹟を訪う事は即ち風流な最も上品な嗜（たしな）みとして尊ばれていたので、実際にはそれほどの興味を持たないものも、時にはこれを衒（てら）ったに相違ない。江戸の人が最も盛に江戸名所を尋ね歩いたのは私の見る処やはり狂歌全盛の天明以後であったらしい。江戸名所に興味を持つには是非とも江戸軽文学の素養がなくてはならぬ。一歩を進むれば戯作者（げさくしゃ）気質でなければならぬ。

この頃私が日和下駄をカラカラ鳴して再び市中の散歩を試み初めたのは無論江戸軽文学の感化である事を拒まない。しかし私の趣味の中には自らまた近世ヂレッタンチズム[1]の影響も混っていよう。千九百五年巴里（ぱり）のアンドレエ・アレエという一新聞記者が社会百般の現象をば芝居でも見る気になってこれを見物して歩いた記事と、また仏国各州の都市古蹟を歩廻った印象記とを合せて「En Flanant」と題するものを公にした。その時アンリイ・ボルドオという批評家がこれを機会としてヂレッタンチズムの何たるかを解剖批判した事があった。茲（ここ）にこれを紹介する必要はない。私は唯西洋にも市内の散歩を試み、近世的世相と並んで過去の遺物に興味を持った同じような傾向の人がいた事を断って置けばよいのである。アレエは西洋人の事故その態度は無論私ほど社会に対して無関心でもなくまた肥遯的（ひとんてき）[2]でもない。これはその本国の事情が異っているからであろう。彼は別に為すべき仕事がないからやむをえず散歩したのではない。自ら進んで観察しようと

1　ヂレッタンチズム：（dilettantism）趣味として学問や芸術を楽しむこと。道楽。

2　肥遯的：心に余裕をもって、俗世間を離れて住むこと。「肥」は、ゆったりと余裕のあること。「遯」は、遁と同じで、のがれる。

企てたのだ。しかるに私は別にこれといってなすべき義務も責任も何にもないいわば隠居同様の身の上である。その日その日を送るになりたけ世間へ顔を出さず金を使わず相手を要せず自分一人で勝手に呑気にくらす方法をと色々考案した結果の一ツが市中のぶらぶら歩きとなったのである。

仏蘭西（フランス）の小説を読むと零落（おちぶ）れた貴族の家に生れたものが、僅少の遺産に自分の身だけはどうやらこうやら日常の衣食には事欠かぬ代り、浮世の楽を余所に人交りもできず、一生涯を果敢（はかん）なく淋しく無為無能に送るさまを描いたものが沢山ある。こういう人たちは何か世間に名をなすような専門の研究をして見たいにもそれだけの資力がなし職業を求めて働きたいにも働く口がない。せん方なく素人画をかいたり釣をしたり墓地を歩いたりしてなりたけ金のいらないようなその日の送方を考えている。私の境遇はそれとは全く違う。しかしその行為とその感慨とはやや同じであろう。日本の現在は文化の爛熟してしまった西洋大陸の社会とはちがって資本の有無にかかわらず自分さえやる気になれば為すべき事業は沢山ある。男女烏合（うごう）の徒（と）を集めて芝居をしてさえもし芸術のためというような名前を付けさえすればそれ相応に看客が来る。田舎の中学生の虚栄心を誘出して投書を募れば文学雑誌の経営もまた容易である。慈善と教育との美名の下に弱い家業の芸人をおどしつけて安く出演させ、切符の押売りで興行をすれば濡手で粟の大儲も出来る。富豪の人身攻撃から段々に強面の名前を売り出し懐中の暖くなった汐時（しおどき）[1]を見計って妙に紳士らしく上品に構えれば、やがて国会議員にもなれる世の中。現在の日本ほど為すべき事の多くしてしかも容易な国は恐らくあるまい。しかしそういう風な世渡りを潔（いさぎよ）しとしないものは宜しく自ら譲って退くより外はない。市中の電車に乗って行先を急ごうというには乗換場を過る度ごとに見得「みえ」も体裁もかまわず人を突き退け我武者羅（がむしゃら）[2]に飛乗る蛮勇（ばんゆう）がなくてはならぬ。

---

1 汐時：潮の差し引きする時。客観的に見て一番都合のよい時。

2 我武者羅：一つのことにめちゃくちゃに突き進むこと。むこうみずに打ち込むこと。

自らその蛮勇なしと省みたならば徒に空いた電車を待つよりも、泥亀の歩み遅々(ちち)たれども、自動車の通らない横町あるいは市区改正の破壊を免れた旧道をてくてくと歩くに如くはない。市中の道を行くには必しも市設の電車に乗らねばならぬと極ったものではない。いささかの遅延を忍べばまだまだ悠々として濶歩(かっぽ)すべき道はいくらもある。それと同じように現代の生活は亜米利加風(アメリカふう)の努力主義を以てせざれば食えないと極ったものでもない。髯を生し洋服を着てコケを脅そうという田舎紳士風の野心さえ起さなければ、よしや身に一銭の蓄なく、友人と称する共謀者、先輩もしくは親分と称する阿諛(あゆ)の目的物なぞ一切皆無たりとも、なお優游自適(ゆうゆうじてき)の生活を営む方法は尠(すくな)くはあるまい。同じ露店の大道商人となるとも自分は髭を生し洋服を着て演舌口調に医学の説明でいかさまの薬を売ろうよりむしろ黙して裏町の縁日にボッタラ焼[1]をやくか粉細工でもこねるであろう。苦学生に扮装したこの頃の行商人が横風に靴音高くがらりと人の家の格子戸(こうしど)を明け田舎訛りの高声に奥様はおいでかなぞと、ややともすれば強請がましい凄味(すごみ)な態度を示すに引き比べて昔ながらの脚半草鞋(わらじ)に菅笠をかぶり孫太郎虫や水蝋の虫箱根山山椒の魚、または越中富山の千金丹と呼ぶ声。秋の夕や冬の朝なぞこの声を聞けば何とも知れず悲しく淋しい気がするではないか。

されば私のてくてく[2]歩きは東京という新しい都会の壮観を称美してその審美的価値を論じようというのでもなく、さればとて熱心に江戸なる旧都の古蹟を探りこれが保存を主張しようという訳でもない。如何となれば現代人の古美術保存という奴がそもそも古美術の風趣を害する原因で、古社寺の周囲に鉄の鎖を張りペンキ塗の立札に例の何々スベカラズをやる位ならまだしも結構。古社寺保存を名とする修繕の請負工事などと来ては、これ全く破壊の暴挙に類する事は改めて

1　ボッタラ焼：小麦粉を水でとき砂糖をまぜ、これを金属板にたらして焼いた駄菓子。

2　てくてく：長い道のりを歩いて行くさま。

ここに実例を挙げるまでもない。それ故私は唯目的なくぶらぶら歩いて好勝手なことを書いていればよいのだ。家にいて女房のヒステリイ面に浮世をはかなみ、あるいは新聞雑誌の訪問記者に襲われて折角掃除した火鉢を敷島の吸殻だらけにされるより、暇があったら歩くにしくはない。歩け歩けと思って、私はてくてくぶらぶらのそのそ[1]といろいろに歩き廻るのである。

元来がかくの如く目的のない私の散歩にもし幾分でも目的らしい事があるとすれば、それは何という事なく蝙蝠傘に日和下駄を曳摺って行く中、電車通の裏手なぞにたまたま残っている市区改正以前の旧道に出たり、あるいは寺の多い山の手の横町の木立を仰ぎ、溝や堀割[2]の上にかけてある名も知れぬ小橋を見る時なぞ、何となくそのさびれ果てた周囲の光景が私の感情に調和して少時我にもあらず立去りがたいような心持をさせる。そういう無用な感慨に打たれるのが何より嬉しいからである。

しかし私の好んで日和下駄を曳摺る東京市中の廃址は唯私一個人にのみ興趣を催させるばかりで容易にその特徴を説明することの出来ない平凡な景色である。譬えば砲兵工廠の煉瓦塀にその片側を限られた小石川の富坂をばもう降尽そうという左側に一筋の溝川がある。その流れに沿うて蒟蒻閻魔[3]の方へと曲って行く横町なぞ即その一例である。両側の家並は低く道は勝手次第に迂っていて、ペンキ塗の看板や模造西洋造りの硝子戸なぞは一軒も見当らぬ処から、折々氷屋の旗なぞの閃く外には横町の眺望に色彩というものは一ツもなく、仕立屋芋屋駄菓子屋挑灯屋なぞ昔ながらの職業にその日の暮しを立てている家ばかりである。私は新開町の借家の門口によく何々商会だの何々事務所なぞという木札のれいれいしく[4]下げてあるのを見ると、何という事もなく新時代のかかる企業に対して

1　のそのそ：動作がにぶく、のろいさま。

2　堀割：地を掘って水を通したところ。

3　蒟蒻閻魔：東京都文京区初音町の源覚寺内にある閻魔堂。こんにゃくを供えるところからいう。

4　れいれいしい：人目に立つように飾り立ててある。殊更に目立つようにしてある。

不安の念を起すと共に、その主謀者の人物についても甚しく危険を感ずるのである。それに引かえてこういう貧しい裏町に昔ながらの貧しい渡世[1]をしている年寄を見ると同情と悲哀とに加えてまた尊敬の念を禁じ得ない。同時にこういう家の一人娘は今頃周旋屋[2]の餌になってどこぞで芸者でもしていはせぬかと、そんな事に思到ると相も変らず日本固有の忠孝の思想と人身売買の習慣との関係やら、つづいてその結果の現代社会に及ぼす影響なぞについていろいろ込み入った考えに沈められる。

ついこの間も麻布網代町辺の裏町を通った時、私は活動写真や国技館や寄席[3]なぞのビラが崖地の上から吹いて来る夏の風に 飜 っている氷屋の店先、表から一目に見通される奥の間で十五、六になる娘が清元をさらっているのを見て、いつものようにそっと歩を止めた。私は不健全な江戸の音曲というものが、今日の世にその命脈を保っている事を 訝 しく思うのみならず、今もってその哀調がどうしてかくも私の心を刺するかを不思議に感じなければならなかった。何気なく裏町を通りかかって小娘の弾く三味線に感動するようでは、私は到底世界の新しい思想を迎える事は出来まい。それと共にまたこの江戸の音曲をばれいれいしく電気燈の下で演奏せしめる世俗一般の風潮にも伴って行く事は出来まい。私の感覚と趣味とまた思想とは、私の境遇に一大打撃を与える何物かの来らざる限り、次第に私をして固陋[4]偏狭ならしめ、遂には全く世の中から除外されたものにしてしまうであろう。私は折々反省しようと力めても見る。同時に心柄なる身の末は一体どんなになってしまうものかと、いっそ放擲[5]して自分の身をば他人のように

---

1 渡世：世渡り。なりわい。生業。

2 周旋屋：土地・家屋の売買，人の雇用などを周旋する職業。

3 寄席：(「よせせき」の略) 落語・講談・浄瑠璃・浪花節・手品・音曲など大衆演芸の興行場。

4 固陋：見聞が狭くてかたくなであること。古いことに頑固に執着し、新しいものを嫌うこと。

5 放擲：ほうり出すこと。なげうつこと。なげすてること。うちすてること。

その果敢ない行末に対して皮肉な一種の好奇心を感じる事すらある。自分で己れの身を抓ってこの位力を入れればなるほどこの位痛いものだと独りでいじめて独りで涙ぐんでいるようなものである。或時は表面に恬淡洒脱を粧っているが心の底には絶えず果敢いあきらめを宿している。これがために「涙でよごす白粉のその顔かくす無理な酒」というような珍しくもない唄が、聞く度ごとに私の心には一種特別な刺を与える。私は後から勢よく襲い過ぎる自動車の響に狼狽して、表通から日の当らない裏道へと逃げ込み、そして人に後れてよろよろ歩み行く処に、わが一家の興味と共に苦しみ、また得意と共に悲哀を見るのである。

地図

蝙蝠傘を杖に日和下駄を曳摺りながら市中を歩む時、私はいつも携帯に便なる嘉永板の江戸切図を懐中にする。これは何も今時出版する石版摺の東京地図を嫌って殊更昔の木版絵図を慕うというわけではない。日和下駄曳摺りながら歩いて行く現代の街路をば、歩きながらに昔の地図に引合せて行けば、おのずから労せずして江戸の昔と東京の今とを目のあたり比較対照する事ができるからである。

例えば牛込弁天町辺は道路取りひろげのため近頃全く面目を異にしたが、その裏通なる小流に今なおその名を残す根来橋という名前なぞから、これを江戸切図に引合せて、私は歩きながらこの辺に根来組同心の屋敷のあった事を知る時なぞ、歴史上の大発見でもしたように訳もなくむやみと嬉しくなるのである。かような馬鹿馬鹿しい無益な興味の外に、また一ツ昔の地図の便利な事は雪月花の名所や神社仏閣の位置をば殊更目につきやすいように色摺[1]にしてあるのみならず時と

---

1 色摺：衣服などに色彩で模様をつけること。2 色以上の色を用いて印刷すること。

しては案内記のようにこの処より何々まで凡幾町植木屋多しなぞと説明が加えてある事である。凡そ東京の地図にして精密正確なるは陸地測量部の地図に優るものはなかろう。しかしこれを眺めても何らの興味も起らず、風景の如何をも更に想像する事が出来ない。土地の高低を示す蚰蜒の足のような符号と、何万分の一とか何とかいう尺度一点張の正確と精密とはかえって当意即妙[1]の自由を失い見る人をして唯煩雑の思をなさしめるばかりである。見よ不正確なる江戸絵図は上野の如く桜咲く処には自由に桜の花を描き柳原の如く柳ある処には柳の糸を添え得るのみならず、また飛鳥山より遠く日光筑波の山々を見ることを得れば直にこれを雲の彼方に描示すが如く、臨機応変に全く相反せる製図の方式態度を併用して興味津々よく平易にその要領を会得せしめている。この点よりして不正確なる江戸絵図は正確なる東京の新地図よりも遥に直感的また印象的の方法に出でたものと見ねばならぬ。現代西洋風の制度は政治法律教育万般のこと尽くこれに等しい。現代の裁判制度は東京地図の煩雑なるが如く大岡越前守の眼力は江戸絵図の如し。更に語を換ゆれば東京地図は幾何学の如く江戸絵図は模様のようである。

江戸絵図はかくて日和下駄蝙蝠傘と共に私の散歩には是非ともなくてはならぬ伴侶となった。江戸絵図によって見知らぬ裏町を歩み行けば身は自らその時代にあるが如き心持となる。実際現在の東京中には何処に行くとも心より恍惚として去るに忍びざるほど美麗なもしくは荘厳な風景建築に出遇わぬかぎり、いろいろと無理な方法を取りこれによって纔に幾分の興味を作出さねばならぬ。然ら

1　当意即妙：その場にうまく適応したすばやい機転。

ざれば如何(いかが)に無聊(ぶりょう)なる閑人(かんじん)の身にも現今の東京は全く散歩に堪(た)えざる都会ではないか。西洋文学から得た輸入思想を便(たよ)りにして、例えば銀座(ぎんざ)の角(かど)のライオンを以て直ちに巴里(パリー)のカッフェーに擬(ぎ)し帝国劇場を以てオペラになぞらえるなぞ、むやみやたらに東京中を西洋風に空想するのも或人にはあるいは有益にして興味ある方法かも知れぬ。しかし現代日本の西洋式偽文明(せいようしきぎぶんめい)が森永の西洋菓子の如く女優のダンスの如く無味拙劣(せつれつ)なるものと感じられる輩(ともがら)に対しては、東京なる都会の興味は勢(いきおい)尚古的(しょうこてき)退歩的たらざるを得ない。われわれは市ヶ谷外濠(そとぼり)の埋立工事を見て、いかにするとも将来の新美観を予測することの出来ない限り、愛惜(あいせき)の情は自ら人をしてこの堀(ほり)に藕花(ぐうか)の馥郁(ふくいく)[1]とした昔を思わしめる。

私は四谷見附(よつやみつけ)を出てから迂曲(うきょく)した外濠(ぼり)の堤(つつみ)の、丁度(ちょうど)その曲角(まがりかど)になっている本村町(ほんむらちょう)の坂上に立って、次第に地勢の低くなり行くにつれ、目のとどくかぎり市ヶ谷から牛込(うしごめ)を経て遠く小石川の高台(たかだい)を望む景色をば東京中での最も美しい景色の中に数えている。市ヶ谷八幡(はちまん)の桜早くも散って、茶の木稲荷(いなり)の茶の木の生垣(いけがき)伸び茂る頃、濠端(ほりばた)づたいの道すがら、行手に望む牛込(うしごめ)小石川の高台かけて、緑滴(みどりしたた)る新樹の梢(こずえ)に、ゆらゆらと初夏(しょか)の雲涼し気(げ)に動く空を見る時、私は何のいわれもなく山の手のこの辺を中心にして江戸の狂歌(きょうか)が勃興(ぼっこう)した天明時代(てんめいじだい)の風流(ふうりゅう)を思起(おもいおこ)すのである。『狂歌才蔵集』(「きょうかさいぞうしゅう」)夏の巻(まき)にいわずや、

首夏(しゅか)

馬場金埒(ばばきんらち)

花(はな)はみなおろし大根(だいこ)となりぬらし鰹(かつお)に似たる今朝(けさ)の横雲

1　馥郁：よい香のただようさま。

新樹

紀躬鹿

花の山にほひ袋の春過ぎて青葉ばかりとなりにけるかな

更衣

地形方丸

夏たちて布子の綿はぬきながらたもとにのこる春のはな帋

江戸の東京と改称せられた当時の東京絵図もまた江戸絵図と同じく、わが日和下駄の散歩に興味を添えしむるものである。

私は小石川なる父の家の門札に、第四大区第何小区何町何番地と所書[1]のしてあったのを記憶している。東京府が今日の如く十五区六郡に区劃されたのは、丁度私の生れた頃のこと。それまでは十一の大区に分たれていたのである。私は柳北の随筆、芳幾の錦絵、清親の名所絵、これに東京絵図を合せ照してしばしば明治初年の渾沌たる新時代の感覚に触るる事を楽しみとする。

市中を散歩しつつこの年代の東京絵図を開き見れば諸処の重立った[2]大名屋敷は大抵海陸軍の御用地となっている。下谷佐竹の屋敷は調練場となり、市ヶ谷と戸塚村なる尾州侯の藩邸、小石川なる水戸の館第も今日われわれの見る如く陸軍の所轄となり名高き庭苑も追々に踏み荒されて行く。鉄砲洲[3]なる白河楽翁公[4]が

1 所書：文書に、住所を記入すること。また、その記入した住所。

2 重立つ：主要である。中心となる。

3 鉄砲洲：東京都中央区湊一丁目付近の俗称。隅田川西岸に位置し、佃島・石川島に相対する。

4 白河楽翁公：松平定信のこと。江戸後期の幕府老中。

御下屋敷(おしもやしき)の浴恩園(よくおんえん)は小石川の後楽園(こうらくえん)[1]と並んで江戸名苑の一に数えられたものであるが、今は海軍省の軍人ががやがや[2]寄集(よりあつま)って酒を呑む倶楽部(クラブ)のようなものになってしまった。江戸絵図より目を転じて東京絵図を見れば誰しも仏蘭西(フランス)革命史を読むが如き感に打たれるであろう。われわれはそれよりも時としては更に深い感慨に沈められるといってもよい。何故(なにゆえ)なれば、仏蘭西の市民は政変のために軽々しくヴェルサイユの如きルウブルの如き大なる国民的美術的建築物を壊(こぼ)ちはしなかったからである。現代官僚の教育は常に孔孟(こうもう)の教を尊び忠孝仁義の道を説くと聞いているが、お茶の水を過(すぎ)る度々「仰高(ぎょうこう)」の二字(にじ)を掲げた大成殿(たいせいでん)の表門を仰げば、瓦は落ちたるままに雑草も除かず風雨の破壊するがままに任せてある。しかして世人の更にこれを怪しまざるが如きに至っては、われらは唯唖然(ただあぜん)たるより外(ほか)はない。

作家紹介

永井荷風（1879 年 12 月 3 日-1959 年 4 月 30 日）明治～昭和期の小説家、劇作家、随筆家。本名壮吉。別号断腸亭主人・金阜山人など。東京都小石川（現在の文京区）出身。父久一郎は尾張藩の出身でアメリカ留学後官吏となり、のち日本郵船上海、横浜支店長を歴任した。鷲津毅堂の門下で漢詩人として令名がある。久一郎は大実業家だったが、荷風は落語や歌舞伎の世界に入り浸った。

荷風は高等師範附属尋常中学科を経て東京外国語学校（現東京外大）中退。1898 年広津柳浪の門に入り小説家を志したが、その一方で落語家や歌舞伎作者の修業をした。当初、柳浪風の写実的作品をもって出発し、ゾライズムの影響で『地獄の花』(1902) などを書いた。またゾラの『女優ナナ』などを紹介した。

1　後楽園：東京都文京区にある、もと水戸家上屋敷内の庭園。

2　がやがや：大勢の人が個々に勝手に話す声が響いてつくる雑音。

1903年アメリカに遊学、以後、フランス滞在を経て1908年帰国する。この外遊体験は、西欧市民社会の個人主義と伝統文化への認識を深めさせ、彼本来の批評的資質と感覚的柔軟さとに磨きをかける機会を与えた。『あめりか物語』『すみだ川』『冷笑』などで耽美派の中心となり，明治末期に師・森鷗外の推薦で慶応義塾教授となるが、『三田文学』を創刊、反自然主義陣営の中心的存在の一人となった。江戸文化を無秩序に破壊しただけの幕末維新以後の東京の現状を嘆き、以後は、江戸期の戯作者的な態度を装った生涯を貫いた。『腕くらべ』『おかめ笹』『つゆのあとさき』『濹東綺譚』を書いた。日記に『断腸亭日乗』。日本芸術院会員、文化功労者、文化勲章受章者。

作品解説

『日和下駄』は、日本の耽美派作家・永井荷風のエッセイ・随筆集である。永井荷風は、独特の筆致と深い洞察力で不朽の名作を数多く世に残した。その代表作のひとつが『日和下駄」である。この作品は、繊細な筆致と深遠な含蓄をもって、時代の変化、人生哲学に対する著者独自の洞察を示している。永井の人生観、芸術観が凝縮されたエッセイの傑作である。

『日和下駄』『一名　東京散策記』の通り『江戸切図』を持った永井荷風が、足に下駄を履き、とこうもり傘を手に、思いのまま東京の裏町を歩き、横道に入り市中を散策する。永井荷風は浅草、上野、赤坂、銀座、白金、芝浦……と、古い東京の街角や路地をくまなく歩き回った。永井荷風の足跡は東京の隅々にまで及んでいる。世界は変わり、どんなに頑丈な石垣も時の流れには耐えられない。昔の江戸の名所を偲び、コンクリートや鉄の台頭で江戸の美がなくなってしまったことを嘆いたものである。狂言の作品や江戸時代の浮世絵の数々が数多く引用され、江戸城の風景が文学や美術の視点から描かれている。『第一　日和下駄』『第二　淫祠』『第三　樹』『第四　地図』『第五　寺』『第六　水　附渡船』『第七　路地』『第八　閑地』『第九　崖』『第十　坂』『第十一　夕陽　附富士眺望』の11の章立てに、周囲を見る荷風の独特の視座が感じられる。

下駄は日本の伝統的な履物の一種であり、日常生活の必需品であるだけでなく、豊かな文化的意味合いも持っている。永井の文章では、下駄は歩く道具であるだけでなく、生きる姿勢の象徴でもある。それは、主人公の伝統文化への愛着と固執を表すと同時に、目まぐるしく変化する現代社会で精神的な支えを求める主人公の願望を反映している。江戸の俗世間への憧れと郷愁をメランコリックな調子で表現し、社会の変革期における伝統的な文人の文化批判的な見識を浮き彫りにしている。昔の風景や物への愛着を文章に注ぎ込み、現代の都市とは異なる美的空間を構築し、荷風の風情や静かで安楽な生活の味わいへの文人の関心を示している。

『日和下駄』はまさに、江戸時代の鮮烈な浮世絵の如く、その中を散策していると、過去の文明の身近な名残を見つけることができる。当時の日本の近代化の潮流に対する高い感受性が反映されており、特に近代文明社会の衝撃の下で深刻な破壊を受けた日本の伝統文化に対する深い洞察と著者の文学的な時代批判が顕著である。また、作品は社会問題への真っ向からの対決を描き出すと同時に、著者の江戸への愛着が作品の軸となっている。時代の変遷、社会現象に対する深い分析が盛り込まれており、著者の歴史・文化・社会に対する総合的な思考が示されている。

卒業論文の参考資料

川本三郎・湯川説子『図説　永井荷風』河出書房新社、2005
菅野昭正『永井荷風巡歴』岩波現代文庫、2009 年
末延芳晴『荷風のあめりか』平凡社ライブラリー、2005 年
末延芳晴『慶應義塾文学科教授　永井荷風』集英社新書年、2018 年
古屋健三『永井荷風 冬との出会い』朝日新聞社、1999 年
南明日香『永井荷風のニューヨーク・パリ・東京 造景の言葉』翰林書房、2007 年
川本三郎『荷風好日』岩波書店、2002 年
川本三郎『老いの荷風』白水社、2017 年
半藤一利『荷風さんの戦後』ちくま文庫、2009 年
半藤一利『荷風さんの昭和』ちくま文庫、2012 年
柘植光彦『永井荷風　仮面と実像』ぎょうせい、2009 年

持田叙子『永井荷風の生活革命』岩波書店、2009年
佐藤春夫『小説永井荷風伝 他3篇』岩波文庫、2009年
奥野信太郎『荷風文学みちしるべ』岩波現代文庫、2011年
秋庭太郎『考証 永井荷風』岩波現代文庫、2010年
相磯凌霜『荷風余話』岩波書店、2010年
多田蔵人『荷風追想』岩波文庫、2020年

研究課題

1. 永井荷風の『日和下駄』は、東京の街を歩きながら見たもの、感じたことを中心に綴ったエッセイ集であり、著者の昔への郷愁と新しいものへの抵抗が反映されている。『日和下駄』を歩くという日常行為を通して、東京の都市文化に対する観察と考察をどのように提示しているのか。

2.『日和下駄』における新旧の思想の衝突に対する永井の態度とは？ この対立を、彼は自分の散歩体験の描写を通してどのように表現しているのだろうか？

3.『日和下駄』の文体と永井の他の作品との類似点と相違点は何か。この文体は、読者の作品に対する理解と認識にどのような影響を与えるのか？

4. 永井が『日和下駄』で表現した郷愁は、現代社会の変化とどのように関係しているのか。この郷愁は、近代日本文化の変容について何を語っているのだろうか。日本の伝統文化に対する永井荷風の態度は、彼の作品にどのように反映されているのか。

5. 文学史における永井荷風の位置づけと影響力に焦点を当て、文学史における彼の作品の評価と受容を分析しよう。

蜜柑

芥川龍之介

或曇った冬の日暮である。私は横須賀発上り二等客車の隅に腰を下して、ぼんやり発車の笛を待っていた。とうに電燈のついた客車の中には、珍らしく私の外に一人も乗客はいなかった。外を覗くと、うす暗いプラットフォオムにも、今日は珍しく見送りの人影さえ跡を絶って、唯、檻に入れられた小犬が一匹、時々悲しそうに、吠え立てていた。これらはその時の私の心もちと、不思議な位似つかわしい景色だった。私の頭の中には云いようのない疲労と倦怠とが、まるで雪曇りの空のようなどんよりした影を落していた。私は外套のポケットへじっと両手をつっこんだまま、そこにはいっている夕刊を出して見ようと云う元気さえ起らなかった。

が、やがて発車の笛が鳴った。私はかすかな心の寛ぎ[1]を感じながら、後の窓枠へ頭をもたせて、眼の前の停車場がずるずると後ずさり[2]を始めるのを待つともな

1　寛ぎ：余裕。

2　後ずさり：前を向いたまま、うしろのほうへさがること。

く待ちかまえていた。ところがそれよりも先にけたたましい日和下駄(ひよりげた)の音が、改札口の方から聞え出したと思うと、間もなく車掌の何か云い罵(ののし)る声と共に、私の乗っている二等室の戸ががらりと開いて、十三四の小娘が一人、慌(あわただ)しく中へはいって来た、と同時に一つずしりと揺れて、徐(おもむろ)に汽車は動き出した。一本ずつ眼をくぎって行くプラットフォオムの柱、置き忘れたような運水車、それから車内の誰かに祝儀の礼を云っている赤帽——そう云うすべては、窓へ吹きつける煤煙(ばいえん)の中に、未練がましく後へ倒れて行った。私は漸(ようや)くほっとした心もちになって、巻煙草(まきたばこ)に火をつけながら、始めて懶(ものう)い[1]眶(まぶた)をあげて、前の席に腰を下していた小娘の顔を一瞥(いちべつ)した。

それは油気のない髪をひっつめ[2]の銀杏返(いちょうがえ)し[3]に結って、横なでの痕(あと)のある皸(ひび)だらけの両頬(りょうほお)を気持の悪い程赤く火照(ほて)らせた、如何(いか)にも田舎者(いなかもの)らしい娘だった。しかも垢(あか)じみた萌黄色(もえぎいろ)の毛糸の襟巻(えりまき)[4]がだらりと垂れ下った膝(ひざ)の上には、大きな風呂敷包みがあった。その又包みを抱いた霜焼け[5]の手の中には、三等の赤切符が大事そうにしっかり握られていた。私はこの小娘の下品な顔だちを好まなかった。それから彼女の服装が不潔なのもやはり不快だった。最後にその二等と二等との区別さえも弁(わきま)えない愚鈍(ぐどん)な心が腹立たしかった。だから巻煙草に火をつけた私は、一つにはこの小娘の存在を忘れたいと云う心もちもあって、今度はポケットの

1　懶い：心がはれやかでない。何となく気がすすまない。

2　ひっつめ：女の髪の結い方の一。たぼを長く出さずに結うもの。

3　銀杏返し：女の髪の結い方の一。髻を二分し、左右に曲げてそれぞれ輪を作り毛先を元結で根に結んだもの。江戸中期から行われ、明治以降は中年向きの髪型となった。

4　襟巻：首のまわりに巻いて寒さを防ぐもの。

5　霜焼け：強い寒気にあたって局所的に生ずる軽い凍傷。赤くはれて痛がゆくなることが多い。

夕刊を漫然と膝の上へひろげて見た。するとその時夕刊の紙面に落ちていた外光が、突然電燈の光に変って、刷（すり）の悪い何欄かの活字が意外な位鮮（あざやか）に私の眼の前へ浮んで来た。云うまでもなく汽車は今、横須賀線に多い隧道（トンネル）の最初のそれへはいったのである。

しかしその電燈の光に照らされた夕刊の紙面を見渡しても、やはり私の憂鬱（ゆううつ）を慰むべく、世間は余りに平凡な出来事ばかりで持ち切っていた。講和問題、新婦新郎、涜職（とくしよく）事件、死亡広告——私は隧道へはいった一瞬間、汽車の走っている方向が逆になったような錯覚を感じながら、それらの索漠（さくばく）[1]とした記事から記事へ殆（ほとんど）機械的に眼を通した。が、その間も勿論（もちろん）あの小娘が、あたかも卑俗な現実を人間にしたような面持（おもも）ちで、私の前に坐っている事を絶えず意識せずにはいられなかった。この隧道の中の汽車と、この田舎者の小娘と、そうして又この平凡な記事に埋（うずま）っている夕刊と、——これが象徴でなくて何であろう。不可解な、下等な、退屈な人生の象徴でなくて何であろう。私は一切がくだらなくなって、読みかけた夕刊を抛（ほう）り出すと、又窓枠に頭を靠（もた）せながら、死んだように眼をつぶって、うつらうつら[2]し始めた。

それから幾分か過ぎた後であった。ふと何かに脅（おびやか）されたような心もちがして、思わずあたりを見まわすと、何時（いつ）の間（ま）にか例の小娘が、向う側から席を私の隣へ移して、頻（しきり）に窓を開けようとしている。が、重い硝子（ガラス）戸は中々思うようにあがらないらしい。あの皸（ひび）だらけの頬は愈（いよいよ）赤くなって、時々鼻洟（はな）をすすりこむ音が、小さな息の切れる声と一しょに、せわしなく耳へはいって来る。これは勿論私に

1　索漠：ものさびしいさま。また、元気の沮喪するさま。

2　うつらうつら：しきりに眠けを催し、浅く眠ったり覚めたりするさま。うとうと。

も、幾分ながら同情を惹くに足るものには相違なかった。しかし汽車が今将に隧道の口へさしかかろうとしている事は、暮色の中に枯草ばかり明い両側の山腹が、間近く窓側に迫って来たのでも、すぐに合点の行く事であった。にも関らずこの小娘は、わざわざしめてある窓の戸を下そうとする、——その理由が私には呑みこめなかった。いや、それが私には、単にこの小娘の気まぐれだとしか考えられなかった。だから私は腹の底に依然として険しい感情を蓄えながら、あの霜焼けの手が硝子戸を擡げようとして悪戦苦闘する容子を、まるでそれが永久に成功しない事でも祈るような冷酷な眼で眺めていた。すると間もなく凄じい音をはためかせて、汽車が隧道へなだれこむと同時に、小娘の開けようとした硝子戸は、とうとうばたりと下へ落ちた。そうしてその四角な穴の中から、煤を溶したようなどす黒い空気が、俄に息苦しい煙になって、濛々と車内へ漲り出した。元来咽喉を害していた私は、手巾を顔に当てる暇さえなく、この煙を満面に浴びせられたおかげで、殆息もつけない程咳きこまなければならなかった。が、小娘は私に頓着[1]する気色も見えず、窓から外へ首をのばして、闇を吹く風に銀杏返しの鬢の毛を戦がせながら、じっと汽車の進む方向を見やっている。その姿を煤煙と電燈の光との中に眺めた時、もう窓の外が見る見る明くなって、そこから土の匂や枯草の匂や水の匂が冷かに流れこんで来なかったなら、漸咳きやんだ私は、この見知らない小娘を頭ごなし[2]に叱りつけてでも、又元の通り窓の戸をしめさせたのに相違なかったのである。

しかし汽車はその時分には、もう安々と隧道を辷りぬけて、枯草の山と山との

1 頓着：深く心に掛けること。気にすること。懸念。

2 頭ごなし：相手の言い分をよく聞かず、最初から一方的に物を言うこと。

間に挟まれた、或貧しい町はずれの踏切りに通りかかっていた。踏切りの近くには、いずれも見すぼらしい藁屋根や瓦屋根がごみごみ[1]と狭苦しく建てこんで、踏切り番が振るのであろう、唯一旒のうす白い旗が懶げに暮色を揺っていた。やっと隧道を出たと思う――その時その蕭索とした踏切りの柵の向うに、私は頬の赤い三人の男の子が、目白押し[2]に並んで立っているのを見た。彼等は皆、この曇天に押しすくめられたかと思う程、揃って背が低かった。そうして又この町はずれの陰惨たる風物と同じような色の着物を着ていた。それが汽車の通るのを仰ぎ見ながら、一斉に手を挙げるが早いか、いたいけ[3]な喉を高く反らせて、何とも意味の分らない喊声を一生懸命に迸らせた。するとその瞬間である。窓から半身を乗り出していた例の娘が、あの霜焼けの手をつとのばして、勢よく左右に振ったと思うと、忽ち心を躍らすばかり暖な日の色に染まっている蜜柑が凡そ五つ六つ、汽車を見送った子供たちの上へばらばらと空から降って来た。私は思わず息を呑んだ。そうして刹那に一切を了解した。小娘は、恐らくはこれから奉公先へ赴こうとしている小娘は、その懐に蔵していた幾顆の蜜柑を窓から投げて、わざわざ踏切りまで見送りに来た弟たちの労に報いたのである。

暮色を帯びた町はずれの踏切りと、小鳥のように声を挙げた三人の子供たちと、そうしてその上に乱落する鮮な蜜柑の色と――すべては汽車の窓の外に、瞬く暇もなく通り過ぎた。が、私の心の上には、切ない程はっきりと、この光景が焼きつけられた。そうしてそこから、或得体の知れない朗な心もちが湧き上って

1　ごみごみ：物や家などが狭苦しく雑然とならびつまっているさま。

2　目白押し：大勢の人が込み合って並ぶこと。

3　いたいけ：小さくて愛すべきさま。美しくかわいらしいさま。

来るのを意識した。私は昂然（こうぜん）と頭を挙げて、まるで別人を見るようにあの小娘を注視した。小娘は何時かもう私の前の席に返って、相不変（あいかわらず）皸（ひび）だらけの頬を萌黄色の毛糸の襟巻に埋めながら、大きな風呂敷包みを抱えた手に、しっかりと三等切符を握っている。

私はこの時始めて、云いようのない疲労と倦怠（けんたい）とを、そうして又不可解な、下等な、退屈な人生を僅（わずか）に忘れる事が出来たのである。

作家紹介

芥川龍之介（1892 年 3 月 1 日-1927 年 7 月 24 日）大正期の小説家。東京都出身。号は我鬼、澄江堂主人。新原敏三の長男として生まれたが、母が精神を病み、母の実家芥川家に引き取られた。代々江戸城の奥坊主を務めた家柄である芥川家に育ったため、文芸、芸事への関心を早くからもった。龍之介は小中学校時代、江戸文学、『西遊記』、『水滸伝』を好んで読み、泉鏡花、幸田露伴、夏目漱石、森鴎外といった近代日本作家の作品も好んで読んだ。東京帝国大学在学中、久米正雄、松岡譲らと第三次『新思潮』を創刊し，16 年『新思潮』の創刊号に発表した『鼻』が夏目漱石に絶賛され文壇にデビュー。漱石や森鴎外の影響を受けながらも、彼自身の作品において独自の文学的スタイルを確立した。

彼の初期の作品は、『今昔物語集』などの説話からインスピレーションを得て、歴史小説の形式を採りながらも、ストリンドベリやアナトール・フランスらの西欧 19 世紀末の文学の影響を受け、彼は自然主義から耽美主義、そして新理想主義へと進化し、新理知派の展開として注目された。1917 年から 1918 年にかけては、海軍機関学校の教官や大阪毎日新聞社の社員として活動しつつ、『戯作三昧』『地獄変』『奉教人の死』『枯野抄』などの重要作品を発表し、自然主義的な現実の矛盾や対立を芸術によって解消しようとする芸術主義を示し、大正文壇の代表作家としての地位を確立した。

関東大震災（1923 年）後、私小説や心境小説を偏重する傾向に対して、芸術の自律性を尊重する芸術派の立場を貫いたが、社会主義への関心を示した。後年の作品では『玄鶴山房』『蜃気楼』『河童』『歯車』『或阿呆の一生』などが、暗い現実を描きながらも、個性や人格といった従来の価値観では理解しきれない人間のあり方を探求した。彼の功績はその後の文学にも影響を与え、『文芸春秋』創刊者菊池寛によって設けられた『芥川龍之介賞』は、今日に至るまで権威のある文学賞として社会的関心をも集めている。

作品解説

『蜜柑』（みかん）は、大正 8 年（1919 年）5 月に芥川龍之介によって『新潮』に発表された短編小説（掌編小説）である。芥川龍之介は、その独特の文体と深い思想的含蓄をもって、後世に多くの不朽の名作を残した。中でも短編『蜜柑』は、簡潔明瞭な語り口と根深いテーマで読者に愛読されている。

1917 年にロシアで勃発した十月革命は世界に大きな衝撃を与え、日本にもプロレタリア文学の萌芽を促した。芥川もそうした時代の潮流に影響を受け、歴史的なテーマの再現に耽溺することなく、現実を反映した作品を書くことに重点を置くようになった文体の変化にもそれがよく表れている。『蜜柑』はその代表作のひとつである。

『蜜柑』は 1919 年 4 月、芥川 27 歳の時に書かれた。『蜜柑』を書く前、芥川はすでに神経衰弱の兆しを見せていた。この年、実父も養父も事業に失敗し、一家の衰退が芥川の経済的負担を増大させた。翌年 3 月、『蜜柑』を書く前に実父が亡くなった。この時、芥川が精神的にも経済的にも追い詰められ、憂鬱な気分から抜け出せなかった。『蜜柑』の「私」は、彼にとって自分の感情を表現するための非常に良いはけ口となった。大正 8 年 3 月頃、芥川は海軍の教職を辞し、大阪の毎日新聞社に就職する。この時期、芥川は「偶然に出会った小さなこと」をテーマに、自分を主人公に、身の回りの出来事や旅先で見たり感じたりしたことをもとにした短編小説を書き続けた。このような背景のもとに書かれた『蜜柑』は、芥川の創作傾向の変化の分岐点ともいえる作品である。

このような背景から生まれた『蜜柑』は、電車の中での平凡な男と少女の出会いから始まり、温かさと人情が微妙に絡み合う様を描いている。物語の主人公である「私」は、疲れ果てた旅人である。退屈を感じていたその時、「私」の向かいに、垢ぬけた服装で三等席の切符を持った少女が座った。この少女の外見は目立たないが、その純粋さと素朴さは、彼女を取り巻く社会の暗い現実とは対照的である。彼女の姿は、あたたかな太陽の光のように、私の心のもやもやを照らしてくれた。

芥川龍之介は卓越した筆力で、筋立て、人物描写、詳細な描写によって物語のテーマを表現している。この一見平凡な物語の中で、私たちは少女の無邪気さと優しさを見ることができ、また「私」の内面の葛藤と成長も感じることができる。さらに、芥川龍之介は比較の技法も巧みに使い、少女の無邪気さや素朴さと、取り巻く社会の暗い現実を対比させることで、物語の感染力を高めるだけでなく、人間の本質をより深く理解させてくれる。

芥川龍之介は小説『蜜柑』の中で、自らの体験談を飾り気のないシンプルな言葉で記録し、普通の人々の間にある温かさを示している。このような温かさは、空虚な叙情ではなく、現実の人間性に基づくものであり、人間の美しさや善良さを示し、生きる希望や自信を与えてくれる。『蜜柑』は温かさと人間味に満ちた小説であり、簡潔で明晰な語り口と根深いテーマによって、芥川龍之介の代表作のひとつとなった。

卒業論文の参考資料

関口安義『芥川龍之介の手紙』大修館書店、1992年

山下浩『本文の生態学——漱石・鷗外・芥川』日本エディタースクール出版部、1993年

関口安義『芥川龍之介新辞典』翰林書房、2003年

「芥川龍之介研究」編集委員会『芥川龍之介研究』国際芥川龍之介学会事務局、2007年

相馬正一『太宰治と芥川龍之介』審美社、2010年

足立直子『芥川龍之介異文化との遭遇』双文社出版、2013年

中村稔『芥川龍之介考』青土社、2014年
中村真一郎『芥川龍之介の世界』岩波書店、2015年
田鎖数馬『谷崎潤一郎と芥川龍之介 :「表現」の時代』翰林書房、2016年
鷺只雄『芥川龍之介』新装版、河出書房新社、2017年
仁平道明『夏目漱石芥川龍之介論考』武蔵野書院、2017年
石割透『大正文学断想 : 芥川龍之介を核として』鼎書房、2022年

研究課題

1. 芥川龍之介の『蜜柑』には、彼の人間性に対する深い洞察と分析がどのように反映されているのか。

2. 芥川龍之介の文体や創作アプローチの特徴は何か。彼は作品の中で伝統的な要素と現代的な要素をどのように融合させ、独自の芸術スタイルを形成しているのか。

3. 芥川龍之介の歴史的、社会的、文化的問題への関心は、彼の作品にどのように反映されているのか。彼は文学を通して、当時の社会の悪弊をどのように反映し、批判したのか。

4. 日本文学史における芥川龍之介の位置づけと影響について探求しよう。

伸子

宮本百合子

丁目がふえるにつれ、人通りが減り、街がさびれてきた。

父娘は、陰気にブラインド[1]のおりた大きな飾窓(かざりまど)について角を左へ曲った。表通りから入ると俄に暗く、緩く爪先下り[2]になった鋪道の足許さえよくは見えないようであった。行手の大通り一つ隔てた彼方がハドソン河[3]で、時々鋭い夜の河風が吹きぬけた。リヴァーサイド・パーク[4]の葉のない樹木の間に冷たい蒼白さで瓦斯燈がぼんやり灯っているのが見える。

伸子は、寒さと淋しいところへ紛れこんだ気味悪さとで異様な緊張を感じた。彼女は、我知らず強く父親の腕にすがりついた。

「——まるで暗いのね。——見当がおつきになって？」

佐々は、靴の踵の音をさせて歩きながら、絶えず右側の家並に注意を払い、幾

1　ブラインド：窓の日覆い。日よけ用のよろい戸。

2　爪先下り：少しずつ下りになっていること。つまさがり。

3　ハドソン河：アメリカ、ニュー - ヨーク州の川。アジロンダック山脈に発源し南流。長さ480 キロメートル。

4　リヴァーサイド・パーク：（Riverside Park）．ハドソン川沿いにある 72 丁目から 158 丁目まで約 6.4km にわたる細長い公園。

分平生と違う圧えつけた音声で答えた。

「もう少し先だろう。——然しこうどれもこれも同じ形の家ばかりではまいるな。もっと街燈でもふやせばいいのに……」

全く、左右には低い鉄柵（てっさく）と三四段の上り口を持った狭い家の入口が、どれもこれも同じ型で幾十となく並んでいた。鋪道のまばらな街燈の光は、一寸奥へ引っ込んだそれらの質素な戸口まで届かない。彼らは、だんだん侘しく感じながら、ほとんど一軒ごとに薄暗い家の入口を覗いて進んだ。大抵いやになった時分、彼らの前に、一つ明るく灯かげの洩れる弓形窓が現れた。カーテンの隙から、内部にちらつく男の立姿や文句の判らない話声が聞えて来る。——

伸子は、父の腕を引いた。

「ここよ！」

佐々は、外廻りを一通り眺め、入口の段を昇った。呼鈴（よびりん）を押した。短い、余韻のない音が直ぐ、扉の彼方で鳴った。伸子は、期待と好奇心を感じた。暗い横通りで変な不安に襲われて来たところなので、彼女にはこの古くさい板硝子（いたガラス）のはまった扉の一重彼方が何かの暖かさ楽しさを持っていそうに思われたのであった。すぐ硝子に人影がさした。樫扉（かしど）は内側に案外滑らかに開いた。扉をあけた男は、彼らを見ると更に入口を広くあけ、改った口調で挨拶した。

「よくいらっしゃって下さいました。——どうぞ……」

佐々は玄関の間に入るとすぐ外套を脱ぎはじめた。伸子は自分の周囲を見廻した。右の壁際に鏡つきの高い帽子掛があった。左側には、葡萄葉の厚肉浮彫のあるベンチが置かれ、その前から二階へ登る緩い階段が見上げられる。奥に重いカーテンで人目を遮（さえぎ）った開け放しの室があった。その広間から男声ばかりの、圧力が籠った談笑が響いて来た。その辺一帯頑丈な茶色の樫の円柱や鏡板がつやつやと灯の下で光っているのが、伸子に快適な感銘を与えた。彼女の感覚に新鮮な一種の匂いがその辺に滲みついていた。家具の艶出液（つやだしえき）のにおい、煙草、羊毛ともう一つ何か乾いた皮製のものから立つようなにおいが皆一つに溶けこんだ、男ばかりの住居らしい匂いだ。

佐々の外套をたすけてぬがすと、扉をあけた男が云った。

「——ではこちらへ、女の方も沢山来ておられますから……」

伸子は軽く頭を下げる拍子にはじめてその男の顔をはっきり見た。彼は白い低いカラアと黒いネクタイと黒い地味な少し手ずれた服を着ていた。陰気な顔だが、円みのある大きい顎(あご)が目についた。伸子は、階段を登りながら、

「安川さん、来ていらっしゃいますか」

と訊いた。

三十五六に見えるその男は、持ち前と見える低い調子で答えた。

「来ておられます」

二階へ登り切ると、一つの部屋の戸が半分開いていて中から女の喋り声がした。彼は、

「安川さん」

と声をかけた。

「佐々さんが見えました」

中の話声がぴたりとしずまった。

「まあ！　そうですか」

声とともにやや前踊(まえかが)みに大股で、閾(しきい)の上に安川の姿が現れた。伸子を案内した男は階下へ去った。安川冬子は、伸子がある専門学校に僅の間籍を置いていた時、上級の学生であった。彼女は勤勉な学業の優れた生徒として誰にでも知られていた。伸子は、一二度口を利いたくらいの間であったが、ここでとにかく海の彼方からの友達と云えるのは彼女きりであった。安川は、一年ばかり前からＣ大学で教育心理学を専攻しているのであった。

安川は、珍しそうにじろじろ伸子を見た。

「噂はきいていたけれど、私は一向外へ出ないから、ちっとも知らなかったわ。よくいらしってね。——いつこちらへ着いて？」

「三週間ばかり前」

安川は、学校時代とちっとも変らない、その変らなさに伸子が驚いたほど同じてきぱきした口調で訊いた。

「お父様と御一緒だって？」

「ええ。腰巾着[1]」

伸子は、自分がこの女性達の前でまるで年少者扱いなのを感じた。

「今夜も下に来ているわ」

「そう。——いいわね。今どこ？　お宿は」

「ブレントホテル」

「ああ、私あすこならいつだったか行ったことがありますよ。——皆さんにご紹介しましょうね、こちらは高崎さん——高師をおでになって家政学をやっていらっしゃる。この方は名取さん——音楽がご専門——」

伸子は一人一人に向って克明に頭を下げた。

一通りの挨拶、短い応答が終ると、伸子は失望というか、意外さというか、ぼんやり寥しい心持を感じた。居合せる人の中には一目で何処か好きになれるというような人が一人もいなかった。彼女らは、それぞれ専門もちがい容貌も違ってはいるのだが、誰でもがしっかりものらしいところ、物質にも精神にも多忙で絶えず何かに追い立てられているという余裕のない感じ。それらは、うるおいない身なりとともに、例外ない持ち前であった。伸子は、傍の椅子の上に外套を脱いだ。

一旦途切れていた学校の話、留学生の噂が間もなく甦った。ある人は、伸子に親切に話しかけた。彼女は愛想よくそれぞれ答えた。然し、心が変に沈鬱になった。伸子は、この部屋をこめている生活の狭い、暢々しない雰囲気が何となく窮屈で馴染めなかった。折角新しい自然や人間の生活の中に入ってきていながら、何も見ず聞かず、友達とよっても課業、課題、いそがしさ、又は、第三者には興味

1　腰巾着：腰に下げる巾着。転じて、常にある人につき従って離れない者。

の起しようもない人の噂しかできない海外遊学生の境遇に、伸子は恐怖を感じた。

縛りつけられた感じは、階下の広間に出ても伸子から去らなかった。

広間の隅では佐々が機嫌よく安楽椅子に納まり、しきりに何か喋っている。

入口に近いカーテンの傍の柱によりかかり、腕を組み、先刻彼女を二階まで案内した男が、もう一人の椅子にかけた男と話していた。椅子にかけている男の膝には、場所柄になく白と黒との斑猫（まだらねこ）が一匹丸くなって抱かれていた。この男は打ち寛（くつろ）い[1]だ風で、その猫の背を撫で撫で物を云っている。家庭的な光景で、彼女はいい心持がした。伸子は、隣りに坐っている中西という、おそく来た、美しい、情の籠った声で物を云うひとに、その男の名を訊こうとした。

すると、先刻の男が大柄な骨っぽい体をぎごちなく[2]運んできて彼女のじき前にあるテーブルの横に立った。彼は、テーブルの端で埃でも払うような手付をすると、低い声で、

「今晩は——」

と開会の辞めいた挨拶をしはじめた。囲（まわ）りの幾つかの顔が声の方へ振り向いた。広間じゅうのざわめきがしずまった。森とした寄木の床の上で誰かが椅子をずらせた。——改った咳払いの声がする。……

男は、伏目（ふしめ）になったまま、平凡に多数の人々の集ったことに対する満足の意をのべ、松田博士の歓迎の言葉と紹介とを終って席についた。松田博士は、懇篤（こんとく）[3]そうな中老人であった。彼は自席に立って、座談的に芸術の郷土的特質という見地から、亜米利加（アメリカ）の絵画についての観察を話しだした。

話しては、やや嗄（しわ）がれた平坦な音声で、常識的に話を進めて行く。伸子の興味は、又程なくそれに物足りなさを覚えてきた。彼女は、話をききながら、向い側

1　打ち寛ぐ：「くつろぐ」を強めていう語。

2　ぎごちない：無骨で洗練されていない。動作などがなめらかでなく、不自然である。

3　懇篤：親切で手厚いこと。ねんごろ。

に並んでいる男達の顔を見較べはじめた。大概の男は広間の右側に立っている博士の方に頭を捩っているので、伸子のところからは沢山の顔の左半面だけが見えた。艶々(つやつや)した血色の上瞼(うえまぶた)の脹れぼったい凡俗な顔、皮膚が黒ずんで目鼻立の粗い、恐らくは口中が臭そうな容貌、又は、頬から口の辺にかけて肉の薄い、粘液質らしいすべすべした皮膚の持ち主。——ちょっとした脚の置き方や、椅子のもたれ方がみな何処か隠れた性格の一部を現しているようで、伸子はこの見ものを面白く感じた。正面から視た時は、怜悧そうに引緊(ひきしま)っていたある青年の顔が側面から見るとまるで魯鈍(ろどん)さを暴露し力弱く見えた。——伸子はふと平生あまり見たことのない自分の横顔について微かな不安を感じた。順々にわたって、彼女と斜向いになっているさっきの男、名も仕事も知らない中年の男の番が来た。

彼は椅子の奥に深く腰を落してもたれ、癖と見えてしっかり胸のところへ腕組みをして、うつむき加減になっている。先方から見られる心配ない一瞥を与えながら、伸子は微かな戸惑いを心の隅に感じた。彼の横顔には、これまで見てきたどの男達にもない何かがあった。ほかのどの男でも、容貌と躯(からだ)とは同じ力の密度——つまり胸のところにあると同じ血や肉でひとくるみにできていると感じられるのに、この男ばかりは肩幅のひろい北国人風な体つきと、その上にのっている顔との間に、妙にちぐはぐなものがあった。足許から同じ力を入れてずっと見上げていくと顔へ来て急に視線が間誤つくような複雑なもの——地味さ、感傷的なもの、心持がのびやかに外部に発しきらず内攻しているという印象を与えるものなどが、陰翳(いんえい)となって、下唇の引緊った蒼白い横顔にはびこっているのであった。

伸子の視線は一二度後戻りをした。彼女の好奇心が、その陰気な横顔にむかって動いた。彼の顔にあるものは、決して多くの人々の持っているような得意な男の快活さでもなければ、雄々しさでもなかった。何か陰のものであった。それは暗さに近い。視るたびに、その陰翳は何処から来る何物なのかをひどく知りたい心持を起させる種類のものなのだ。

松田博士の話は終った。

あたりには以前より打ちとけた談笑が起った。廊下の方の扉が開き、アイスクリームや砂糖菓子が運びこまれた。すると、伸子が好奇心を持った男が再び立った。そして新しい顔ぶれもあるから、順ぐりに自己紹介をしたらと思うがと提議した。そういうことの大嫌いな伸子は、思わず救いを求めるように遠方の父親を見た。父はその申し出がさも愉快そうに、愛嬌のよい微笑を眼尻の襞(ひだ)にたたんで晴れ晴れと坐っている。

「それでは——請う隗(かい)より始めよということがございますから、失礼して私から申上げます」

彼は、佃(つくだ)一郎という姓名であった。C大学で比較言語学を専攻し、古代の印度、イラニアン語をやっているのだそうだ。国は裏日本で、研究の傍、Y・M・C・Aの仕事を手伝っていた。彼は、

「私でできますことはできるだけ御相談にあずかりますから、どうぞ御遠慮なくおっしゃって下さい」

と結んだ。

古代語の研究と、極めて実利的なY・M・C・Aの仕事との間にどんな心持の上の必然なつながりがあるのだろう。伸子は腑に落ちない[1]気がした。が、彼の専門の題目は漠然とした満足を彼女に与えた。彼の顔に現われているものとその研究との間に性格的な関係をもつ何ものかを感じたように思ったのであった。

後から立った者は、ほとんど皆、政治、経済、社会学、法律等が専攻であった。猫を抱いていたのは、沢田という植物学を勉強している人であった。女達も、各々抱負や目的を手短かに述べた。伸子は極りわるさからぶっきら棒[2]にただ、「佐々伸子と申します。——よろしく」と云っただけで坐った。彼女はこれらの人々を前に置いて、自分は広い深い人間の生活を知りたいのだ、死ぬまでに一つでも、

1　腑に落ちない：合点がいかない。納得できない。

2　ぶっきら棒：言動にあいきょうがないこと。そっけないこと。ぶあいそう。

よい小説が書きたいのだ、と告白する勇気をとても持ち得なかったのであった。

親娘は、十二時少し前にホテルに帰った。

伸子が湯上りの部屋着で、昼間買って来た細工のよい銀製の封蝋道具をいじくっていると——それは欧州戦争の第五年目で、毎日処々に赤十字や戦地慰問のためのバザー[1]があった。伸子はその一箇処で、古風なその道具を見つけてきたのであった——寝衣（ねまき）に更えた佐々が来て、

「明日の朝九時に佃君が来るから覚えていておくれ」

と云った。

「佃さんて——今夜の？」

「うむ。——頼まれて来た南波の甥のことがどうも気になるがとても一人でやっていられないから、あの人にちと手伝って貰おうと思ってね」

佐々は、大まかに云った。

「あの男はこちらに大分永いらしいから、きっと何か手がかりを見つけてくれるだろう。案外、いやその人なら知っているというようなことがないでもあるまい。……こんなに人間のうじゃうじゃいるところで、何年も行方不明の男一人見つけようとするのは、何しろ一仕事だ！」

そして、

「早くお前もおやすみ」

彼はいかにも活動の後の睡眠を愉しむ風でさっさと寝台に入った。

次の朝、伸子はいつもの通り元気を恢復し、爽やかな気分で目覚めた。寝室のカーテンはまだ閉じたままであった。カーテンの僅な隙間から、一本の震える細い金線のような光線が薄暗い部屋に射しこみ、化粧台の上の白粉壺に、小さい燃える炬火のような閃きをつくっている。

彼女は、静かな気持でかけものをはねのけて起き上った。伸子は、首をのばし、彼方の寝床を眺めた。父は先に起きてしまったと見え、床は空であった。

1　バザー：公共事業・社会事業などの資金を集める目的で催す市。慈善市。

伸子は、枕許の時計を見た。九時半になっている。彼女は、忽ち昨夜の約束を思い出した。——

彼女は、部屋着を羽織り、窓をあけた。今日もよい天気だ。少し靄(もや)っぽい空で、朝日が暖かく十月下旬の街路や建物に輝いている。伸子は、格別急ぎもせず顔を洗い、髪を結い、衣服を更えた。彼女は昨夜と同じ、白絹のカラアのついたさっぱりした紺の服で広間へ下りて行った。

朝の広間は澄んで清らかで、大理石の円柱や熱帯植物の鉢植が、埃一つない空気の中に納まっている。

伸子は、人影疎らな広間を見渡した。食堂の入口に近い長椅子に並んで、父と佃とが話している。彼女はまっすぐそっちへ行った。

「やあ、起きたね」

彼女は父に朝の挨拶をした。そして、彼女のために、椅子を引きよせた佃に、

「ゆうべは失礼いたしました」

と云った。

「私こそ失礼いたしました。お疲れになりましたろう」

佐々は佃とは、すぐ話を元に戻した。彼らは、南波武二を尋ねる広告を日本字新聞に出すこと、佃が市の宿泊所の名簿を調べることなどを定めた。

傍で二人の話を聞きながら、伸子は佃がここへ来ても、昨夜彼女の目についた雰囲気を顔や声に持っているのを感じた。その上こうやって相対していると、彼には、彼女の広い、漂っている情感を引きまとめて、狭く何処かに引きつけるようなところがあった。その引きつけられるように感じるものは何なのか。外面的なものでないのは明らかであった。彼の服装は、朝のはっきりした光の中で昨夜にまして気が利いても見えなければ、上等でもなかった。むしろ貧しげであった。容貌にしろ、それは美しき男性という範疇(はんちゅう)から遠いどころではない、燈火の反映の下で見たより一層陰気であった。それだのに、何故か彼には伸子に好奇心を起させるものがあるのであった。——

話が一段落つくと、佐々は、

「どうです、一緒に茶でも上りませんか。——実は我々もこれから食事をやるところですから」

と佃を誘った。

佃は、一旦辞退したがテーブルについた。伸子は、彼から、日本から来た労働者が浮浪者[1]になる経路や賭博狂のある男の話などをきいた。佃は話下手であった。自分から話題を展開させる性質（たち）の男でなかった。彼は、教室に出る時間の都合があると云って、間もなく中座して帰った。

伸子は、十一時前に下街に行く父とホテルを出て、一緒に地下電車の停留場まで行った。そこで別れ、彼女は自分だけ、徒歩で美術館に行った。

土曜、日曜以外館内はひっそりしていた。右のとっつきに、ロダン[2]の作品ばかり集めた一室があった。レムブラント[3]の「花を持てる女」の前で、イタリー人らしい一人の男がそれを模写していた。彼は熱心に、美術家らしくブラウズを着た背をかがめ、原画と自分の画面とを見較べ見較べ細心に、神秘的な原画の素晴らしい色調を出そうと努めているのだが、伸子の眼に彼のカンヴァス[4]は醜怪（しゅうかい）以外の何ものでもなく映った。ある場所では雑誌の表紙にでも応用するのか、亜拉比亜（アラビア）人が槍を振って躍り上る黒馬に跨（またが）っている絵を、石版刷のようにはっきり写している中年の女がいる。伸子は、軽い昼飯を階下の喫茶店ですましあちこち歩き廻った。

もう帰ろうという時、彼女は急にあることを思いつきもう一遍階上へ引きかえした。しばらく迷ったあげく、番人に訊き、伸子は一つの人気ない陳列室に入った。そこは古代波斯の美術品や写本などの陳列室なのであった。

これまで、大ざっぱに土耳古（トルコ）系統の美術品として好んでいた精緻な唐草模様の

1　浮浪者：一定の住居や職をもたず、方々をうろつく者。

2　ロダン：フランスの彫刻家。

3　レムブラント：オランダの画家。

4　カンヴァス：油絵に用いる画布、カンバス。

銀細工、絨毯、碧（あお）と黒との釉薬（うわぐすり）[1]の対照が比類なく美しい陶器などが、皆イラン人の製作であったのに伸子は驚いた。彼女は、特に、入って突当りの広い壁に懸っている装飾瓦に異常な懐しさと興味とを覚えた。貴人行楽の図で、花の咲き満ちた春の樹下に若い貴族の男女が語ってい、侍女が彼方から裳（も）を春風に吹かれながら酒瓶を捧げて来る楽しげな構図だが、王女の下脹れ[2]た豊かな頬と云い、大どかな眉と云い、領巾（ひれ）をかついだ服の様子と云い、所謂（いわゆる）天平時代の風俗そっくりであった。それればかりではない。一面に咲き乱れた花の愛らしい形から、樹木、飛んでいる鳥の形、しかもそれらを彩るたっぷりした釉薬の黄、紫、緑、碧の見覚えある配色に至るまで、寧楽朝（ならちょう）の美術を回想させずには置かないものがある。

伸子は、体が熱くなるのを感じた。せわしく心の中で波斯、中国、日本と連想が飛んだ。——しかし、直ぐその三つの間に正しい連絡を見出そうとするに伸子の東洋美術史はあまり貧弱であった。

作家紹介

宮本百合子（みやもとゆりこ、1899 年-1951 年）小説家、評論家。本名，ユリ。旧姓，中条。明治 32 年 2 月 13 日、東京小石川に著名な建築家中条精一郎の長女として生まれ、お茶の水高女を経て 1916 年（大正 5）日本女子大学英文科予科に入学した。この年『貧しき人々の群』を『中央公論』に発表、女子大を中退して創作活動に専心、『日は輝けり』『一つの芽生え』『地は饒なり』などを相次いで発表し、天才少女の評判を得た。

1918 年アメリカに留学，結婚したが，帰国 5 年後に離婚。その経緯を『伸子』にまとめたのち，湯浅芳子とともにソ連を訪れ、マルクス主義に感銘を受けた。

1　釉薬：素焼の陶磁器の表面にかけて装飾と水分の吸収を防ぐために用いる一種のガラス質のもの。主成分は珪酸塩化合物。

2　下脹れ：頬肉が豊かで、顔の下方のふくれていること。

帰国後日本共産党に入党、翌年宮本顕治と結婚，プロレタリア文化運動に加わる。第2次世界大戦後，中野重治らと新日本文学会を結成，民主主義文学運動の代表作家として『播州平野』『風知草』『道標』などを書いた。波乱に満ちた生涯のうちの大部分が小説として自身の手で描き出されている。

日本の左翼文学・民主主義文学、さらには日本の近代女流文学を代表する作家の一人である。百合子の死後、宮本顕治は混乱を収拾して勢力を回復した共産党の書記長となり、百合子はその妻として、またプロレタリア文学の第一人者として、さらに高い評価を与えられるようになった。没後50年の2001年からは新日本出版社から宮本百合子全集の刊行が始まり、2004年に全33巻として完結された。

作品解説

『伸子』宮本百合子の自伝的長編小説。1924年（大正13）3月から26年9月まで『改造』に断続連載。28年（昭和3）3月改造社刊。当時、日本ではすでに初期のプロレタリア運動が起こっており、それに伴ってプロレタリア文学運動も盛んになっていた。『伸子』は、女性の戸惑いと憧れを直撃する傑作である。宮本の生涯は近代日本の女性闘争史であり、日本の「ボーヴォワール」と呼ばれ、日本女性の解放を推進し、女性の文学創作と運動への参加を励した。

『伸子』は、中流家庭の若い女性・伸子がアメリカに渡り、結婚、離婚を経て、ようやく自意識に目覚め、理想の人生へと突き進んでいく姿を、宮本が自らの体験をもとに書いた自伝的小説である。娘であり妻であるというアイデンティティを背負いつつも、自由と自己の成長を追い求めようとする女性にとって、結婚と家庭生活を中心とした日本社会の常識に枠付けられた家族制度がいかに息苦しいものであるかを、夫婦の個性のぶつかり合いと共に描こうとする。

『伸子』は、女性の自己覚醒と成長を追求した小説である。伸子という女性像を通して、社会的抑圧や個人的な困難の中で彼女が徐々に目覚めていき、最終的には自己を追求し、自己の価値に気づいていく様子が描かれている。自己を追求する過程で、伸子はさまざまな困難や試練に遭遇する。社会の抑圧や差別だけでなく、彼女自身の内面の葛藤や苦悩にも直面する。しかし、彼女はそれであきらめることなく、勇敢にその困難に立ち向かい、自分の方向性を見出そうとする。このような彼女の粘り強さと勇気は深く賞賛される。この作品は、女性の運命に関わるだけでなく、人間の本質、社会、時代に対する深い考察でもある。

この小説の筋立てと人物描写は高度に練られている。繊細な心理描写と生き生きとした情景描写によって、作者は伸子の内面世界と成長過程を存分に引き出している。伸子像は代表的であるだけでなく、普遍的でもある。彼女の体験は、あの時代の多くの女性の苦境と追求を反映している。伸子以外の登場人物も、それぞれに個性的である。こうした登場人物の描写が、小説をより鮮明で立体的なものにしている。

加えて、『伸子』は文化的、社会的な意味合いにも富んでいる。男女差別など、当時の日本社会が抱えていたさまざまな問題を反映している。これらの問題を明らかにし、批判することで、この作品は人々の社会的現実に対する関心と反省を誘発する。深い思想的意味合いと独特の芸術的魅力を備えた作品である。鮮烈なプロット、生き生きとした登場人物、深遠な主題思想によって、日本文学史上の名作となった。

卒業論文の参考資料

宮本顕治『宮本百合子の世界』新日本新書、1951 年
平林たい子『宮本百合子』講談社、1972 年
中村智子『宮本百合子』筑摩書房、1973 年
多喜二・百合子研究会『宮本百合子』新日本出版社、1976 年
沼沢和子『宮本百合子論』武蔵野書房、1993 年
岩淵宏子『宮本百合子：家族、政治、そしてフェミニズム』翰林書房、1996 年
宮本百合子『宮本百合子全集』新日本出版社、2000 年
佐藤静夫『宮本百合子と同時代の文学』本の泉社、2001 年
伊豆利彦ほか『いまに生きる宮本百合子』新日本出版社、2004
黒澤亜里子『宮本百合子と湯浅芳子 ： 往復書簡』翰林書房、2008 年

池田啓悟『宮本百合子における女性労働と政治 ： 一九三〇年代プロレタリア文学運動の一断面』風間書房、2015 年

不破哲三『新編宮本百合子と十二年』新日本出版社、2017 年

木文美士・中島隆博『日本の近代思想を読みなおす』東京大学出版会、2024 年

研究課題

1. 封建的な考え方の束縛をあえて打ち破り、次第に自分の価値に気づき、自己実現を追求する新しいタイプの小説のヒロイン伸子をどのように描いているのか。

2. 宮本百合子の文学作品は、日本の社会変革を提示する上でどのようにユニークなのか。 彼女は文学を通して、当時の社会の問題をどのように反映し、批判したのか。

3. 宮本百合子の文体や創作技法の特徴は何か。言葉遣いや物語の構成など、彼女の作品にはどのような特徴があるのだろうか。

4. 宮本百合子の文学的コンセプトは、彼女の個人的経験や社会的背景とどのように関係しているのだろうか。これらの要因がどのように彼女の文学的概念を形成し、創作スタイルやテーマの選択に影響を与えたかを探求しよう。

伊豆の踊子

川端康成

道がつづら折りになって、いよいよ天城峠（あまぎとうげ）に近づいたと思う頃、雨足が杉の密林を白く染めながら、すさまじい早さで麓（ふもと）から私を追って来た。

私は二十歳、高等学校の制帽をかぶり、紺飛白（こんがすり）[1]の着物に袴をはき、学生カバンを肩にかけていた。一人伊豆の旅に出てから四日目のことだった。修善寺（しゅぜんじ）温泉に一夜泊り、湯が島温泉に二夜泊り、そして朴歯（ほおば）[2]の高下駄（たかげた）で天城を登って来たのだった。重なり合った山々や原生林や深い渓谷（けいこく）の秋に見惚れながらも、私は一つの期待に胸をときめかして道を急いでいるのだった。そのうちに大粒の雨が私を打ち始めた。折れ曲った急な坂道を駆け登った。ようやく峠の北口の茶屋に辿りついてほっとすると同時に、私はその入口で立ちすくんでしまった。あまりに期待がみごとに的中したからである。そこで旅芸人[3]の一行が休んでいたのだ。

1　紺飛白：紺地に白くかすりを織り出した文様。また、その文様の織物。久留米絣・伊予絣などの木綿織物。

2　朴歯：朴の木で厚く作った足駄の歯。また、その歯を入れた下駄。

3　旅芸人：地方を回って、かせいで歩く芸人。

突っ立っている私を見た踊子がすぐに自分の座蒲団をはずして、裏返しに傍へ置いた。

「ええ……」とだけ言って、私はその上に腰をおろした。坂道を走った息切れと驚きとで、「ありがとう」という言葉が咽にひっかかって出なかったのだ。

踊子と間近に向かい合ったので、私はあわてて袂（たもと）から煙草を取り出した。踊子がまた連れの女の前の煙草盆を引き寄せて私に近くしてくれた。やっぱり私は黙っていた。

踊子は十七くらいに見えた。私にはわからない古風の不思議な形に大きく髪を結っていた。それが卵形の凛々（りり）しい[1]顔を非常に小さく見せながらも、美しく調和していた。髪を豊かに誇張して描いた、稗史（はいし）[2]的な娘の絵姿（えすがた）のような感じだった。踊子の連れは四十代の女が一人、若い女が二人、ほかに長岡温泉の宿屋の印半纏（しるしばんてん）[3]を着た二十五、六の男がいた。

私はそれまでにこの踊子たちを二度見ているのだった。最初は私が湯が島へ来る途中、修善寺へ行く彼女たちと湯川橋の近くで出会った。その時は若い女が三人だったが、踊子は太鼓を提げていた。私は振り返り振り返り眺めて、旅情が自分の身についたと思った。それから、湯が島の二日目の夜、宿屋へ流して来た。踊子が玄関の板敷で踊るのを、私は梯子段（はしごだん）の中途に腰をおろして一心に見ていた。—あの日が修善寺で今夜が湯が島なら、明日は天城を南に越えて湯が野温泉へ行くのだろう。天城七里の山道できっと追いつけるだろう。そう空想して道を急いで来たのだったが、雨宿り[4]の茶屋でぴったり落ち合ったものだから、私はどぎまぎしてしまったのだ。

1　凛々しい：いきいきとして賢い。

2　稗史：昔、中国で稗官が集めて記録した民間の物語。転じて、広く小説をいう。

3　印半纏：襟・背・腰回りなどに屋号・氏名などの標識を染め抜いた半纏。主に木綿製。職人の間で用い、また、雇主が使用人や出入りの者に支給して着用させる。

4　雨宿り：雨のはれるまで雨のかからない所でしばらく待つこと。

まもなく、茶店の婆さんが私を別の部屋へ案内してくれた。平常用はないらしく戸障子がなかった。下を覗くと美しい谷が目の届かないほど深かった。私は肌に粟粒（あわつぶ）をこしらえ、かちかちと歯を鳴らして身顫（みぶる）いした。茶を入れに来た婆さんに、寒いと言うと、

「おや、旦那様お濡れになってるじゃございませんか。こちらでしばらくおあたりなさいまし、さあ、お召物（めしもの）をお乾かしなさいまし」と、手を取るようにして、自分たちの居間へ誘ってくれた。

その部屋は炉が切ってあって、障子を明けると強い火気が流れて来た。私は敷居際（しきいぎわ）に立って躊躇（ちゅうちょ）した。水死人のように全身蒼（あお）ぶくれの爺さんが炉端にあぐらをかいているのだ。瞳まで黄色く腐ったような眼を物憂（ものう）げに私の方へ向けた。身の周りに古手紙や紙袋の山を築いて、その紙屑のなかに埋れていると言ってもよかった。とうてい生き物と思えない山の怪奇を眺めたまま、私は棒立ち[1]になっていた。

「こんなお恥しい姿をお見せいたしまして……でも、うちのじじいでございますからご心配なさいますな。お見苦しくても、動けないのでございますから、このままで堪忍してやってくだまし」

そう断わってから、婆さんが話したところによると、爺さんは長年中風（ちゅうふう）を患（わずら）って、全身が不随になってしまっているのだそうだ。紙の山は、諸国[2]から中風の養生を教えて来た手紙や、諸国から取り寄せた中風の薬の袋なのである。爺さんは峠を越える旅人から聞いたり、新聞の広告を見たりすると、その一つをも洩さずに、全国から中風の療法を聞き、売薬を求めたのだそうだ。そして、それらの手紙や紙袋を一つも捨てずに身の周りに置いて眺めながら暮らして来たのだそう

1　棒立ち：馬などが前脚を浮かせて棒のように立つこと。驚きや恐れでつっ立ったままでいること。

2　諸国：全国。

だ。長年の間にそれが古ぼけた反古(ほご)[1]の山を築いたのだそうだ。

私は婆さんに答える言葉もなく、囲炉裏(いろり)の上にうつむいていた。山を越える自動車が家を揺すぶった。秋でもこんなに寒い、そしてまもなく雪に染まる峠を、なぜこの爺さんはおりないのだろうと考えていた。私の着物から湯気が立って、頭が痛むほど火が強かった。婆さんは店に出て旅芸人の女と話していた。

「そうかねえ。この前連れていた子がもうこんなになったのかい。いい娘(あんこ)になって、お前さんも結構だよ。こんなに綺麗になったのかねえ。女の子は早いもんだよ」

小一時間経つと、旅芸人たちが出立(いでた)つらしい物音が聞こえて来た。私も落着いている場合ではないのだが、胸騒ぎするばかりで立ち上がる勇気が出なかった。旅馴れたと言っても女の足だから、十町[2]や二十町遅れたって一走りに追いつけると思いながら、炉の傍でいらいらしていた。しかし踊子たちが傍にいなくなると、かえって私の空想は解き放たれたように生き生きと踊り始めた。彼らを送り出して来た婆さんに聞いた。

「あの芸人は今夜どこで泊るんでしょう」

「あんな者、どこで泊るやらわかるものでございますか、旦那様。お客があればあり次第、どこにだって泊るんでございますよ。今夜の宿のあてなんぞございますものか」

はなはだしい軽蔑を含んだ婆さんの言葉が、それならば、踊子を今夜は私の部屋に泊らせるのだ、と思ったほど私をあおり立てた。

雨足が細くなって、峰が明るんで来た。もう十分も待てば綺麗に晴れ上がると、しきりに引き止められたけれども、じっと坐っていられなかった。

「お爺さん、お大事になさいよ。寒くなりますからね」と、私は心から言って立ち上がった。爺さんは黄色い眼を重そうに動かして微かにうなずいた。

1　反古：書画などを書き損じた不用の紙。

2　町：距離の単位。1町は60間。約109メートル強。

「旦那さま、旦那さま」と、叫びながら婆さんが追っかけて来た。

「こんなにいただいてはもったいのうございます。申し訳ございません」

そして私のカバンを抱きかかえて渡そうとせずに、いくら断わってもその辺まで送ると言って承知しなかった。一町ばかりもちょこちょこついて来て、同じことを繰り返していた。

「もったいのうございます。お粗末いたしました。お顔をよく覚えております。今度お通りの時にお礼をいたします。この次もきっとお立ち寄りくださいまし。お忘れはいたしません」

私は五十銭銀貨を一枚置いただけだったので、いたく驚いて涙がこぼれそうに感じているのだったが、踊子に早く追いつきたいものだから、婆さんのよろよろした足取りが迷惑でもあった。とうとう峠のトンネルまで来てしまった。

「どうもありがとう。お爺さんが一人だから帰ってあげてください」と私が言うと、婆さんはやっとのことでカバンを離した。

暗いトンネルに入ると、冷たい雫（しずく）がぽたぽた落ちていた。南伊豆への出口が前方に小さく明るんでいた。

トンネルの出口から白塗りの柵に片側を縫われた峠道が稲妻[1]のように流れていた。この模型のような展望の裾の方に芸人達の姿が見えた。六町と行かないうちに私は彼らの一行に追いついた。しかし急に歩調を緩めることもできないので、私は冷淡なふうに女たちを追い越してしまった。十間ほど先に一人歩いていた男が私を見ると立ち止まった。

「お足が早いですね。—いいあんばいに晴れました」

私はほっとして男と並んで歩き始めた。男は次々にいろんなことを私に聞いた。二人が話し出したのを見て、うしろから女たちがばたばた走り寄って来た。

男は大きい柳行李（やなぎごうり）を背負っていた。四十女は小犬を抱いていた。上の娘が風呂敷包み、中の娘が柳行李、それぞれ大きい荷物を持っていた。踊子は太鼓とその

1　稲妻：空中電気の放電する時にひらめく火花。

枠を負うていた。四十女もぽつぽつ私に話しかけた。

「高等学校の学生さんよ」と、上の娘が踊子に囁（ささや）い[1]た。私が振り返ると笑いながら言った。

「そうでしょう。それくらいのことは知っています。島へ学生さんが来ますもの」

一行は大島の波浮の港の人たちだった。春に島を出てから旅を続けているのだが、寒くなるし、冬の用意はして来ないので、下田に十日ほどいて伊東温泉から島へ帰るのだと言った。大島と聞くと私はいっそう詩を感じて、また踊子の美しい髪を眺めた。大島のことをいろいろ訊ねた。

「学生さんがたくさん泳ぎに来るね」と踊子が連れの女に言った。

「夏でしょう」と、私が振り向くと、踊子はどぎまぎして、

「冬でも……」と、小声で答えたように思われた。

「冬でも？」

踊子はやはり連れの女を見て笑った。

「冬でも泳げるんですか」と私がもう一度言うと、踊子は赤くなって、非常にまじめな顔をしながら軽くうなずいた。

「ばかだ。この子は」と、四十女が笑った。

湯が野までは河津川（かわづがわ）の渓谷に沿うて三里[2]余りのくだりだった。峠を越えてからは、山や空の色までが南国らしく感じられた。私と男とは絶えず話し続けて、すっかり親しくなった。荻乗（おぎのり）や梨本なぞの小さい村里を過ぎて、湯が野の藁屋根（わらやね）が麓に見えるようになった頃、私は下田まで一緒に旅をしたいと思い切って言った。彼はたいへん喜んだ。

1　囁く：声をひそめて話す。ささめく。また、ひそひそと噂をする。

2　里：地上の距離を計る単位。36 町（3.9273 キロメートル）に相当する。昔は 3 百歩、すなわち今の 6 町の定めであった。

湯が野の木賃宿[1]の前で四十女が、ではお別れ、という顔をした時に、彼は言ってくれた。

「この方はお連れになりたいとおっしゃるんだよ」

「それは、それは。旅は道連れ、世は情け[2]。私たちのようなつまらない者でも、ご退屈しのぎにはなりますよ。まあ、上がってお休みなさいまし」と無造作に答えた。娘たちは一時に私を見たが、しごくなんでもないという顔で黙って、少し恥かしそうに私を眺めていた。

皆と一緒に宿屋の二階へ上がって荷物をおろした。畳や襖も古びて汚かった。踊子が下から茶を運んで来た。私の前に坐ると、まっ赤になりながら手をぶるぶる顫わせるので茶碗が茶托から落ちかかり、落すまいと畳に置く拍子に茶をこぼしてしまった。あまりにひどいはにかみようなので、私はあっけにとられた[3]。

「まあ！厭らしい。この子は色気づいたんだよ。あれあれ……」と四十女が呆れ果てたというふうに眉をひそめて手拭を投げた。踊子はそれを拾って、窮屈そうに畳を拭いた。

この意外な言葉で、私はふと自分を省みた。峠の婆さんにあおり立てられた空想がぽきんと折れるのを感じた。

そのうちに突然四十女が、

「書生さんの紺飛白はほんとにいいねえ」と言って、しげしげ[4]私を眺めた。

「この方の飛白は民次と同じ柄だね。ね、そうだね。同じ柄じゃないかね」

傍の女に幾度も駄目を押し[5]てから私に言った。

1　木賃宿：木賃を払わせて旅客をとめる安宿。また一般に、安宿。

2　旅は道連れ、世は情け：旅は道連れのあるのが心頼もしく，世の中を渡るには互いに思いやりをもつのが大切である。

3　あっけにとられる：意外の事に出会って驚きあきれる。呆然となる。

4　しげしげ：たびたび。しきりに。

5　駄目を押す：わかりきったことを、念のために更にたしかめる。念を押す。

「国に学校行きの子供を残してあるんですが、その子を今思い出しましてね。その子の飛白と同じなんですもの。この節は紺飛白もお高くてほんとうに困ってしまう」

「どこの学校です」

「尋常五年なんです」

「へえ、尋常五年とはどうも……」

「甲府[1]の学校へ行ってるんでございますよ。長く大島におりますけれど、国は甲斐の甲府でございましてね」

一時間ほど休んでから、男が私を別の温泉宿へ案内してくれた。それまでは私も芸人たちと同じ木賃宿に泊ることとばかり思っていたのだった。私たちは街道から石ころ路や石段を一町ばかりおりて、小川のほとりにある共同湯の横の橋を渡った。橋の向こうは温泉宿の庭だった。

そこの内湯（うちゆ）[2]につかっていると、後から男がはいって来た。自分が二十四になることや、女房が二度とも流産と早産とで子供を死なせたことなぞを話した。彼は長岡温泉の印半纏を着ているので、長岡の人間だと私は思っていたのだった。また顔つきも話ぶりも相当知識的なところから、物好きか芸人の娘に惚れたかで、荷物を持ってやりながらついて来ているのだと想像していた。

湯から上がると私はすぐに昼飯を食べた。湯が島を朝の八時に出たのだったが、その時はまだ三時前だった。

男が帰りがけに、庭から私を見上げて挨拶をした。

「これで柿でもおあがりなさい。二階から失礼」と言って、私は金包みを投げた。男は断わって行き過ぎようとしたが、庭に紙包みが落ちたままなので、引き返してそれを拾うと、

「こんなことをなさっちゃいけません」とほうり上げた。それが藁屋根の上に落ちた。私がもう一度投げると、男は持って帰った。

---

1 甲府：山梨県中部、甲府盆地北部の市。県庁所在地。

2 内湯：温泉地の旅館などで、家々の屋内に湯を引いて設けた浴場。

夕暮からひどい雨になった。山々の姿が遠近を失って白く染まり、前の小川が見る見る黄色く濁って音を高めた。こんな雨では踊子たちが流して来ることもあるまいと思いながら、私はじっと坐っていられないので二度も三度も湯にはいってみたりしていた。部屋は薄暗かった。隣室との間の襖を四角く切り抜いたところに鴨居[1]から電燈が下がっていて、一つの明かりが二室兼用になっているのだった。

ととんとんとん、激しい雨の音の遠くに太鼓の響きがかすかに生まれた。私はかき破るように雨戸を明けて体を乗り出した。太鼓の音が近づいて来るようだ。雨風が私の頭を叩いた。私は眼を閉じて耳を澄ましながら、太鼓がどこをどう歩いてここへ来るかを知ろうとした。間もなく三味線の音が聞こえた。女の長い叫び声が聞こえた。賑やかな笑い声が聞こえた。そして芸人たちは木賃宿と向かい合った料理屋のお座敷(ざしき)[2]に呼ばれているのだとわかった。二、三人の女の声と三、四人の男の声とが聞き分けられた。そこがすめばこちらへ流して来るのだろうと待っていた。しかしその酒宴は陽気を越えてばか騒ぎになって行くらしい。女の金切り声が時々稲妻のように闇夜に鋭く通った。私は神経を尖らせて、いつまでも戸を明けたままじっと坐っていた。太鼓の音が聞こえるたびに胸がほうと明るんだ。

「ああ、踊子はまだ宴席に坐っていたのだ。坐って太鼓を打っているのだ」

太鼓がやむとたまらなかった。雨の音の底に私は沈み込んでしまった。

やがて、皆が追っかけっこをしているのか、踊り回っているのか、乱れた足音がしばらく続いた。そして、ぴたと静まり返ってしまった。私は眼を光らせた。この静けさが何であるかを闇を通して見ようとした。踊子の今夜が汚れるのであろうかと悩ましかった。

雨戸を閉じて床にはいっても胸が苦しかった。また湯にはいった。湯を荒々しくかき回した。雨が上がって、月が出た。雨に洗われた秋の夜が冴え冴えと明る

1　鴨居：引戸・襖・障子などを立て込むため開口部の上部に渡した、溝を付けた横木。

2　お座敷：芸人・芸妓などが招かれる宴会の席。

んだ。はだしで湯殿を抜け出して行ったって、どうともできないのだと思った。二時を過ぎていた。

翌(あく)る朝の九時過ぎに、もう男が私の宿に訪ねて来た。起きたばかりの私は彼を誘って湯に行った。美しく晴れ渡った南伊豆の小春日和(こはるびより)[1]で、水かさの増した小川が湯殿の下に暖く日を受けていた。自分にも昨夜の悩ましさが夢のように感じられるのだったが、私は男に言ってみた。

「昨夜はだいぶ遅くまで賑やかでしたね」

「なあに。聞こえましたか」

「聞こえましたとも」

「この土地の人なんですよ。土地の人はばか騒ぎをするばかりで、どうもおもしろくありません」

彼があまりに何げないふうなので、私は黙ってしまった。

「向こうのお湯にあいつらが来ています。—ほれ、こちらを見つけたと見えて笑っていやがる」

彼に指ざされて、私は川向こうの共同湯の方を見た。

……

踊子の髪が豊かすぎるので、十七、八に見えていたのだ。その上娘盛りのように装わせてあるので、私はとんでもない思い違いをしていたのだ。

男と一緒に私の部屋に帰っていると、まもなく上の娘が宿の庭へ来て菊畑を見ていた。踊子が橋を半分ほど渡っていた。四十女が共同湯を出て二人の方を見た。踊子はきゅっと肩をつぼめながら、叱られるから帰ります、というふうに笑って見せて急ぎ足に引き返した。四十女が橋まで来て声をかけた。

「お遊びにいらっしゃいまし」

「お遊びにいらっしゃいまし」

上の娘も同じことを言って、女たちは帰って行った。男はとうとう夕方まで坐

---

1 小春日和：小春の頃の暖かいひより。

り込んでいた。

夜、紙類を卸して回る行商人（ぎょうしょうにん）と碁（ご）を打っていると、宿の庭に突然太鼓の音が聞こえた。私は立ちあがろうとした。

「流し[1]が来ました」

「ううん、つまらない、あんなもの。さ、さ、あなたの手ですよ。私ここへ打ちました」と、碁盤を突つきながら紙屋は勝負に夢中だった。私はそわそわしているうちに芸人たちはもう帰り路らしく、男が庭から、

「今晩は」と声を掛けた。

私は廊下に出て手招きした。芸人たちは庭でちょっと囁き合ってから玄関へ回った。男の後から娘が三人順々に、

「今晩は」と廊下に手を突いて芸者のようにお辞儀をした。碁盤の上では急に私の負け色が見え出した。

「これじゃしかたがありません。投げですよ」

「そんなことがあるものですか。私の方が悪いでしょう。どっちにしても細かいです」

紙屋は芸人の方を見向きもせずに、碁盤の目を一つ一つ数えてから、ますます注意深く打って行った。女たちは太鼓や三味線を部屋の隅に片づけると、将棋盤の上で五目並べを始めた。そのうちに私は勝っていた碁を負けてしまったのだが、紙屋は、

「いかがですもう一石、もう一石願いましょう」と、しつっこくせがんだ。しかし私が意味もなく笑っているばかりなので紙屋はあきらめて立ち上がった。

娘たちが碁盤の近くへ出て来た。

「今夜はまだこれからどこかへ回るんですか」

「回るんですが」と男は娘たちの方を見た。

「どうしよう。今夜はもうよしにして遊ばせていただくか」

1　流し：芸人などが客の呼び入れを求めて歩くこと。

「嬉しいね。嬉しいね」

「叱られやしませんか」

「なあに、それに歩いたってどうせお客がないんです」

そして五目並べなぞをしながら、十二時過ぎまで遊んで行った。

踊子が帰った後は、とても眠れそうもなく頭が冴え冴え[1]しているので、私は廊下に出て呼んでみた。

「紙屋さん、紙屋さん」

「よう……」と、六十近い爺さんが部屋から飛び出し、勇み立って言った。

「今晩は徹夜ですぞ。打ち明かすんですぞ」

私もまた非常に好戦的な気持だった。

その次の朝八時が湯が野出立の約束だった。私は共同湯の横で買った鳥打帽(とりうちぼう)[2]をかぶり、高等学校の制帽をカバンの奥に押し込んでしまって、街道沿いの木賃宿へ行った。二階の戸障子がすっかり明け放たれているので、なんの気なしに上がって行くと、芸人たちはまだ床の中にいるのだった。私はめんくらって廊下に突っ立っていた。

私の足もとの寝床で、踊子がまっ赤になりながら両の掌ではたと顔を抑えてしまった。彼女は中の娘と一つの床に寝ていた。昨夜の濃い化粧が残っていた。唇と眦(まなじり)の紅が少しにじんでいた。この情緒的な寝姿(ねすがた)が私の胸を染めた。彼女は眩しそうにくるりと寝返りして、掌で顔を隠したまま蒲団を辷(すべ)り出ると、廊下に坐り、

「昨晩はありがとうございました」と綺麗なお辞儀をして、立ったままの私をまごつかせた。

男は上の娘と同じ床に寝ていた。それを見るまで私は、二人が夫婦であることをちっとも知らなかったのだった。

---

1 冴え冴え：さえわたったさま。空気が澄んですがすがしいさま。清澄なさま。

2 鳥打帽：（狩猟などに用いたからいう）前びさしのついた平たい帽子。

「たいへんすみませんのですよ。今日立つつもりでしたけれど、今晩お座敷がありそうでございますから、私たちは一日延ばしてみることにいたしました。どうしても今日お立ちになるなら、また下田でお目にかかりますわ。私たちは甲州屋という宿屋にきめておりますから、すぐおわかりになります」と四十女が寝床から半ば起き上がって言った。私は突っ放された[1]ように感じた。

「明日にしていただけませんか。おふくろが一日延ばすって承知しないもんですからね。道連れのある方がよろしいですよ。明日一緒に参りましょう」と男が言うと、四十女も付け加えた。

「そうなさいましよ。せっかくお連れになっていただいて、こんな我儘を申しちゃすみませんけれど。明日は槍が降っても[2]立ちます。明後日が旅で死んだ赤ん坊の四十九日でございましてね、四十九日には心ばかりのことを、下田でしてやりたいと前々から思って、その日までに下田へ行けるように旅を急いだのでございますよ。そんなこと申しちゃ失礼ですけれど、不思議なご縁ですもの、明後日はちょっと拝(おが)んでやってくださいましな」

そこで私は出立を延ばすことにして階下へおりた。皆が起きて来るのを待ちながら、汚い帳場で宿の者と話していると、男が散歩に誘った。街道を少し南へ行くと綺麗な橋があった。橋の欄干(らんかん)によりかかって、彼はまた身の上話[3]を始めた。東京である新派役者の群れにしばらく加わっていたとのことだった。今でも時々大島の港で芝居をするのだそうだ。彼らの荷物の風呂敷から刀の鞘(さや)が足のようにはみ出していたのだったが、お座敷でも芝居の真似をして見せるのだと言った。柳行李の中はその衣裳や鍋茶碗なぞの世帯道具なのである。

「私は身を誤った果てに落ちぶれてしまいましたが、兄が甲府で立派に家の後目(あとめ)を立てていてくれます。だから私はまあいらない体なんです」

1　突っ放す：相手にしないで、冷淡に扱う。

2　槍が降っても：どんな難事に出逢おうとも。槍が降ろうが。

3　身の上話：一身上の事柄に関する打明け話。

「私はあなたが長岡温泉の人だとばかり思っていましたよ」

「そうでしたか。あの上の娘が女房ですよ。あなたより一つ下、十九でしてね、旅の空で二度目の子供を早産しちまって、子供は一週間ほどして息が絶えるし、女房はまだ体がしっかりしないんです。あの婆さんは女房の実のおふくろなんです。踊子は私の実の妹ですが」

「へえ。十四になる妹があるっていうのは—」

「あいつですよ。妹にだけはこんなことをさせたくないと思いつめていますが、そこにはまたいろんな事情がありましてね」

それから、自分が栄吉、女房が千代子、妹が薫ということなぞを教えてくれた。もう一人の百合子という十七の娘だけが大島生まれで雇いだとのことだった。栄吉はひどく感傷的になって泣き出しそうな顔をしながら河瀬を見つめていた。

引き返して来ると、白粉(おしろい)を洗い落した踊子が路ばたにうずくまって犬の頭を撫でていた。私は自分の宿に帰ろうとして言った。

「遊びにいらっしゃい」

「ええ。でも一人では……」

「だから兄さんと」

「直ぐに行きます」

まもなく栄吉が私の宿へ来た。

「皆は？」

「女どもはおふくろがやかましいので」

しかし、二人がしばらく五目並べをやっていると、女たちが橋を渡ってどんどん二階へ上がって来た。いつものように丁寧なお辞儀をして廊下に坐ったままためらっていたが、一番に千代子が立ち上がった。

「これは私の部屋よ。さあどうぞご遠慮なしにお通りください」

一時間ほど遊んで芸人たちはこの宿の内湯へ行った。一緒にはいろうとしきりに誘われたが、若い女が三人もいるので、私は後から行くとごまかしてしまった。すると踊子が一人すぐに上がって来た。

「肩を流してあげますからいらっしゃいませって、姉さんが」と、千代子の言葉を伝えた。

湯には行かずに、私は踊子と五目を並べた。彼女は不思議に強かった。勝継ぎをやると、栄吉や他の女は造作なく負けるのだった。五目ではたいていの人に勝つ私が力いっぱいだった。わざと甘い石を打ってやらなくともいいのが気持よかった。二人きりだから、初めのうち彼女は遠くの方から手を伸して石をおろしていたが、だんだん我を忘れて一心に碁盤の上へ覆いかぶさって来た。不自然なほど美しい黒髪が私の胸に触れそうになった。突然、ぱっと紅くなって、

「ごめなさい。叱れる」と石を投げ出したまま飛び出して行った。共同湯の前におふくろが立っていたのである。千代子と百合子もあわてて湯から上がると、二階へは上がって来ずに逃げて帰った。

この日も、栄吉は朝から夕方まで私の宿に遊んでいた。純朴(じゅんぼく)[1]で親切らしい宿のおかみさんが、あんな者にご飯を出すのはもったいないと言って、私に忠告した。

夜、私が木賃宿に出向いて行くと、踊子はおふくろに三味線を習っているところだった。私を見るとやめてしまったが、おふくろの言葉でまた三味線を抱き上げた。歌う声が少し高くなるたびに、おふくろが言った。

「声を出しちゃいけないって言うのに」

栄吉は向かい側の料理屋の二階座敷に呼ばれて何か唸(うな)っているのが、こちらから見えた。

「あれはなんです」

「あれ—謡(うたい)ですよ」

「謡は変だな」

「八百屋だから何をやり出すかわかりゃしません」

そこへこの木賃宿の間を借りて鳥屋をしているという四十前後の男が襖を明けて、ご馳走をすると娘たちを呼んだ。踊子は百合子と一緒に箸を持って隣りの

1　純朴：素直で、いつわりやかざりけのないこと。

間へ行き、鳥屋が食べ荒した後の鳥鍋をつついていた。こちらの部屋へ一緒に立って来る途中で、鳥屋が踊子の肩を軽く叩いた。おふくろが恐ろしい顔をした。

「こら。この子に触っておくれでないよ。生娘なんだからね」

踊子はおじさんおじさんと言いながら、鳥屋に「水戸黄門[1]漫遊記」を読んでくれと頼んだ。しかし鳥屋はすぐに立って行った。続きを読んでくれと私に直接言えないので、おふくろから頼んで欲しいようなことを、踊子がしきりに言った。私は一つの期待を持って講談本を取り上げた。はたして踊子がするすると近寄って来た。私が読み出すと、彼女は私の肩に触るほどに顔を寄せて真剣な表情をしながら、眼をきらきらと輝かせて一心に私の額をみつめ、瞬(またた)き一つしなかった。これは彼女が本を読んで貰う時の癖らしかった。さっきも鳥屋とほとんど顔を重ねていた。私はそれを見ていたのだった。この美しく光る黒眼がちの大きい眼は踊子のいちばん美しい持ちものだった。二重瞼(ふたえまぶた)の線が言いようなく綺麗だった。それから彼女は花のように笑うのだった。花のように笑うと言う言葉が彼女にはほんとうだった。

まもなく、料理屋の女中が踊子を迎えに来た。踊子は衣裳をつけて私に言った。

「すぐ戻って来ますから、待っていて続きを読んで下さいね」

それから廊下に出て手を突いた。

「行って参ります」

「決して歌うんじゃないよ」とおふくろが言うと、彼女は太鼓を提げて軽くうなずいた。おふくろは私を振り向いた。

「今ちょうど声変りなんですから―」

踊子は料理屋の二階にきちんと坐って太鼓を打っていた。その後姿が隣り座敷のことのように見えた。太鼓の音は私の心を晴れやかに踊らせた。

「太鼓がはいるとお座敷が浮き立ち[2]ますね」とおふくろも向こうを見た。

1　水戸黄門：徳川光圀の異称。

2　浮き立つ：気持が上っ調子になって集中できなくなる。そわそわする。

千代子も百合子も同じ座敷へ行った。

一時間ほどすると四人一緒に帰って来た。

「これだけ……」と、踊子は握り拳からおふくろの掌へ五十銭銀貨をざらざら落した。私はまたしばらく「水戸黄門漫遊記」を口読した。彼らはまた旅で死んだ子供の話をした。水のように透き通った赤ん坊が生まれたのだそうである。泣く力もなかったが、それでも一週間息があったそうである。

好奇心もなく、軽蔑も含まない、彼らが旅芸人という種類の人間であることを忘れてしまったような、私の尋常な好意は、彼らの胸にも沁み込んで行くらしかった。私はいつのまにか大島の彼らの家へ行くことにきまってしまっていた。

「爺さんのいる家ならいいね。あすこなら広いし、爺さんを追い出しとけば静かだから、いつまでいなさってもいいし、勉強もおできなさるし」なぞと彼ら同士で話し合っては私に言った。

「小さい家を二つ持っておりましてね、山の方の家は明いているようなものですもの」

また正月には私が手伝ってやって、波浮の港で皆が芝居をすることになっていた。

彼らの旅心は、最初私が考えていたほどせちがらいものでなく、野の匂いを失わないのんきなものであることも、私にわかって来た。親子兄弟であるだけに、それぞれ肉親らしい愛情で繋り合っていることも感じられた。雇女の百合子だけは、はにかみ盛りだからであるが、いつも私の前でむっつりしていた。

夜半を過ぎてから私は木賃宿を出た。娘たちが送って出た。踊子が下駄を直してくれた。踊子は門口から首を出して、明るい空を眺めた。

「ああ、お月さま。—明日は下田、嬉しいな。赤ん坊の四十九日をして、おっかさんに櫛を買って貰って、それからいろんなことがありますのよ。活動[1]へ連れて行ってくださいましね」

下田の港は、伊豆相模（さがみ）の温泉場なぞを流して歩く旅芸人が、旅の空での故郷と

1　活動：活動写真の略。

して懐しがるような空気の漂った町なのである。

芸人たちはそれぞれに天城を越えた時と同じ荷物を持った。おふくろの腕の輪に小犬が前足を載せて旅馴れた顔をしていた。湯が野を出はずれると、また山にはいった。海の上の朝日が山の腹を温(ぬく)めていた。私たちは朝日の方を眺めた。河津川の行く手に河津の浜が明るく開けていた。

「あれが大島なんですね」

「あんなに大きく見えるんですもの、いらっしゃいましね」と踊子が言った。

秋空が晴れすぎたためか、日に近い海は春のように霞んでいた。ここから下田まで五里歩くのだった。しばらくの間海が見え隠れしていた。千代子はのんびりと歌を歌い出した。

作家紹介

川端康成（1899 年 6 月 14 日 – 1972 年 4 月 16 日）は、日本の小説家・文芸評論家。大正から昭和の戦前・戦後にかけて活躍した近現代日本文学を代表する作家の一人である。大阪府出身。医師の父栄吉の長男。1901 年父、翌年母が亡くなり、大阪府三島郡豊川村で祖父母に育てられた。小学校入学の年祖母、4 年のとき姉、中学 3 年に祖父が亡くなり、まったくの孤児になった。母の実家に引き取られ、親戚の世話になり茨木中学を終え、旧制第一高等学校、東京帝国大学と進んだ。1924 年、国文科を卒業。石浜金作、鈴木彦次郎らと第六次『新思潮』を創刊。

大学時代に菊池寛に認められ文芸時評などで頭角を現した後、横光利一、片岡鉄兵、中河与一、今東光らと『文芸時代』を創刊、斬新な文学の出現として世の注目を浴びた。評論家千葉亀雄がこの派を新感覚派とよび、プロレタリア文学とともに、昭和初期の二大文学潮流を形づくることになった。西欧の前衛文学を取り入れた新しい感覚の文学を志し「新感覚派」の作家として注目され、詩的、抒情的作品、少女小説など様々な手法や作風の変遷を見せている。

その後は、死や流転のうちに「日本の美」を表現した作品、連歌と前衛が融合した作品など、伝統美、魔界、幽玄、妖美な世界観を確立させ、人間の醜や悪も、非情や孤独も絶望も知り尽くした上で、美や愛への転換を探求した数々の日本文学史に燦然とかがやく名作を遺し、日本文学の最高峰として不動の地位を築いた。代表作は、『伊豆の踊子』『雪国』『千羽鶴』『山の音』『眠れる美女』『古都』など。1948年（昭和23年）日本ペンクラブ第4代会長に就任。日本芸術院会員、1961年文化勲章受章、1968年日本人初のノーベル文学賞受賞。

作品解説

『伊豆の踊子』は、川端康成の短編小説。1926年（大正15年）『文芸時代』に発表。川端の初期の代表作で、伊豆を旅した19歳の時の実体験を元にしている。己を独特な視点で厳しく見つめ直し、その内なる葛藤に苦しみながらも、自らの探究心を満たすために独自の旅に身を投じた。

旅に出た青年が、修善寺、湯ヶ島、天城峠を越え湯ヶ野、彼は伊豆への旅の中で、偶然出会った旅芸人の一座と交流を深め、特に踊子の少女に淡い恋心を抱いた。その一座は、兄をリーダーとし、彼らは家族として団結して旅芸人としての生活を営んでいた。彼が天城峠の茶屋の老婆から聞いた旅芸人に対する偏見や心配が、踊子の無邪気な姿との出会いによって一夜のうちに軽くされ、新たな視点から人生を見つめることができた。この出会いは、彼に人間の温かさと共感の重要性を教え、孤児根性からの解放を感じさせた。

下田での彼の経験は、社会的地位や背景の違いを超えて、生身の人間同士の深い交流と理解を通じて、内なる平和と喜びを見いだすことを可能にした。しかし、踊子との別れは、彼の心に深い悲しみと感傷をもたらし、彼はその夜、孤独な旅立ちに臨んだ。別れの日、踊子との最後の別れの場面は、彼の心に深い感銘を与えた。孤児根性に歪んでいた青年の自我の悩みや感傷が、素朴で清純無垢な踊子の心によって解きほぐされていく過程と、彼女との悲しい別れまでが描かれている。

『伊豆の踊子』は川端康成の初期を代表する名作というだけでなく、川端作品の中でも最も人気が高く、その評論も膨大な数に上る。竹西寛子は、『伊豆の踊子』

は川端作品の中では比較的爽やかなもので、そこでは「自力を超えるものとの格闘に真摯な若者だけが経験する人生初期のこの世との和解」がかなめになっているとし、作品が「青春の文学」と言われる理由を、「この和解の切実さ」にあると解説している。奥野健男は、川端が幼くして肉親を次々と亡くし、親の温かい庇護のなかった淋しい孤児の生い立ちがその作風に影響を及ぼしていることを鑑みながら、川端の心にある、「この世の中で虐げられ、差別され、卑しめられている人々、特にそういう少女へのいとおしみというか、殆んど同一化するような感情」が、文学の大きなモチーフになっていると評している。

卒業論文の参考資料

板垣信〈著〉福田清人〈編〉『川端康成 人と作品 20』清水書院、2016 年
今村潤子『川端康成研究』審美社、1988 年
大久保喬樹『川端康成——美しい日本の私』ミネルヴァ書房、2004 年
川嶋至『川端康成の世界』講談社、1969 年
川西政明『新・日本文壇史第 3 巻 昭和文壇の形成』岩波書店、2010 年
小谷野敦『川端康成伝——双面の人』中央公論新社、2013 年
富岡幸一郎『川端康成 魔界の文学』岩波書店〈岩波現代全書 031〉、2014 年
長谷川泉『川端康成作品研究』八木書店〈近代文学研究双書〉、1969 年
長谷川泉『川端康成論考』明治書院〈長谷川泉著作選第 5 巻〉、1991 年
羽鳥徹哉『作家川端の基底』教育出版センター、1979 年
羽鳥徹哉『作家の自伝 15 川端康成』日本図書センター、1994 年
羽鳥徹哉・原善『川端康成全作品研究事典』勉誠出版、1998 年
林武志『川端康成研究』桜楓社、1976 年
原善『川端康成の魔界』有精堂〈新鋭研究叢書〉、1987 年
保昌正夫『新潮日本文学アルバム 16 川端康成』新潮社、1984 年
村松剛「三島の死と川端康成」『西欧との対決——漱石から三島、遠藤まで』新潮社、1994 年
森本穫『魔界の住人 川端康成——その生涯と文学』勉誠出版、2014 年

研究課題

1.『伊豆の踊り子』における主人公と踊り子との微妙な感情の変化はどのように描かれているのか。この感情表現は、川端康成の人間性と愛に対する深い理解をどのように反映しているのか。

2. 川端康成の作品には、彼独自の美的概念や文体がどのように反映されているのか、彼の繊細な描写や意識の流れの技法は、作品の雰囲気や登場人物の心理を形成する上でどのような役割を果たしているのか。

3. 川端康成は作品の中で、日本の伝統文化や美意識をどのように探求し、反映しているのか。

4. 川端康成は『伊豆の踊子』の中で、登場人物の雰囲気や作品の雰囲気を作るために、自然の風景の描写をどのように使っているのか。小説におけるこの描写の芸術的効果とはなにか。

5. 川端康成の作品は日本文学史上どのような位置を占め、後世の作家たちにどのような影響を与えてきたのか。川端康成の文学発展史への貢献を評価してみよう。

蟹工船

小林多喜二

一

「おい地獄さ行（え）ぐんだで！」

二人はデッキの手すりに寄りかかって、蝸牛（かたつむり）が背のびをしたように延びて、海を抱（かか）え込んでいる函館（はこだて）の街を見ていた。——漁夫は指元まで吸いつくした煙草（たばこ）を唾（つば）と一（いっ）緒に捨てた。巻煙草はおどけたように、色々にひっくりかえって、高い船腹（サイド）をすれずれ[1]に落ちて行った。彼は身体（からだ）一杯酒臭かった。

赤い太鼓腹を巾（はば）広く浮かばしている汽船や、積荷最中らしく海の中から片袖（かたそで）をグイと引張られてでもいるように、思いッ切り片側に傾いているのや、黄色い、太い煙突、大きな鈴のようなヴイ、南京虫（ナンキンむし）のように船と船の間をせわしく縫っているランチ[2]、寒々とざわめいている油煙やパン屑（くず）や腐った果物の浮いている何か

1　すれずれ：摩擦の多いこと。

2　ランチ：小蒸気船。汽艇。

特別な織物のような波……風の工合で煙が波とすれずれになびいて、ムッとする石炭の匂いを送った。ウインチのガラガラという音が、時々波を伝って直接に響いてきた。

この蟹工船博光丸のすぐ手前に、ペンキの剥げた帆船が、へさきの牛の鼻穴のようなところから、錨の鎖を下していた、甲板を、マドロス・パイプ[1]をくわえた外人が二人同じところを何度も機械人形のように、行ったり来たりしているのが見えた。ロシアの船らしかった。たしかに日本の「蟹工船」に対する監視船だった。

「俺らもう一文も無え。——糞。こら」

そう云って、身体をずらして寄こした。そしてもう一人の漁夫の手を握って、自分の腰のところへ持って行った。袢天の下のコールテン[2]のズボンのポケットに押しあてた。何か小さい箱らしかった。

一人は黙って、その漁夫の顔をみた。

「ヒヒヒヒ……」と笑って、「花札よ」と云った。

ボート・デッキで、「将軍」のような恰好をした船長が、ブラブラしながら煙草をのんでいる。はき出す煙が鼻先からすぐ急角度に折れて、ちぎれ飛んだ。底に木を打った草履をひきずって、食物バケツをさげた船員が急がしく「おもて」の船室を出入した。——用意はすっかり出来て、もう出るにいいばかりになっていた。

雑夫のいるハッチを上から覗きこむと、薄暗い船底の棚に、巣から顔だけピョコピョコ出す鳥のように、騒ぎ廻っているのが見えた。皆十四、五の少年ばかり

1　マドロス・パイプ：（和製語）煙草をつめる火皿が大きなパイプ。船乗りが多く使うからいう。

2　コールテン：じょうぶな、うね織りの綿ビロード（コール天とも書く。天は天鵞絨「ビロード」の天から）。

だった。

「お前は何処(どこ)だ」

「××町」みんな同じだった。函館の貧民窟(くつ)の子供ばかりだった。そういうのは、それだけで一かたまりをなしていた。

「あっちの棚は？」

「南部」

「それは？」

「秋田」

それ等は各棚をちがえていた。

「秋田の何処だ」

膿(うみ)のような鼻をたらした、眼のふちがあかべをしたようにただれて[1]いるのが、

「北秋田だんし」と云った。

「百姓か？」

「そんだし」

空気がムンとして、何か果物でも腐ったすッぱい臭気がしていた。漬物を何十樽(たる)も蔵(しま)ってある室が、すぐ隣りだったので、「糞」のような臭いも交っていた。

薄暗い隅(すみ)の方で、袢天(はんてん)を着、股引(ももひき)をはいた、風呂敷を三角にかぶった女出面(でめん)[2]らしい母親が、林檎(りんご)の皮をむいて、棚に腹ん這(ば)いになっている子供に食わしてやっていた。子供の食うのを見ながら、自分では剥(む)いたぐるぐるの輪になった皮を食っている。何かしゃべったり、子供のそばの小さい風呂敷包みを何度も解いたり、直してやっていた。そういうのが七、八人もいた。誰も送って来てくれるもののいない内地から来た子供達は、時々そっちの方をぬすみ見るように、見ていた。

髪や身体がセメントの粉まみれになっている女が、キャラメルの箱から二粒位

1　ただれる：皮膚や肉がやぶれくずれる。くさってやぶれる。腐爛する。

2　出面：日雇労働者などの日給。労賃。

ずつ、その附近の子供達に分けてやりながら、

「うちの健吉と仲よく働いてやってけれよ、な」と云っていた。木の根のように不恰好に大きいザラザラした手だった。

子供に鼻をかんでやっているのや、手拭で顔をふいてやっているのや、ボソボソ[1]何か云っているのや、あった。

「お前さんどこの子供は、身体はええべものな」

母親同志だった。

「ん、まあ」

「俺どこのア、とても弱いんだ。どうすべかッて思うんだども、何んしろ……」

「それア何処でも、ね」

——二人の漁夫がハッチから甲板へ顔を出すと、ホッとした。不機嫌に、急にだまり合ったまま雑夫の穴より、もっと船首の、梯形の自分達の「巣」に帰った。錨を上げたり、下したりする度に、コンクリート・ミキサの中に投げ込まれたように、皆は跳ね上り、ぶッつかり合わなければならなかった。

薄暗い中で、漁夫は豚のようにゴロゴロしていた、それに豚小屋そっくりの、胸がすぐゲエと来そうな臭いがしていた。

「臭せえ、臭せえ」

「そよ、俺だちだもの。ええ加減、こったら腐りかけた臭いでもすべよ」

赤い臼のような頭をした漁夫が、一升瓶そのままで、酒を端のかけた茶碗に注いで、鯣をムシャムシャ[2]やりながら飲んでいた。その横に仰向けにひっくり返って、林檎を食いながら、表紙のボロボロした講談雑誌を見ているのがいた。

四人輪になって飲んでいたのに、まだ飲み足りなかった一人が割り込んで行っ

1　ボソボソ：声の低いさま。小声なさま。

2　ムシャムシャ：毛などが乱れ、もつれたさま。もしゃもしゃ。

た。

「……んだべよ。四カ月も海の上だ。もう、これんかやれねべと思って……」

頑丈（がんじょう）な身体をしたのが、そう云って、厚い下唇を時々癖のように嘗（な）めながら眼を細めた。

「んで、財布これさ」

干柿のようなべったりした薄い蟇口（がまぐち）[1]を眼の高さに振ってみせた。

……

そこから少し離れた棚に、宿酔（ふつかよい）の青ぶくれにムクンだ顔をした、頭の前だけを長くした若い漁夫が、

「俺アもう今度こそア船さ来ねえッて思ってたんだけれどもな」と大声で云っていた。「周旋屋に引っ張り廻されて、文無しになってよ。——又、長げえことくたばるめに合わされるんだ」

こっちに背を見せている同じ処から来ているらしい男が、それに何かヒソヒソ云っていた。

ハッチの降口に始め鎌足（かまあし）[2]を見せて、ゴロゴロする大きな昔風の信玄袋[3]を担（にな）った男が、梯子（はしご）を下りてきた。床に立ってキョロキョロ見廻わしていたが、空（あ）いているのを見付けると、棚に上って来た。

「今日は」と云って、横の男に頭を下げた。顔が何かで染ったように、油じみて、黒かった。「仲間さ入（え）れて貰えます」

後で分ったことだが、この男は、船へ来るすぐ前まで夕張炭坑に七年も坑夫をしていた。それがこの前のガス爆発で、危く死に損（そこ）ねてから——前に何度かあっ

1　蟇口：財布。

2　鎌足：立った時に、足の先が内の方を向いている足の形。

3　信玄袋：手提げ袋の一種。厚地の織物で作り、厚紙を芯にした底を付け、口を紐で締め括るようにした、主として旅行用のもの。明治中期より流行。

た事だが——フイと坑夫が恐ろしくなり、鉱山（やま）を下りてしまった。爆発のとき、彼は同じ坑内にトロッコを押して働いていた。トロッコに一杯石炭を積んで、他の人の受持場まで押して行った時だった。彼は百のマグネシウムを瞬間眼の前でたかれたと思った。それと、そして1／500 秒もちがわず、自分の身体が紙ッ片（きれ）のように何処かへ飛び上ったと思った。何台というトロッコがガスの圧力で、眼の前を空のマッチ箱よりも軽くフッ飛んで行った。それッ切り分らなかった。どの位経（た）ったか、自分のうなった声で眼が開いた。監督や工夫が爆発が他へ及ばないように、坑道に壁を作っていた。彼はその時壁の後から、助ければ助けることの出来る炭坑夫の、一度聞いたら心に縫い込まれでもするように、決して忘れることの出来ない、救いを求める声を「ハッキリ」聞いた。——彼は急に立ち上ると、気が狂ったように、

「駄目だ、駄目だ！」と皆の中に飛びこんで、叫びだした。（彼は前の時は、自分でその壁を作ったことがあった。そのときは何んでもなかったのだったが）

「馬鹿野郎！　ここさ火でも移ってみろ、大損だ」

だが、だんだん声の低くなって行くのが分るではないか！　彼は何を思ったのか、手を振ったり、わめいたりして、無茶苦茶に坑道を走り出した。何度ものめったり、坑木に額を打ちつけた。全身ドロと血まみれになった。途中、トロッコの枕木につまずいて、巴投げ（ともえなげ）[1]にでもされたように、レールの上にたたきつけられて、又気を失ってしまった。

その事を聞いていた若い漁夫は、

「さあ、ここだってそう大して変らないが……」と云った。

彼は坑夫独特な、まばゆいような、黄色ッぽく艶（つや）のない眼差（まなざし）を漁夫の上にじっ

1　巴投げ：柔道の技の一。自分の体をあおむけに倒し、足裏を相手の下腹にあて、相手の体にかけていた両手を下に引きながらまげていた足をまっすぐに伸ばして、相手の体を自分の肩を越して投げる捨て身の投げ技。

と置いて、黙っていた。

秋田、青森、岩手から来た「百姓の漁夫」のうちでは、大きく安坐（あぐら）をかいて、両手をはすがいに股（また）に差しこんでムシッとしているのや、膝（ひざ）を抱えこんで柱によりかかりながら、無心に皆が酒を飲んでいるのや、勝手にしゃべり合っているのに聞き入っているのがある。——朝暗いうちから畑に出て、それで食えないで、追払われてくる者達だった。長男一人を残して——それでもまだ食えなかった——女は工場の女工に、次男も三男も何処かへ出て働かなければならない。鍋（なべ）で豆をえるように、余った人間はドシドシ土地からハネ飛ばされて、市に流れて出てきた。彼等はみんな「金を残して」内地（くに）に帰ることを考えている。然（しか）し働いてきて、一度陸を踏む、するとモチを踏みつけた小鳥のように、函館や小樽でバタバタやる。そうすれば、まるッきり簡単に「生れた時」とちっとも変らない赤裸になって、おっぽり出された。内地（くに）へ帰れなくなる。彼等は、身寄りのない雪の北海道で「越年（おつねん）」するために、自分の身体を手鼻位の値で「売らなければならない」——彼等はそれを何度繰りかえしても、出来の悪い子供のように、次の年には又平気で同じことをやってのけた。

二

祝津（しゅくつ）の燈台が、廻転する度にキラッキラッと光るのが、ずウと遠い右手に、一面灰色の海のような海霧（ガス）の中から見えた。それが他方へ廻転してゆくとき、何か神秘的に、長く、遠く白銀色の光芒（こうぼう）を何海浬（かいり）もサッと引いた。

留萌（るもい）の沖あたりから、細い、ジュクジュクした雨が降り出してきた。漁夫や雑夫は蟹の鋏（はさみ）のようにかじかんだ手を時々はすがいに懐（ふところ）の中につッこんだり、口のあたりを両手で円（ま）るく囲んで、ハアーと息をかけたりして働かなければならなかった。——納豆の糸のような雨がしきりなしに、それと同じ色の不透明な海に降った。が、稚内[1]に近くなるに従って、雨が粒々になって来、広い海の面が旗でもなびくように、うねりが出て来て、そして又それが細かく、せわしなくなった。——風がマストに当ると不吉に鳴った。鋲がゆるみでもするように、ギイギイと船の何処かが、しきりなしにきしんだ。宗谷海峡に入った時は、三千噸に近いこの船が、しゃっくりにでも取りつかれたように、ギク、シャクし出した。何か素晴しい力でグイと持ち上げられる。船が一瞬間宙に浮かぶ。——が、ぐウと元の位置に沈む。エレヴエターで下りる瞬間の、小便がもれそうになる、くすぐったい不快さをその度に感じた。雑夫は黄色になえて、船酔らしく眼だけとんがらせて、ゲエ、ゲエしていた。

波のしぶきで曇った円るい舷窓から、ひょいひょいと樺太の、雪のある山並の堅い線が見えた。然しすぐそれはガラスの外へ、アルプスの氷山のようにモリモリとむくれ上ってくる波に隠されてしまう。寒々とした深い谷が出来る。それが見る見る近付いてくると、窓のところへドッと打ち当り、砕けて、ザアー……と泡立つ。そして、そのまま後へ、後へ、窓をすべって、パノラマのように流れてゆく。船は時々子供がするように、身体を揺った。棚からものが落ちる音や、ギ——イと何かたわむ音や、波に横ッ腹がドブ——ンと打ち当る音がした。——その間中、機関室からは機関の音が色々な器具を伝って、直接に少しの震動を伴ってドッ、ドッ、ドッ……と響いていた。時々波の背に乗ると、スクリュ[2]が空廻りをして、翼で水の表面をたたきつけた。

1　稚内：北海道北部の市。宗谷湾の南西岸に位置し、日本最北端の不凍港。

2　スクリュ：螺旋状物。船の螺旋桨。

風は益々強くなってくるばかりだった。二本のマスト[1]は釣竿(つりざお)のようにたわんで、ビュウビュウ泣き出した。波は丸太棒の上でも一またぎする位の無雑作で、船の片側から他の側へ暴力団のようにあばれ込んできて、流れ出て行った。その瞬間、出口がザアーと滝になった。

見る見るもり上った山の、恐ろしく大きな斜面に玩具(おもちゃ)の船程に、ちょこんと横にのッかることがあった。と、船はのめったように、ドッ、ドッと、その谷底へ落ちこんでゆく。今にも、沈む！　が、谷底にはすぐ別な波がむくむくと起(た)ち上ってきて、ドシンと船の横腹と体当りをする。

オホツック海へ出ると、海の色がハッキリもっと灰色がかって来た。着物の上からゾクゾクと寒さが刺し込んできて、雑夫は皆唇をブシ色にして仕事をした。寒くなればなる程、塩のように乾いた、細かい雪がビュウ、ビュウ吹きつのってきた。それは硝子(ガラス)の細かいカケラのように甲板に這(は)いつくばって働いている雑夫や漁夫の顔や手に突きささった。波が一波甲板を洗って行った後は、すぐ凍えて、デラデラに滑(すべ)った。皆はデッキからデッキへロープを張り、それに各自がおしめのようにブラ下り、作業をしなければならなかった。——監督は鮭殺しの棍棒(こんぼう)をもって、大声で怒鳴り散らした。

同時に函館を出帆した他の蟹工船は、何時の間にか離れ離れになってしまっていた。それでも思いっ切りアルプスの絶頂に乗り上ったとき、溺死者(できししゃ)が両手を振っているように、揺られに揺られている二本のマストだけが遠くに見えることがあった。煙草の煙ほどの煙が、波とすれずれに吹きちぎられて、飛んでいた……波浪と叫喚のなかから、確かにその船が鳴らしているらしい汽笛が、間を置いてヒュウ、ヒュウと聞えた。が、次の瞬間、こっちがアプ、アプでもするように、谷底に転落して行った。

1　マスト：船の帆柱。

蟹工船には川崎船を八隻のせていた。船員も漁夫もそれを何千匹の鱶のように、白い歯をむいてくる波にもぎ取られないように、縛りつけるために、自分等の命を「安々」と賭けなければならなかった。——「貴様等の一人、二人が何んだ。川崎一艘取られてみろ、たまったもんでないんだ」——監督は日本語でハッキリそういった。

カムサツカの海は、よくも来やがった、と待ちかまえていたように見えた。ガツ、ガツに飢えている獅子のように、えどなみかかってきた。船はまるで兎より、もっと弱々しかった。空一面の吹雪は、風の工合で、白い大きな旗がなびくように見えた。夜近くなってきた。しかし時化は止みそうもなかった。

仕事が終ると、皆は「糞壺」の中へ順々に入り込んできた。手や足は大根のように冷えて、感覚なく身体についていた。皆は蚕のように、各の棚の中に入ってしまうと、誰も一口も口をきくものがいなかった。ゴロリ横になって、鉄の支柱につかまった。船は、背に食いついている虻を追払う馬のように、身体をヤケに振っている。漁夫はあてのない視線を白ペンキが黄色に煤けた天井にやったり、殆んど海の中に入りッ切りになっている青黒い円窓にやったり……中には、呆けたようにキョトンと口を半開きにしているものもいた。誰も、何も考えていなかった。漠然とした不安な自覚が、皆を不機嫌にだまらせていた。

顔を仰向けにして、グイとウイスキーをラッパ飲みにしている。赤黄く濁った、にぶい電燈のなかでチラッと瓶の角が光ってみえた。——ガラ、ガラッと、ウイスキーの空瓶が二、三カ所に稲妻形[1]に打ち当って、棚から通路に力一杯に投げ出された。皆は頭だけをその方に向けて、眼で瓶を追った。——隅の方で誰か怒った声を出した。時化にとぎれて、それが片言のように聞えた。

1　稲妻形：稲妻の形を文様にした、直線を屈曲した形。稲妻。

作家紹介

小林多喜二（こばやし たきじ、1903 年（明治 36 年）12 月 1 日–1933 年（昭和 8 年）2 月 20 日）は、日本のプロレタリア文学の代表的な小説家、共産主義者、社会主義者、政治運動家。日本プロレタリア作家同盟書記長。日本共産党党員。4 歳のとき、一家で北海道の小樽に移住、小樽高等商業学校（現・小樽商科大学）に学ぶ。小樽で銀行に勤めてから、葉山嘉樹、ゴーリキーなどの作品を通じてプロレタリア作家の自覚を持ち、小樽の労働運動にも関わり始めた。1928 年、共産党関係者大検挙（三一五事件）の小樽を題材にした『一九二八年三月十五日』をプロレタリア文学の機関誌『戦旗』に載せ、翌年には『蟹工船』を発表して評価を得た。同年 7 月には土方与志らの新築地劇団よって『北緯五十度以北』という題で帝国劇場にて上演された。同時に特別高等警察から要注意人物としてマークされ始めた。また、大農場の小作人と小樽の労働者の共同闘争を描いた『不在地主』（1929 年）が原因で銀行を解雇された。翌年の 1930 年春に東京へ転居。日本プロレタリア作家同盟書記長となる。1930 年 5 月中旬、『戦旗』誌を発売禁止から防衛するため江口渙、貴司山治、片岡鉄兵らと京都、大阪、山田、松阪を巡回講演。23 日に大阪で日本共産党へ資金援助の嫌疑で逮捕され、6 月 7 日、一旦釈放された。その後は投獄と保釈をくりかえし、1931 年、共産党に正式に入党。1932 年春の危険思想取締りを機に、地下活動に入る。8 月下旬、自らの地下生活の体験を元に『党生活者』を執筆した。しかし 1933 年、警察に逮捕・虐殺された。

作品解説

小林多喜二の小説『蟹工船』は、1929 年（昭和 4 年）に文芸誌『戦旗』に発表された作品であり、プロレタリア文学の典型的な作品として位置付けられ、国際的にも高い評価を受け、多言語に翻訳されて出版されている。作品は 1929 年 3 月 30 日に完成し、同年の 5 月号および 6 月号に掲載され、その際には「昭和 4 年上半期の最高傑作」として賞賛された。この小説は特定の主人公を持たず、蟹工船で過酷な労働に従事する貧しい労働者たちが集団として描かれている。実際の舞台となる蟹工船「博光丸」は、北洋漁業に従事していた博愛丸（元病院船）をモデルとしている。

蟹工船はオホーツク海のカムチャツカ半島沖で行われた北洋漁業に使用される大型船であり、漁獲物の加工設備を備えている。母船である蟹工船では、小型船でたらば蟹を漁獲し、直ちに缶詰に加工する。蟹工船は「工船」であり、「航船」ではないため、航海法の適用外であり、労働法規も適用されなかった。この法的空白のため、船内では貧困層から募集された労働者たちが非人道的な酷使を受ける状況が蔓延していた。監督である浅川は労働者たちを人間として扱わず、彼らは劣悪で過酷な環境で暴力、虐待、過労、病気に苦しみながら次々と倒れていく。ある時、転覆した蟹工船をロシア人が救出したことが契機となり、労働者たちは異国の人々も同じ人間として感じるようになり、プロレタリアートの尊厳を再認識するが、船長はこれを「赤化」と見なす。労働者たちは権利意識を覚醒させ、ストライキ闘争に踏み切るが、会社側は海軍に鎮圧を要請し、駆逐艦から乗り込んできた水兵によってストライキ指導者たちが逮捕され、最初のストライキは失敗に終わった。しかし、労働者たちは再び組織し、ストライキを行うことを決意する。

卒業論文の参考資料

蔵原惟人・中野重治『小林多喜二研究』(近代作家研究叢書 35) 解放社、1948 年

多喜二・百合子研究会『小林多喜二読本』三一書房、1958 年

中野重治『小林多喜二と宮本百合子』講談社、1972 年

松澤信祐『小林多喜二の文学：近代文学の流れから探る』光陽出版社、2003 年

神谷忠孝・北条常久・島村輝『「文学」としての小林多喜二』(「国文学解釈と鑑賞」別冊) 至文堂 2006 年

藤田廣登『小林多喜二とその盟友たち』学習の友社、2007 年

手塚英孝『小林多喜二』新日本出版社、2008 年

浜林正夫『「蟹工船」の社会史：小林多喜二とその時代』学習の友社、2009 年

鈴木邦男『「蟹工船」を読み解く：魂の革命家小林多喜二』データハウス、2009

年
尾西康充『小林多喜二の思想と文学:貧困・格差・ファシズムの時代に生きて』大月書店、2013 年

研究課題

1.『蟹工船』は日本のプロレタリアートの抵抗意識と闘争過程をどのように反映しているのか。

2.『蟹工船』における漁業資本家と反動軍による漁業労働者の搾取と抑圧は、当時の日本社会の階級矛盾をどのように反映していたのか。

3. 小林多喜二の作品は、日本のプロレタリア文学の特徴と影響をどのように反映しているか。日本のプロレタリア文学運動における小林多喜二の位置づけと、彼の作品がこの文学ジャンルの発展にどのように反映し、貢献しているかを研究しよう。

4. 小林多喜二作品の歴史的背景と社会的価値に焦点を当て、彼の作品における当時の社会現象、階級闘争、民族対立の描写と啓示を分析することで、20 世紀初頭の日本社会の複雑さと多様性、そして当時の社会問題に対する小林多喜二の深い洞察をよりよく理解しよう。

5. 日本におけるプロレタリア文学の発展について詳しく調べてみよう。

風立ちぬ

堀辰雄

それらの夏の日々、一面に薄(すすき)の生い茂った草原の中で、お前が立ったまま熱心に絵を描いていると、私はいつもその傍らの一本の白樺の木蔭に身を横たえていたものだった。そうして夕方になって、お前が仕事をすませて私のそばに来ると、それからしばらく私達は肩に手をかけ合ったまま、遥か彼方の、縁だけ茜色(あかねいろ)を帯びた入道雲[1]のむくむく[2]した塊りに覆われている地平線の方を眺めやっていたものだった。ようやく暮れようとしかけているその地平線から、反対に何物かが生れて来つつあるかのように……

そんな日の或る午後、(それはもう秋近い日だった) 私達はお前の描きかけの絵を画架に立てかけたまま、その白樺の木蔭に寝そべって果物を齧(か)じっていた。砂のような雲が空をさらさらと流れていた。そのとき不意に、何処からともなく風が立った。私達の頭の上では、木の葉の間からちらっと覗いている藍色(あいいろ)が伸びたり縮んだりした。それと殆んど同時に、草むらの中に何かがばったりと倒れる物

1　入道雲：積乱雲の通称。

2　むくむく：雲や煙などが重なり合って盛り上がるさま。

音を私達は耳にした。それは私達がそこに置きっぱなしにしてあった絵が、画架と共に、倒れた音らしかった。すぐ立ち上って行こうとするお前を、私は、いまの一瞬の何物をも失うまいとするかのように無理に引き留めて、私のそばから離さないでいた。お前は私のするがままにさせていた。

風立ちぬ、いざ生きめやも。

ふと口を衝(つ)いて出て来たそんな詩句を、私は私に靠(もた)れているお前の肩に手をかけながら、口の裡(うち)で繰り返していた。それからやっとお前は私を振りほどいて立ち上って行った。まだよく乾いてはいなかったカンヴァスは、その間に、一めんに草の葉をこびつかせてしまっていた。それを再び画架に立て直し、パレット・ナイフ[1]でそんな草の葉を除(と)りにくそうにしながら、

「まあ！こんなところを、もしお父様にでも見つかったら……」

お前は私の方をふり向いて、なんだか曖昧(あいまい)な微笑をした。

「もう二三日したらお父様がいらっしゃるわ」

或る朝のこと、私達が森の中をさまよっているとき、突然お前がそう言い出した。私はなんだか不満そうに黙っていた。するとお前は、そういう私の方を見ながら、すこし嗄(しゃが)れたような声で再び口をきいた。

「そうしたらもう、こんな散歩も出来なくなるわね」

「どんな散歩だって、しようと思えば出来るさ」

私はまだ不満らしく、お前のいくぶん気づかわしそうな視線を自分の上に感じながら、しかしそれよりももっと、私達の頭上の梢が何んとはなしにざわめい[2]ているのに気を奪(と)られているような様子をしていた。

「お父様がなかなか私を離して下さらないわ」

1　パレット・ナイフ：パレット上で絵具を練り、また絵具を削り取る小刀。画筆の代用としても使う。

2　ざわめく：ざわざわする。

私はとうとう焦(じ)れったいとでも云うような目つきで、お前の方を見返した。

「じゃあ、僕達はもうこれでお別れだと云うのかい？」

「だって仕方がないじゃないの」

そう言ってお前はいかにも諦め切ったように、私につとめて微笑(ほほえ)んで見せようとした。ああ、そのときのお前の顔色の、そしてその唇(くちびる)の色までも、何んと蒼ざめていたことったら！

「どうしてこんなに変っちゃったんだろうなあ。あんなに私に何もかも任せ切っていたように見えたのに……」と私は考えあぐねたような恰好(かっこう)で、だんだん裸根のごろごろし出して来た狭い山径(やまみち)を、お前をすこし先きにやりながら、いかにも歩きにくそうに歩いて行った。そこいらはもうだいぶ木立が深いと見え、空気はひえびえとしていた。ところどころに小さな沢が食いこんだりしていた。突然、私の頭の中にこんな考えが閃(ひらめ)いた。お前はこの夏、偶然出逢った私のような者にもあんなに従順だったように、いや、もっともっと、お前の父や、それからまたそういう父をも数に入れたお前のすべてを絶えず支配しているものに、素直に身を任せ切っているのではないだろうか？　……「節子！　そういうお前であるのなら、私はお前がもっともっと好きになるだろう。私がもっとしっかりと生活の見透しがつくようになったら、どうしたってお前を貰いに行くから、それまではお父さんの許(もと)に今のままのお前でいるがいい……」そんなことを私は自分自身にだけ言い聞かせながら、しかしお前の同意を求めでもするかのように、いきなりお前の手をとった。お前はその手を私にとられるがままにさせていた。それから私達はそうして手を組んだまま、一つの沢の前に立ち止まりながら、押し黙って、私達の足許に深く食いこんでいる小さな沢のずっと底の、下生(したばえ)[1]の羊歯(しだ)[2]などの上

1　下生：木の下に生えた草や低木など。

2　羊歯：シダ植物の総称。

まで、日の光が数知れず枝をさしかわしている低い灌木の隙間をようやくのことで潜り抜けながら、斑らに落ちていて、そんな木洩れ日[1]がそこまで届くうちに殆んどあるかないか位になっている微風にちらちらと揺れ動いているのを、何か切ないような気持で見つめていた。

それから二三日した或る夕方、私は食堂で、お前がお前を迎えに来た父と食事を共にしているのを見出した。お前は私の方にぎごちなさそうに背中を向けていた。父の側にいることがお前に殆んど無意識的に取らせているにちがいない様子や動作は、私にはお前をついぞ見かけたこともないような若い娘のように感じさせた。

「たとい私がその名を呼んだにしたって……」と私は一人でつぶやいた。「あいつは平気でこっちを見向きもしないだろう。まるでもう私の呼んだものではないかのように……」

その晩、私は一人でつまらなそうに出かけて行った散歩からかえって来てからも、しばらくホテルの人けのない庭の中をぶらぶらしていた。山百合が匂っていた。私はホテルの窓がまだ二つ三つあかりを洩らしているのをぼんやりと見つめていた。そのうちすこし霧がかかって来たようだった。それを恐れでもするかのように、窓のあかりは一つびとつ消えて行った。そしてとうとうホテル中がすっかり真っ暗になったかと思うと、軽いきしりがして、ゆるやかに一つの窓が開いた。そして薔薇色の寝衣らしいものを着た、一人の若い娘が、窓の縁にじっと凭りかかり出した。それはお前だった。……

お前達が発って行ったのち、日ごと日ごとずっと私の胸をしめつけていた、あの悲しみに似たような幸福の雰囲気を、私はいまだにはっきりと蘇らせることが出来る。

私は終日、ホテルに閉じ籠っていた。そうして長い間お前のために打棄って置

---

1 木洩れ日：枝葉の間から洩れてくる日光。

いた自分の仕事に取りかかり出した。私は自分にも思いがけない位、静かにその仕事に没頭することが出来た。そのうちにすべてが他の季節に移って行った。そしていよいよ私も出発しようとする前日、私はひさしぶりでホテルから散歩に出かけて行った。

秋は林の中を見ちがえるばかりに乱雑にしていた。葉のだいぶ少くなった木々は、その間から、人けの絶えた別荘のテラス[1]をずっと前方にのり出させていた。菌類の湿っぽい匂いが落葉の匂いに入りまじっていた。そういう思いがけない位の季節の推移が、――お前と別れてから私の知らぬ間にこんなにも立ってしまった時間というものが、私には異様に感じられた。私の心の裡（うち）の何処かしらに、お前から引き離されているのはただ一時的だと云った確信のようなものがあって、そのためこうした時間の推移までが、私には今までとは全然異った意味を持つようになり出したのであろうか？……そんなようなことを、私はすぐあとではっきりと確かめるまで、何やらぼんやりと感じ出していた。

私はそれから十数分後、一つの林の尽きたところ、そこから急に打ちひらけて、遠い地平線までも一帯に眺められる、一面に薄（すすき）の生い茂った草原の中に、足を踏み入れていた。そして私はその傍らの、既に葉の黄いろくなりかけた一本の白樺の木蔭に身を横たえた。其処は、その夏の日々、お前が絵を描いているのを眺めながら、私がいつも今のように身を横たえていたところだった。あの時には殆んどいつも入道雲に遮られていた地平線のあたりには、今は、何処か知らない、遠くの山脈までが、真っ白な穂先をなびかせた薄の上を分けながら、その輪廓（りんかく）を一つ一つくっきりと見せていた。

私はそれらの遠い山脈の姿をみんな暗記してしまう位、じっと目に力を入れて見入っているうちに、いままで自分の裡に潜んでいた、自然が自分のために極めて置いてくれたものを今こそ漸（や）っと見出したと云う確信を、だんだんはっきりと

1　テラス：建物の前面にある、コンクリート・煉瓦などを敷きつめた台状の場所。露台。

自分の意識に上らせはじめていた。……

三月になった。或る午後、私がいつものようにぶらっと散歩のついでにちょっと立寄ったとでも云った風に節子の家を訪れると、門をはいったすぐ横の植込み(うえこ)[1]の中に、労働者のかぶるような大きな麦稈帽(むぎわらぼう)をかぶった父が、片手に鋏(はさみ)をもちながら、そこいらの木の手入れをしていた。私はそういう姿を認めると、まるで子供のように木の枝を掻き分けながら、その傍に近づいていって、二言三言挨拶の言葉を交わしたのち、そのまま父のすることを物珍らしそうに見ていた。――そうやって植込みの中にすっぽりと身を入れていると、あちらこちらの小さな枝の上にときどき何かしら白いものが光ったりした。それはみんな蕾(つぼみ)らしかった。……

「あれもこの頃はだいぶ元気になって来たようだが」父は突然そんな私の方へ顔をもち上げてその頃私と婚約したばかりの節子のことを言い出した。

「もう少し好い陽気になったら、転地[2]でもさせて見たらどうだろうね？」

「それはいいでしょうけれど……」と私は口ごもりながら、さっきから目の前にきらきら光っている一つの蕾がなんだか気になってならないと云った風をしていた。

「何処ぞいいところはないかとこの間うちから物色しとるのだがね――」と父はそんな私には構わずに言いつづけた。「節子はＦのサナトリウム[3]なんぞどうか知らんと言うのじゃが、あなたはあそこの院長さんを知っておいでだそうだね？」

「ええ」と私はすこし上の空でのように返事をしながら、やっとさっき見つけた白い蕾を手もとにたぐりよせた。

1　植込み：植えこむこと。また、庭園で、草木を多く植えこんだ所。

2　転地：住む土地をかえること。

3　サナトリウム：療養所。郊外・林間・海浜・高原に設け、清浄な空気と日光とを利用し、主として結核症など慢性疾患を治療する施設。

「だが、あそこなんぞは、あれ一人で行って居られるだろうか？」

「みんな一人で行っているようですよ」

「だが、あれにはなかなか行って居られまいね？」

父はなんだか困ったような顔つきをしたまま、しかし私の方を見ずに、自分の目の前にある木の枝の一つへいきなり鋏を入れた。それを見ると、私はとうとう我慢がしきれなくなって、それを私が言い出すのを父が待っているとしか思われない言葉を、ついと口に出した。

「なんでしたら僕も一緒に行ってもいいんです。いま、しかけている仕事の方も、丁度それまでには片がつきそうですから……」

私はそう言いながら、やっと手の中に入れたばかりの莟のついた枝を再びそっと手離した。それと同時に父の顔が急に明るくなったのを私は認めた。

「そうしていただけたら、一番いいのだが、——しかしあなたにはえろう済まんな……」

「いいえ、僕なんぞにはかえってそう云った山の中の方が仕事ができるかも知れません……」

それから私達はそのサナトリウムのある山岳地方のことなど話し合っていた。が、いつのまにか私達の会話は、父のいま手入れをしている植木の上に落ちていった。二人のいまお互に感じ合っている一種の同情のようなものが、そんなとりとめのない話をまで活気づけるように見えた。……

「節子さんはお起きになっているのかしら？」しばらくしてから私は何気なさそうに訊(き)いてみた。

「さあ、起きとるでしょう。……どうぞ、構わんから、其処からあちらへ……」と父は鋏をもった手で、庭木戸の方を示した。私はやっと植込みの中を潜り抜けると、蔦(つた)[1]がからみついて少し開きにくい位になったその木戸をこじあけて[2]、そ

1　蔦：ブドウ科の落葉蔓性木本。中国・日本に産する。

2　こじあける：むりやりに隙間などを拡げてあける。

のまま庭から、この間まではアトリエ[1]に使われていた、離れのようになった病室の方へ近づいていった。

節子は、私の来ていることはもうとうに知っていたらしいが、私がそんな庭からはいって来ようとは思わなかったらしく、寝間着の上に明るい色の羽織をひっかけたまま、長椅子の上に横になりながら、細いリボンのついた、見かけたことのない婦人帽を手でおもちゃにしていた。

私がフレンチ扉（ドア）ごしにそういう彼女を目に入れながら近づいて行くと、彼女の方でも私を認めたらしかった。彼女は無意識に立ち上ろうとするような身動きをした。が、彼女はそのまま横になり、顔を私の方へ向けたまま、すこし気まり悪そうな微笑で私を見つめた。

「起きていたの？」私は扉のところで、いくぶん乱暴に靴を脱ぎながら、声をかけた。

「ちょっと起きて見たんだけれど、すぐ疲れちゃったわ」

そう言いながら、彼女はいかにも疲れを帯びたような、力なげな手つきで、ただ何んということもなしに手で弄（もてあそ）んでいたらしいその帽子を、すぐ脇にある鏡台の上へ無造作にほうり投げた。が、それはそこまで届かないで床の上に落ちた。私はそれに近寄って、殆ど私の顔が彼女の足のさきにくっつきそうになるように屈（かが）み込（こ）んで、その帽子を拾い上げると、今度は自分の手で、さっき彼女がそうしていたように、それをおもちゃにし出していた。

それから私はやっと訊（き）いた。「こんな帽子なんぞ取り出して、何をしていたんだい？」

「そんなもの、いつになったら被（かぶ）れるようになるんだか知れやしないのに、お父様ったら、きのう買っておいでになったのよ。……おかしなお父様でしょう？」

「これ、お父様のお見立てなの？　本当に好いお父様じゃないか。……どおれ、

1　アトリエ：画家・彫刻家・工芸家・デザイナーなどの仕事部屋。

この帽子、ちょっとかぶって御覧」と私が彼女の頭にそれを冗談半分かぶせるような真似をしかけると、

「厭（いや）、そんなこと……」

彼女はそう言って、うるさそうに、それを避けでもするように、半ば身を起した。そうして言（い）い訣（わけ）のように弱々しい微笑をして見せながら、ふいと思い出したように、いくぶん痩せの目立つ手で、すこし縺（もつ）れた髪を直しはじめた。その何気なしにしている、それでいていかにも自然に若い女らしい手つきは、それがまるで私を愛撫（あいぶ）でもし出したかのような、呼吸（いき）づまるほどセンシュアル[1]な魅力を私に感じさせた。そうしてそれは、思わずそれから私が目をそらさずにはいられないほどだった……

やがて私はそれまで手で弄（もてあそ）んでいた彼女の帽子を、そっと脇の鏡台の上に載せると、ふいと何か考え出したように黙りこんで、なおもそういう彼女からは目をそらせつづけていた。

「おおこりになったの？」と彼女は突然私を見上げながら、気づかわしそうに問うた。

「そうじゃないんだ」と私はやっと彼女の方へ目をやりながら、それから話の続きでもなんでもなしに、出し抜けにこう言い出した。「さっきお父様がそう言っていらしったが、お前、ほんとうにサナトリウムに行く気かい？」

「ええ、こうしていても、いつ良くなるのだか分らないのですもの。早く良くなれるんなら、何処へでも行っているわ。でも……」

「どうしたのさ？なんて言うつもりだったんだい？」

「なんでもないの」

「なんでもなくってもいいから言って御覧。……どうしても言わないね、じゃ僕が言ってやろうか？　お前、僕にも一緒に行けというのだろう？」

1　センシュアル：官能的。

「そんなことじゃないわ」と彼女は急に私を遮ろうとした。

しかし私はそれには構わずに、最初の調子とは異って、だんだん真面目になりだした、いくぶん不安そうな調子で言いつづけた。

「……いや、お前が来なくともいいと言ったって、そりあ僕は一緒に行くとも。だがね、ちょっとこんな気がして、それが気がかりなのだ。……僕はこうしてお前と一緒にならない前から、何処かの淋しい山の中へ、お前みたいな可哀らしい娘と二人きりの生活をしに行くことを夢みていたことがあったのだ。お前にもずっと前にそんな私の夢を打ち明けやしなかったかしら？　ほら、あの山小屋の話さ、そんな山の中に私達は住めるのかしらと云って、あのときはお前は無邪気そうに笑っていたろう？……実はね、こんどお前がサナトリウムへ行くと言い出しているのも、そんなことが知(し)らず識(し)らずの裡(うち)にお前の心を動かしているのじゃないかと思ったのだ。……そうじゃないのかい？」

彼女はつとめて微笑(ほほえ)みながら、黙ってそれを聞いていたが、「そんなこともう覚えてなんかいないわ」と彼女はきっぱりと言った。それから寧(むし)ろ私の方をいたわるような目つきでしげしげと見ながら、「あなたはときどき飛んでもないことを考え出すのね……」

それから数分後、私達は、まるで私達の間には何事もなかったような顔つきをして、フレンチ扉(ドア)の向うに、芝生がもう大ぶ青くなって、あちらにもこちらにも陽炎(かげろう)らしいものの立っているのを、一緒になって珍らしそうに眺め出していた。

四月になってから、節子の病気はいくらかずつ恢復期(かいふくき)に近づき出しているように見えた。そしてそれがいかにも遅々としていればいるほど、その恢復へのもどかしいような一歩一歩は、かえって何か確実なもののように思われ、私達には云い知れず頼もしくさえあった。

そんな或る日の午後のこと、私が行くと、丁度父は外出していて、節子は一人で病室にいた。その日は大へん気分もよさそうで、いつも殆ど着たきりの寝間着を、めずらしく青いブラウスに着換えていた。私はそういう姿を見ると、どうしても彼女を庭へ引っぱり出そうとした。すこしばかり風が吹いていたが、それすら気持のいいくらい軟らかだった。彼女はちょっと自信なさそうに笑いながら、それでも私にやっと同意した。そうして私の肩に手をかけて、フレンチ扉(ドア)から、何んだか危かしそうな足つきをしながら、おずおずと芝生の上へ出て行った。生墻(いけがき)に沿うて、いろんな外国種のも混じって、どれがどれだか見分けられないくらいに枝と枝を交わしながら、ごちゃごちゃ[1]に茂っている植込みの方へ近づいてゆくと、それらの茂みの上には、あちらにもこちらにも白や黄や淡紫の小さな莟(つぼみ)がもう今にも咲き出しそうになっていた。私はそんな茂みの一つの前に立ち止まると、去年の秋だったか、それがそうだと彼女に教えられたのをひょっくり思い出して、

「これはライラック[2]だったね？」と彼女の方をふり向きながら、半ば訊くように言った。

「それがどうもライラックじゃないかも知れないわ」と私の肩に軽く手をかけたまま、彼女はすこし気の毒そうに答えた。

「ふん……じゃ、いままで嘘を教えていたんだね？」

「嘘なんか衝(つ)きやしないけれど、そういって人から頂戴したの。……だけど、あんまり好い花じゃないんですもの」

「なあんだ、もういまにも花が咲きそうになってから、そんなことを白状するなんて！じゃあ、どうせあいつも……」

私はその隣りにある茂みの方を指さしながら、「あいつは何んていったっけなあ？」

「金雀児(えにしだ)[3]？」と彼女はそれを引き取った。私達は今度はそっちの茂みの前に移っ

1　ごちゃごちゃ：種々のものが乱雑に入りまじっているさま。秩序のないさま。

2　ライラック：リラ(lilas)の英語名。

3　金雀児：マメ科の落葉低木。南欧原産の観賞植物。

ていった。「この金雀児は本物よ。ほら、黄いろいのと白いのと、莟が二種類あるでしょう？こっちの白いの、それあ珍らしいのですって……お父様の御自慢よ……」

そんな他愛のないことを言い合いながら、その間じゅう節子は私の肩から手をはずさずに、しかし疲れたというよりも、うっとり[1]としたようになって、私に靠(もた)れかかっていた。それから私達はしばらくそのまま黙り合っていた。そうすることがこういう花咲き匂うような人生をそのまま少しでも引き留めて置くことが出来でもするかのように。ときおり軟らかな風が向うの生墻の間から抑えつけられていた呼吸かなんぞのように押し出されて、私達の前にしている茂みにまで達し、その葉を僅かに持ち上げながら、それから其処にそういう私達だけをそっくり完全に残したまんま通り過ぎていった。

それは、私達がはじめて出会ったもう二年前にもなる夏の頃、不意に私の口を衝(つ)いて出た、そしてそれから私が何んということもなしに口ずさむことを好んでいた、

風立ちぬ、いざ生きめやも。

という詩句が、それきりずっと忘れていたのに、又ひょっくり[2]と私達に蘇(よみがえ)ってきたほどの、——云わば人生に先立った、人生そのものよりかもっと生き生きと、もっと切ないまでに愉(たの)しい日々であった。

作家紹介

堀辰雄（1904 年 12 月 28 日-1953 年 5 月 28 日）は、日本の小説家。東京麹町出身。東京大学国文科卒。室生犀星、芥川龍之介に師事。『山繭』『驢馬』『文学』の同人となり、小説、訳詩、評論を発表。西洋心理主義文学の手法をとり入れた独自の世界を築いた。『四季』を三好達治、丸山薫、立原道造らと創刊。近

1　うっとり：美しいものなどに心を奪われて快いさま。恍惚とするさま。

2　ひょっくり：思いがけなく出会ったり出現したり起ったりするさま。

代的知性や感覚で愛や死や生をめぐる問題を作品化し、昭和文学に新風をもたらした。

幼時期に父のもとを離れ、東京下町で育ち、府立三中，一高を経て、1929 年，東大国文科を卒業。また新しいフランス文学を意欲的に吸収した。1930 年，芥川の死やみずからの恋愛体験を素材にラディゲ風の心理分析を施した『聖家族』で文壇に登場し、西欧心理主義の手法によって知性と感性の統一をはかる近代的スタイルで作家としての地位を確立した。

のちプルーストやリルケに学んで『美しい村』『風立ちぬ』発表，とくに後者はリルケから摂取した運命以上の生の思想を知性と叙情の融合した文章でつづり、散文芸術の一極致を示すに至った。このころから日本古典王朝文学に親しみ、『かげろふの日記』、エッセー集『大和路・信濃路』を発表する一方、代表作『菜穂子』を書き上げた。雑誌『四季』の中心的存在として立原道造，中村真一郎，福永武彦らに大きな影響を与えた。

作品解説

『風立ちぬ』は、堀辰雄の中編小説。1936 年(昭和 11 年)から 38 年にかけて『改造』『文芸春秋』『新潮』などに分載。38 年，野田書房刊。「風立ちぬ、いざ生きめやも」とバレリーの詩句の引用をもって始め、リルケの『レクイエム』をエピローグに置くこの小説は、『序曲』〈春〉『風立ちぬ』〈冬〉『死のかげの谷』の 5 章より成る。『風立ちぬ』の「ぬ」は過去・完了の助動詞で、「風が立った」の意である。作者本人の実体験をもとに執筆された堀の代表的作品。

美しい自然に囲まれた高原の風景の中で、重い病に冒されている婚約者に付き添う「私」が、やがて来る愛する者の死を覚悟し、それを見つめながら二人の限られた日々を「生」を強く意識して共に生きる物語。自らの痛切な体験を、詩情あふれることばのなかで昇華し永遠の生の思想を訴えかけてくる点において、堀文学の代表的名作となっている。愛や生の貴重さを主題としたこの作品は，昭和文学史上に独自な位置を占めていると言える。

宮崎駿が原作、脚本、監督を務めるアニメーション映画題名の『風立ちぬ』は堀辰雄の同名の小説に由来する。2013 年 7 月に公開され、公開後 3 週連続で興行ランキング 1 位を獲得。

卒業論文の参考資料

小久保実『新潮日本文学アルバム 17 堀辰雄』新潮社、1984 年

堀辰雄『堀辰雄全集第 1 巻』筑摩書房、1996 年

堀辰雄『堀辰雄全集別巻 2』筑摩書房、1997 年

竹内清己『堀辰雄事典』勉誠出版、2001 年

竹内清己『堀辰雄：人と文学（日本の作家 100 人)』勉誠出版、2004 年

池内輝雄『堀辰雄とモダニズム（「国文学解釈と鑑賞」別冊)』至文堂、2004 年

内藤セツコ『堀辰雄の生涯と文学を追って：私の堀辰雄』鳥影社、2010 年

堀辰雄『風立ちぬ・美しい村』新潮文庫、2013 年

宮坂康一『出発期の堀辰雄と海外文学:「ロマン」を書く作家の誕生』翰林書房、2014 年

大野晋・丸谷才一『日本語で一番大事なもの』中公文庫、2016 年

飯島洋『虚構の生：堀辰雄の作品世界』世界思想社、2016 年

飯島文・横田玲子〈共著〉、福田清人〈編〉『堀辰雄』新装版、清水書院、2017 年

研究課題

1. 堀辰雄の作品は、生と死と愛をテーマに展開されることが多い。ストーリーの展開、人物描写、心理描写を通して、彼はこれらのテーマをどのように表現しているのか。

2. 昭和初期の新心理主義の代表的作家としての堀辰雄の文体の特徴は何か分析しよう。

3. 堀辰雄は『風立ちぬ』で豊かな自然描写を用いている。これらの自然要素は登場人物の心理とどのように呼応しているのか。特定の雰囲気を作り出すことで、

登場人物の感情表現をどのように高めているのか考察しよう。

4.『風立ちぬ』はどのような点で堀辰雄の文学思想を反映しているのか。その後の堀辰雄の作風やテーマにどのような影響を与えたのか。

5.『風立ちぬ』の物語は、アルプスのサナトリウムという特定の地理的空間で展開する。この空間は作品の中でどのように構築されているのか、登場人物の感情やストーリーとどのように絡み合い、独特の空間的物語効果を生み出しているのか。

天平の甍

井上靖

朝廷で第九次遣唐使発遣のことが議せられたのは聖武天皇の天平四年（西紀七三二年）で、その年の八月十七日に、従四位上（じゅうしいじょう）多治比広成（たじひのひろなり）が大使に、従五位下中臣名代（なかとみのなしろ）が副使に任命され、そのほか大使、副使と共に遣唐使の四官と称ばれている判官、録事が選出された。判官は秦朝元以下四名、録事も四名である。そして翌九月には近江（おうみ）、丹波（たんば）、播磨（はりま）、安芸（あき）の四カ国に使節が派せられ、それぞれ一艘ずつの大船の建造が命じられた。

大使多治比広成は文武朝（もんむちょう）の左大臣嶋の第五子で、兄の県守（あがたもり）は養老年間に遣唐押使として渡唐している。広成は下野守（しもつけのかみ）、迎新羅使（げいしらぎし）の左副将軍、越前守（えちぜんのかみ）等を歴任して、こんど新たに渡唐大使の大任を帯びたわけであった。副使の中臣名代は鎌足（かまたり）の弟垂目（たれめ）の孫で、島麻呂の子である。

この年のうちに、遣唐使の主要人員は決定され、正式の任命をみた。知乗船事（ちじょうせんじ）、訳語（おさ）[1]、主神（しゅしん）、医師（くすし）、陰陽師（おんみょうじ）、画師、新羅訳語（しらぎやくご）、奄美訳語（やくご）、卜部（うらべ）等の随員（ずいいん）を初めと

1　訳語：外国語を通訳すること。また、その人。通訳。通事。

して、都匠（としょう）、船工（せんこう）、鍛工（たんこう）、水手長（かこおき）、音声長（おんじょうおき）、音声生（じょう）、雑使（ざつし）、玉生（ぎょくじょう）、鋳生（ちゅうじょう）、細工生（さいくじょう）、船匠（せんしょう）等の規定の乗組員から水手（かこ）、射手（いて）の下級船員まで総員五百八十余名。

ただこの遣唐使派遣の最も重要な意味をなす留学生、留学僧の銓衡（せんこう）だけは、年内には決まらないで翌年に持ち越された。もともと時の政府が莫大な費用をかけ、多くの人命の危険をも顧みず、遣唐使を派遣するということの目的は、主として宗教的、文化的なものであって、政治的意図というものは、若しあったとしても問題にするに足らない微少なものであった。大陸や朝鮮半島の諸国の変遷興亡は、その時々に於て、いろいろな形でこの小さい島国をも揺すぶって来ていたが、それよりこの時期の日本が自らに課していた最も大きい問題、近代国家成立への急ぎであった。中大兄皇子（なかのおおえのおうじ）に依って律令国家としての第一歩を踏み出してからまだ九十年、仏教が伝来してから百八十年、政治も文化も強く大陸の影響を受けてはいたが、何もかもまだ混沌（こんとん）として固まってはいず、やっと外枠（そとわく）ができただけの状態で、先進国唐から吸収しなければならないものは多かった。人間の成長でいえば少年から青年への移行期であり、季節でいえばどこかに微かに春の近い気配は漂っているが、まだまだ大気の冷たい三月の初めといったところであろうか。

平城京はその経営に着手されてから二十三年、唐都長安を模したという南北各九条、東西各四坊の整然たる街衢（がいく）は一応完成はしていたが、都の周辺には夥しい流民が屯（たむ）ろし、興福寺（こうふくじ）、大安寺（だいあんじ）、元興寺（がんごうじ）、薬師寺（やくしじ）、葛城寺（かつらぎでら）、紀寺（きのてら）を初めとして四十余寺が建立（こんりゅう）されていたが、壮大な伽藍（がらん）には空疎（くうそ）なものが漂い、経堂（きょうどう）の中の経典の数も少かった。

年が改まると、全国から選ばれた精進潔斎（しょうじんけっさい）の僧侶九人が、こんどの渡唐の成功を祈るために、香椎宮（かしいみや）、宗像神社（むなかたじんじゃ）、阿蘇神社（あそじんじゃ）、国分寺（こくぶんじ）、神宮寺（じんぐうじ）等に送られ、五畿七道[1]に於ては海神の怒りを和らげるための海竜王経が読誦(どくじゅ)され、伊勢神宮を初めとする畿内七道諸社には奉幣使(ほうへいし)が派遣された。

大安寺の僧普照(ふしょう)、興福寺の僧栄叡の二人に、思いがけず留学僧として渡唐する話が持ち出されたのは、二月の初めであった。二人は突然、当時仏教界で最も勢力を持っているといわれていた元興寺の僧隆尊(そうりゅうそん)の許に呼び出されて、渡唐する意志の有無を訊ねられた。普照も栄叡も、隆尊と親しく言葉を交えたのはこの時が初めてであった。二人とも隆尊の華厳(けごん)の講義を聞いたことはあったが、平生は傍へも近寄れぬ相手であった。

栄叡は大柄[2]で、いつも固い感じのごつごつした体を少し折り曲げて猫背にしており、顔には不精髭(ぶしょうひげ)[3]を生やしていることが多く、一見すると四十歳近くに見えたが、まだ三十歳を過ぎたばかりであった。普照の方は栄叡よりずっと小柄で、貧弱な体を持ち、年齢も二つ程若かった。

栄叡は隆尊の話を聞くと、すぐ、よし行ってやるといった不遜(ふそん)とでも解されそうな態度で応諾(おうだく)したが、普照の方は返事をするまでに多少時間がかかった。普照は隆尊の顔を覗き込むようにして、一体唐へ渡って何を学んだらいいのかと訊ねた。普照らしい質問であった。何も生命を賭けてまでして唐土を踏まなくても、勉学はどこででもできる筈である。自分は今までにそれをして来ている。そのように、普照のひどく冷たい印象を人に与える二つの小さい眼は語っていた。これまで若手の秀才といえば、いつも普照の名が挙げられて来たが、秀才という言葉を普照は軽蔑していた。自分はただ殆ど一日中机から離れないでいるだけだと思った。

1　五畿七道：律令制下の地方行政区画。山城・大和・摂津・河内・和泉の5ヵ国と東海・東山・北陸・山陰・山陽・南海・西海の七道。日本全国の意。

2　大柄：体格が普通より大きなこと。

3　不精髭：のびてもそらないで、うすぎたなくはえている髭。

二人の全く型の異った若い僧侶に、隆尊は持前のおだやかな口調で説明した。日本ではまだ戒律が具わっていない。適当な伝戒の師を請じて、日本に戒律を施行したいと思っている。併し、伝戒の師を招くと一口にいっても、それは何年かの歳月を要する仕事である。招ぶなら学徳すぐれた人物を招ばなければならないし、そうした人物に渡日を承諾させることは容易なことではあるまい。併し、次の遣唐使が迎えに行くまでには十五、六年の歳月がある。その間には二人の力でそれが果せるだろう。

普照は伝戒の師を請ずるのにそれだけの長い歳月が必要だという隆尊の言葉に驚かされたが、伝戒の師の選択には、それだけこちらにも具わったものができていなければならないであろうし、またこちらで白羽の矢を立てた[1]人物の招聘を実現するには、人と人との関係も何かとものを言って来るであろう。そうした立場を作るためにはどうしても十数年の唐土の生活が必要になって来る。そのようなことを隆尊は言っているのであろうと思った。この時、普照が入唐の話を承諾する気になったのは、十数年という長期に亘る唐土の生活が許されるということのためであった。もっと短期の還学僧(げんがくそう)としての入唐なら、そのために一つしかない生命を賭ける気にはならなかったが、それほど長期の入唐なら、一か八か[2]の危険を冒して遣唐船に乗り込むことも強ち悪いことではないと思われた。

隆尊の許を辞した二人は、早春の陽が散っている興福寺の境内(けいだい)で語り合った。栄叡はさすがに多少昂奮している様子で、いつもより少し早口に喋った。彼はこんどのことは知太政官事舎人親王(ちだじょうかんじとねり)と隆尊との相談の結果持ち上がった話に違いないと見ていた。

課役を免れるために百姓は争って出家し、流亡(るぼう)していた。ここ何十年間かそう

1　白羽の矢がたつ：多くの人の中で、これぞと思う人が特に選び定められる。また、犠牲者になる。

2　一か八か：(もとカルタ博奕ばくちから出た語) 運を天にまかせて冒険すること。のるかそるか。

した社会現象を食いとめるために、幾十かの法律が次々に出されていたが、効果は一向に上がっていなかった。問題は百姓ばかりではなかった。僧尼の行儀の堕落もまた甚しく、為政者の悩みの種になっていた。僧尼令二十七条という僧尼の身分資格を規定した法令も出ているが、実際にはそんなものは無力でしかなかった。仏教に帰入した者の守るべき規範は何一つ定まっていず、比丘および比丘尼の受けるべき具足戒は三師七証（戒場に参会する十人の師僧）の不足で行われていない。目下のところでは仏徒は自誓受戒するか、三聚浄戒を受ける程度で放埒に流れ次第である。これらの仏徒を取り締まるのは、まず唐より傑れた戒師を迎えて、正式の授戒制度を布くことである。人為的な法律は無力であり、仏徒が信奉する釈迦の至上命令を以てこれに臨むほかはなかった。正しい戒儀を整えるのが、現在の日本の仏教界で一番必要であることは誰の眼にも明らかであった。こんどの遣唐使派遣の機に、二人の青年僧を渡唐させようとする舎人親王や隆尊の意図もここにあるわけであった。

「少くともわれわれの使命はわれわれ二人の生命を賭けるだけの価値はあるようだな」

叡は言ったが、普照の方は黙っていた。いつも、自分自身のことしか彼は頭の中になかった。戒師を招ぶことがどのような意味を持つかということにはあまり興味はなかった。それより十五、六年間に自分が学び得る経典の量の方が遥かに重要な問題であった。その経典の重さが普照には実際に感じられるような気がした。そしてそのことが普照の冷たい眼を多少いつもとは違った憑かれたようなものにしていた。

栄叡は美濃の人、氏族詳かならず、興福寺に住す。機捷神叡にして論望当り難し、瑜伽唯識を業となす。——渡唐前の栄叡については、『延暦僧録』に依って、これだけのことを知るのみである。同じように渡唐前の普照については、興福寺の僧であり、一に大安寺の僧だともいわれていたという甚だ頼りない短い記述だけが、われわれに残されている。併し、それでも普照の方は、『続日本紀』[1]に「甲午、授正六位上白猪与呂志女従五位下、入唐学問僧普照之母也」という一条があって、彼の出生の一端におぼろげながら一つの照明が当てられている。即ち普照の母は白猪氏で、名は与呂志女、天平神護二年(西紀七六六年)二月八日に、正六位上から従五位下を賜っている。白猪氏の祖は百済の王辰爾の甥であり、その一族には外国関係のことに携わった者が多いことが知られている。

大使広成が拝朝して節刀を受けたのは閏三月二十六日であった。節刀は帰国後返還するもので、これを受けることは、準備がここに全く成って、今や渡唐大使として全権を委任されたということを意味し、それと同時に日和さえよければ待ったなしで解纜[2]しなければならぬ立場に置かれることでもあった。

これに先立って、三月一日に広成は山上憶良を訪ねている。憶良は曾て大宝二年の第七次の遣唐使の一行に少録として参加しており、渡唐の経験者でもあり、広成の兄とも親しかったので、広成はそんな関係で挨拶に出向いたのであろう。憶良は三月三日広成に長歌と反歌二首を贈っている。

四月二日早暁、広成らは憶良の歌にある難波津へ向けて、奈良の都を発った。一行の大部分はすでに出航地難波津に集まっていて、この日奈良から発ったものは広成ら騎馬の一団三十名ばかりであった。普照、栄叡らもこの一団の中に居た。寺々からは海路平安を祈念する鐘が鳴り響いていて、暁の冷たい風も、漸く緑の濃さを増している山野の眺めも、一行の誰にも特別なものに思われた。

道は大和平野を突っ切って、真直ぐに北西へ伸びている。一行は王子を経て竜田山を越え、この日は国府で泊り、翌日国府を発って、午少し前に難波の旧都へはいった。ここは九年前の神亀元年から離宮の修営工事が始められ、それが未だ

1　『続日本紀』: 六国史りっこくしの一。40 巻。日本書紀の後を受け、文武天皇（697 年）から桓武天皇（791 年）までの編年体の史書。

2　解纜 :（ともづなを解く意）船が出帆すること。

に引き続いて行われていて、ところどころに廷臣たちの邸宅が新しく造築されつつあった。初夏の光が白っぽく幾つかの工事場に散っている地帯を抜けると、やがて商舗の立ち並ぶ繁華地区へはいった。一行は幾つかの橋を渡った。そして最後の橋を渡った時、急に潮の香を含んだ風が真向いから吹きつけて来るのを感じた。このあたりから左手の丘の中腹に難波館が見え、この方は建物の朱と青の色が鮮やかだが、続いて新羅館、高麗(こうらい)館、百済館といった今は名前ばかりの古い建物が見え始め、その丘の尽きる前方には蘆が一面に生い茂った港の一部が望まれた。間もなく一行は港にはいった。曾て三韓との交通華やかだった当時の殷賑(いんしん)[1]さは偲ぶべくもないが、それでも蘆の間からは、林のように立ち並んでいる何百という帆柱(ほばしら)が見えた。港といっても、ここはもともと何本かの川の河口が一緒になった外海への出口で、潮と真水とがぶつかり合っている広い水域には、夥しい数の大小の島や洲が散らばり、そこに密生している蘆は一見港湾全部を埋めているように見えていた。ここに出入する船は、その蘆の生い茂っている島や洲の間を通るわけだが、船着場の方から見ていると、蘆の間を滑って来るものとしか見えない。蘆の間には点々とたくさんの澪標(みおつくし)が立っており、その何本かには小さい鳥がとまっていた。その鳥の白さが、今日ここから遠く異境に旅立って行く人々の眼に滲みた。

船着場には異変が起きていた。切岸にはかなりの距離を措いて四艘の大船が繋がれ、見送人や見物人がその辺りに犇(ひしめ)き[2]合っていた。船着場の入口には縄張りがしてあり、見送りの家族の者だけがその内部へはいることを許されている。縄張りの中だけでも二千人程の人間が居るであろうか。女の多いのが目立っている。老婆も、若い女も、子供も居る。縄張りの外の見物人はもう少し多く、こちらには流人や乞食の姿も混じっている。時折、読経と祝詞の声がその船着場の混乱と

1　殷賑：盛んでにぎやかなこと。

2　犇く：大勢が押し合って騒ぎ立てる。混雑して押し合う。

騒擾の中から、急に大きく盛り上がっては聞えて来ていた。

旅人の宿りせむ野に霜ふらば吾が子羽ぐくめ天の鶴群。

——という万葉集の巻の九の歌は、この時の遣唐船に一人子を送り込んだ母親の歌である。もう一つ巻八に笠朝臣金村がこの日の入唐使に贈った歌が載っている。

波の上ゆ見ゆる小島の雲隠りあな息づかし相別れなば。

——併し、これは夫を送る妻の歌で、笠金村が知人のために代作してやったものであろう。

大使広成ら三十人の、昨朝都を発って来た一団は、船着場の一角で公私の見送人たちとの挨拶をすませると、こんどはそれぞれ違った船に乗って旅立つ自分たちだけで互いに水盃をした。

四艘の船は、いずれも長さ十五丈、幅一丈余の大船で、百三、四十人の乗員ならそう窮屈ではなく収容できる大きさだったが、造った国が違うだけに、少しずつ形が異っていた。大使広成の乗る第一船は船の中央部が相当に広くなっており、副使中臣名代の乗る第二船はそれに較べるとずっと狭かった。それから船中に設けられてある屋形の恰好もその位置も異っていた。判官の乗り込む第三、第四の船は、これらの船だけが殆ど舷側をつけるように繋留されてあったが、船尾の形はまるで違っていた。第三船のそれは竜のおとし子宛らに大きく反り曲っていて、第四船よりも一間程高かった。

乗組員の誰にも、自分の乗る船が他よりいいか悪いかは判断できなかった。これはこれらの船の建造を受け持った造舶使長官にも次官にも判らなかったし、直接木材を刻んだ近江、丹波、播磨、安芸の四カ国の船大工たちにも見当がつかなかった。ただどの船も帆柱だけは船の中央部に付けられてあった。百済船の様式をとったもので、帆柱が船の中央部より外れたところにある唐の船とは違っていた。日本の船大工たちは漠然と昔から関係の深かった百済の船の方に信用を持っていたのであった。

夕方、四艘の大船は潮の満ちて来るのを待って難波津の波止場を離れた。岸を離れると、見送りの人々の眼には、船はどれもそのまま蘆の間に傾き沈んでしまいはしないかと思われる程重たげに見えた。どの船もそれぞれ百五十人近い人間と、それらの食糧と、滞在費に充てる物資と、衣料、医薬、雑貨の類と、それから唐の朝廷へ献ずる莫大な貢物(みつぎもの)とを満載していた。見送人のどよめきは船が岸を離れる時だけで、あとは船着場は寧ろひっそりとした表情を取った。四艘の船が全く港湾を出るには一刻ほどの時間がかかった。

四月三日難波津を発航した四船は武庫(むこ)、大輪田泊(おおわだのとまり)、魚住泊(なきずみのとまり)、韓泊(からどまり)、檉生泊(むろふのとまり)、多麻(たま)の浦、神島(こうのしま)、備後長井浦(びんごのながいのうら)、安芸風速浦(あきのかざはやのうら)、長門浦(ながとうら)、周防国麻里布浦(すおうのくにまりふのうら)、熊毛浦(くまげうら)、豊前分間浦(ぶぜんわくまのうら)等の内海の港々に、あるいは寄港[1]し、あるいは碇泊(ていはく)[2]して、その月の中頃に筑紫(ちくし)の大津浦に到着した。そしてこの本土に於ける最後の港で、四艘の船は順風を待つために何日かを過した。

そして愈々、広成の一行が大津浦を発航して外海へ乗り出したのは、節刀を受けてから約一月経った四月の終りであった。

大津浦からは唐に渡るには二つの航路があった。天智天皇の第五次遣唐船まではいつもここから壱岐、対馬に向い、更に南朝鮮の西海岸に沿って北上し、渤海湾口を横断(おうだん)、山東の莱州か登州のいずれかに上陸して、それから陸路を南下して洛陽より長安にはいっていた。

作家紹介

井上靖（1907 年 5 月 6 日-1991 年 1 月 29 日）は、日本の小説家・詩人。主な代表作は『闘牛』『氷壁』（現代小説）、『風林火山』（時代小説）、『天平の甍』『おろしや国酔夢譚』（歴史小説）、『敦煌』『孔子』（西域小説）、『あすなろ

1　寄港：航海の途中で船が港に立ち寄ること。航空機が途中の空港に寄ることにもいう。

2　碇泊：船がいかりをおろしてとまること。ふながかり。

物語』『しろばんば』（自伝的小説）、『わが母の記』（私小説）など。1950 年（昭和 25 年）『闘牛』で芥川賞を受賞、私小説・心境小説が主流だった敗戦後の日本文学に物語性を回復させ、昭和文学の方向性を大きく変えた戦後期を代表する作家のひとり。

劣等感から来る孤独と人間の無常を、時間と空間を通した舞台と詩情あふれる文体・表現によって多彩な物語のなかに描き、高い評価を得た。10 代から 83 歳の絶筆まで生涯にわたって詩を書きつづけた生粋の詩人でもある。1950 年代は、いわゆる中間小説とよばれた恋愛・社会小説を中心に書いたが、徐々にその作風を広げ、1960 年代以降は、中央アジアを舞台とした西域ものと呼ばれる歴史小説、幼少期以降の自己の境遇を基にした自伝的小説、敗戦後の日本高度成長と科学偏重の現代を憂う風刺小説、老いと死生観を主題とした心理小説・私小説など、幅広い作品を手掛けた。まだ海外旅行が一般的でない昭和期に、欧米の大都市からソ連、中央アジア・中東の秘境まで数々の地を何度も旅しており、それを基にした紀行文や各地の美術評論なども多い。

1980 年には日中文化交流会会長、1981 年には日本ペンクラブ会長に就任し、以後、文壇・文化人の代表としても国内外で積極的な文化活動を行った。日本芸術院会員、文化功労者、文化勲章受章。

作品解説

『天平の甍』は日本の作家井上靖による歴史小説で、初版は 1957 年 12 月に中央公論社から刊行された。井上靖が中国を訪れた後、新たな内容を加え、2005 年に新潮社から改訂版として再出版された（新潮文庫）。

この作品は、唐の玄宗皇帝の天宝 12 年、鑑真和尚が戒律を説くために渡日した史実に基づき書かれたものである。小説は主に遣唐使の入唐と鑑真和尚の死去の前後 30 年の歴史的変遷を描いており、この史実を通して、古代における両国の文化交流の困難な道程と、鑑真和尚と数人の日本人僧侶の強い意志と献身を力強く示している。同時に、当時の両国の政治、社会、文化、生活のさまざまな側面を生き生きと描いている。

『天平の甍』の「甍」とは屋根の棟のことで、天平時代の鑑真和尚の業績、天平時代の文化の甍（＝頂点、最高の業績）を表すのに十分であったことを暗示している。鑑真の渡日を指して『天平の甍』という言葉を使い、鑑真に対する敬意と彼の文化的貢献に対する認識を表した。

福田宏年は「自然や時間と戦う人間の運命相を描くと同時に，叙事的文体を現代に生かして，歴史小説の独自のスタイルを完成した。文化史的小説としての意味も大きい」と評価している。この小説は日本文学史上重要な位置を占めるだけでなく、中日文化交流史の重要な一章であり、古代の中日関係や文化交流を理解する上で大きな意義を持つ。

卒業論文の参考資料

井上靖『井上靖文庫』（全 26 巻）新潮社、1960-1963 年

福田宏年『井上靖の旅』別冊るるぶ愛蔵版、日本交通公社出版事業局、1985 年

三鬼宏『井上靖の詩の世界：生誕百年記念 改訂版』文芸社、2009 年

高木伸幸『井上靖の文学：一途で烈しい生の探求』和泉書院、2022 年

柳谷隆幸『井上靖について』碧天舎、2005 年

別冊太陽編集部『井上靖の世界　別冊太陽 日本のこころ』平凡社、2007 年

田村嘉勝『井上靖 人と文学』勉誠出版、2007 年

藤澤全『井上靖の小説世界　ストーリーテラーの原風景』勉誠出版、2014 年

劉東波『井上靖とシルクロード　西域物の誕生と展開』七月社、2020 年

野本寛一『井上靖の原郷　伏流する民俗世界』七月社、2021 年

ホンダアキノ『二人の美術記者　井上靖と司馬遼太郎』平凡社、2023 年

山田哲久『井上靖の歴史的想像力』鼎書房、2023 年

研究課題

1.『天平の甍』は、歴史的出来事の叙述を通して、古代における中国と日本の文化交流をどのように示しているか。

2. 井上靖は『天平の甍』の中で遣唐使をどのように描いているのか。 そのイメージには、当時の日本社会の中国文化に対する態度や認識がどのように反映されているのか。

3. 井上靖の作品には繊細な自然描写が多く、それが登場人物の運命と密接に関わっていることが多い。井上靖は自然描写を登場人物の心境や運命の伏線、哲学的考察の表現にどのように用いているのだろうか。

4. 井上靖の作品が文学界でどのように受け入れられ、どのような影響を与えているのか、また文学界における井上靖の地位を探ってみよう。

5. 井上靖は、作家としてだけでなく、社会活動家としても日本文学界を代表する人物である。その生涯は文学への愛に満ち、日中間の文化交流に貢献した。中国文化への理解を深めた井上靖の文学作品に、中国的要素がどのように取り入れられているかを研究しよう。

山月記

中島敦

隴西の李徴は博学才穎、天宝の末年、若くして名を虎榜に連ね、ついで江南尉に補せられたが、性、狷介、自ら恃むところ頗る厚く、賤吏に甘んずるを潔しとしなかった。いくばくもなく官を退いた後は、故山、に帰臥し、人と交を絶って、ひたすら詩作に耽った。下吏となって長く膝を俗悪な大官の前に屈するよりは、詩家としての名を死後百年に遺そうとしたのである。しかし、文名は容易に揚らず、生活は日を逐うて苦しくなる。李徴は漸く焦躁に駆られて来た。この頃からその容貌も峭刻となり、肉落ち骨秀で、眼光のみ徒らに炯々として、曾て進士に登第した頃の豊頬の美少年の俤は、何処に求めようもない。数年の後、貧窮に堪えず、妻子の衣食のために遂に節を屈して、再び東へ赴き、一地方官吏の職を奉ずることになった。一方、これは、己の詩業に半ば絶望したためでもある。曾ての同輩は既に遥か高位に進み、彼が昔、鈍物として歯牙にもかけなかった[1]その連中の下命を拝さねばならぬことが、往年の儁才李徴の自尊心を如何に傷けたかは、想像に難くない。彼は怏々として楽しまず、狂悖の性は愈々抑え難くなった。一年の後、公用で旅に出、汝水のほとりに宿った時、遂に発狂した。或夜半、急に顔色を変えて寝床から起上ると、何か訳の分らぬことを叫びつつそのまま下にとび下りて、闇の中へ駈出した。彼は二度と戻って来なかった。附近の山野を捜索しても、何の手掛りもない。その後李徴がどうなったかを知る者は、誰もなかった。

翌年、監察御史、陳郡の袁傪という者、勅命を奉じて嶺南に使し、途に商於の地に宿った。次の朝未だ暗い中に出発しようとしたところ、駅吏が言うことに、これから先の道に人喰虎が出る故、旅人は白昼でなければ、通れない。今はまだ朝が早いから、今少し待たれたが宜しいでしょうと。袁傪は、しかし、供廻りの多勢なのを恃み、駅吏の言葉を斥けて、出発した。残月の光をたよりに林中の草地を通って行った時、果して一匹の猛虎が叢の中から躍り出た。虎は、あわや袁傪に躍りかかるかと見えたが、忽ち身を飜して、元の叢に隠れた。叢の中から人間の声で「あぶないところだった」と繰返し呟くのが聞えた。その声に袁傪は聞き憶えがあった。驚懼の中にも、彼は咄嗟[2]に思いあたって、叫んだ。「その声は、我が友、李徴子ではないか？」袁傪は李徴と同年に進士の第に登り、友人の少かった李徴にとっては、最も親しい友であった。温和な袁傪の性格が、峻峭な李徴の性情と衝突しなかったためであろう。

1　歯牙にもかけない：問題にしない。無視する。

2　咄嗟：ちょっとの間。たちどころ。瞬間。

叢の中からは、暫く返辞が無かった。しのび泣きかと思われる微かな声が時々洩れるばかりである。ややあって、低い声が答えた。「如何にも自分は隴西の李徴である」と。

袁傪は恐怖を忘れ、馬から下りて叢に近づき、懐かしげに久闊[1]を叙した。そして、何故叢から出て来ないのかと問うた。李徴の声が答えて言う。自分は今や異類の身となっている。どうして、おめおめと故人の前にあさましい姿をさらせようか。かつ又、自分が姿を現せば、必ず君に畏怖嫌厭の情を起させるに決っているからだ。しかし、今、図らずも故人に遇うことを得て、愧赧[2]の念をも忘れる程に懐かしい。どうか、ほんの暫くでいいから、我が醜悪な今の外形を厭わず、曾て君の友李徴であったこの自分と話を交してくれないだろうか。

後で考えれば不思議だったが、その時、袁傪は、この超自然の怪異を、実に素直に受容れて、少しも怪もうとしなかった。彼は部下に命じて行列の進行を停め、自分は叢の傍に立って、見えざる声と対談した。都の噂、旧友の消息、袁傪が現在の地位、それに対する李徴の祝辞。青年時代に親しかった者同志の、あの隔てのない語調で、それ等が語られた後、袁傪は、李徴がどうして今の身となるに至ったかを訊ねた。草中の声は次のように語った。

今から一年程前、自分が旅に出て汝水のほとりに泊った夜のこと、一睡してから、ふと眼を覚ますと、戸外で誰かが我が名を呼んでいる。声に応じて外へ出て見ると、声は闇の中から頻りに自分を招く。覚えず、自分は声を追うて走り出した。無我夢中で駈けて行く中に、何時しか途は山林に入り、しかも、知らぬ間に

1　久闊：久しく便りをしないこと。

2　愧赧：はじて赤面する。

自分は左右の手で地を攫（つか）んで走っていた。何か身体（からだ）中に力が充（み）ち満ちたような感じで、軽々と岩石を跳び越えて行った。気が付くと、手先や肱（ひじ）のあたりに毛を生じているらしい。少し明るくなってから、谷川に臨んで姿を映して見ると、既に虎となっていた。自分は初め眼を信じなかった。次に、これは夢に違いないと考えた。夢の中で、これは夢だぞと知っているような夢を、自分はそれまでに見たことがあったから。どうしても夢でないと悟らねばならなかった時、自分は茫然（ぼうぜん）とした。そうして懼（おそ）れた。全く、どんな事でも起り得るのだと思うて、深く懼れた。しかし、何故こんな事になったのだろう。分らぬ。全く何事も我々には判（わか）らぬ。理由も分らずに押付けられたものを大人しく受取って、理由も分らずに生きて行くのが、我々生きもののさだめだ。自分は直（す）ぐに死を想（おも）うた。しかし、その時、眼の前を一匹の兎（うさぎ）が駆け過ぎるのを見た途端に、自分の中の人間は忽ち姿を消した。再び自分の中の人間が目を覚ました時、自分の口は兎の血に塗（まみ）れ、あたりには兎の毛が散らばっていた。これが虎としての最初の経験であった。それ以来今までにどんな所行をし続けて来たか、それは到底語るに忍びない。ただ、一日の中に必ず数時間は、人間の心が還（かえ）って来る。そういう時には、曾ての日と同じく、人語も操（あやつ）れれば、複雑な思考にも堪え得るし、経書（けいしょ）の章句（しょうく）を誦（そら）んずることも出来る。その人間の心で、虎としての己（おのれ）の残虐（ざんぎゃく）な行（おこない）のあとを見、己の運命をふりかえる時が、最も情なく、恐しく、憤（いきどお）ろしい[1]。しかし、その、人間にかえる数時間も、日を経るに従って次第に短くなって行く。今までは、どうして虎などになったかと怪しんでいたのに、この間ひょいと気が付いて見たら、己（おれ）はどうして以前、人間だったのかと考えていた。これは恐しいことだ。今少し経（た）てば、

1　憤ろしい：心がはれない。嘆かわしい。腹立たしい。

己（おれ）の中の人間の心は、獣としての習慣の中にすっかり埋（うも）れて消えて了（しま）うだろう。ちょうど、古い宮殿の礎（いしずえ）が次第に土砂に埋没するように。そうすれば、しまいに己は自分の過去を忘れ果て、一匹の虎として狂い廻り、今日のように途で君と出会っても故人（とも）と認めることなく、君を裂き喰（くろ）うて何の悔も感じないだろう。一体、獣でも人間でも、もとは何か他（ほか）のものだったんだろう。初めはそれを憶えているが、次第に忘れて了い、初めから今の形のものだったと思い込んでいるのではないか？　いや、そんな事はどうでもいい。己の中の人間の心がすっかり消えて了えば、恐らく、その方が、己はしあわせになれるだろう。だのに、己の中の人間は、その事を、この上なく恐しく感じているのだ。ああ、全く、どんなに、恐しく、哀（かな）しく、切なく思っているだろう！　己が人間だった記憶のなくなることを。この気持は誰にも分らない。誰にも分らない。己と同じ身の上に成った者でなければ。ところで、そうだ。己がすっかり人間でなくなって了う前に、一つ頼んで置きたいことがある。

袁惨はじめ一行は、息をのんで、叢中（そうちゅう）の声の語る不思議に聞入っていた。声は続けて言う。

他でもない。自分は元来詩人として名を成す積りでいた。しかも、業未（いま）だ成らざるに、この運命に立至った。曽て作るところの詩数百篇（ぺん）、固（もと）より、まだ世に行われておらぬ。遺稿の所在も最早（もはや）判らなくなっていよう。ところで、その中、今も尚記誦（なおきしょう）せるものが数十ある。これを我が為（ため）に伝録（でんろく）して戴（いただ）きたいのだ。何も、これに仍（よ）って一人前の詩人面（しじんづら）をしたいのではない。作の巧拙（こうせつ）[1]は知らず、とにかく、産を破り心を狂わせてまで自分が生涯（しょうがい）それに執着したところのものを、一部なりとも後代に伝えないでは、死んでも死に切れないのだ。

1　巧拙：巧みなこととまずいこと。上手と下手。

袁傪は部下に命じ、筆を執って叢中の声に随って書きとらせた。李徴の声は叢の中から朗々と響いた。長短凡そ三十篇、格調高雅、意趣卓逸、一読して作者の才の非凡を思わせるものばかりである。しかし、袁傪は感嘆しながらも漠然と次のように感じていた。成程、作者の素質が第一流に属するものであることは疑いない。しかし、このままでは、第一流の作品となるのには、何処か（非常に微妙な点に於て）欠けるところがあるのではないか、と。

旧詩を吐き終った李徴の声は、突然調子を変え、自らを嘲るか如くに言った。

羞しいことだが、今でも、こんなあさましい身と成り果てた今でも、己は、己の詩集が長安風流人士の机の上に置かれている様を、夢に見ることがあるのだ。岩窟の中に横たわって見る夢にだよ。嗤ってくれ。詩人に成りそこなって虎になった哀れな男を。（袁傪は昔の青年李徴の自嘲癖を思出しながら、哀しく聞いていた。）そうだ。お笑い草ついでに、今の懐を即席の詩に述べて見ようか。この虎の中に、まだ、曾ての李徴が生きているしるしに。

袁傪は又下吏に命じてこれを書きとらせた。その詩に言う。

偶因狂疾成殊類　災患相仍不可逃
今日爪牙誰敢敵　当時声跡共相高
我為異物蓬茅下　君已乗軺気勢豪
此夕渓山対明月　不成長嘯但成嘷

時に、残月、光冷やかに、白露は地に滋く、樹間を渡る冷風は既に暁の近きを告げていた。人々は最早、事の奇異を忘れ、粛然として、この詩人の薄倖(はっこう)[1]を嘆じた。李徴の声は再び続ける。

何故こんな運命になったか判らぬと、先刻は言ったが、しかし、考えように依(よ)れば、思い当ることが全然ないでもない。人間であった時、己(おれ)は努めて人との交(まじわり)を避けた。人々は己を倨傲(きょごう)[2]だ、尊大だといった。実は、それが殆(ほとん)ど羞恥心(しゅうちしん)に近いものであることを、人々は知らなかった。勿論(もちろん)、曾ての郷党(きょうとう)の鬼才といわれた自分に、自尊心が無かったとは云(い)わない。しかし、それは臆病(おくびょう)な自尊心とでもいうべきものであった。己は詩によって名を成そうと思いながら、進んで師に就いたり、求めて詩友と交って切磋琢磨(せっさたくま)に努めたりすることをしなかった。かといって、又、己は俗物の間に伍(ご)することも潔(いさぎよ)しとしなかった。共に、我が臆病な自尊心と、尊大な羞恥心との所為(せい)である。己(おのれ)の珠(たま)に非(あら)ざることを惧(おそ)れるが故(ゆえ)に、敢(あえ)て刻苦(こっく)して磨(みが)こうともせず、又、己の珠なるべきを半ば信ずるが故に、碌々(ろくろく)として瓦(かわら)に伍することも出来なかった。己(おれ)は次第に世と離れ、人と遠ざかり、憤悶(ふんもん)と慙恚(ざんい)[3]とによって益々(ますます)己(おのれ)の内なる臆病な自尊心を飼いふとらせる結果になった。人間は誰でも猛獣使であり、その猛獣に当るのが、各人の性情だという。己(おれ)の場合、この尊大な羞恥心が猛獣だった。虎だったのだ。これが己を損い、妻子を苦しめ、友人を傷つけ、果ては、己の外形をかくの如く、内心にふさわしいものに変えて了ったのだ。今思えば、全く、己は、己の有(も)っていた僅(わず)かばかりの才能を空費して了った訳だ。人生は何事をも為(な)さぬには余りに長いが、何事かを為すに

---

1 薄倖：ふしあわせ。不運。不幸。

2 倨傲：おごりたかぶっていること。

3 慙恚：恥じて恨み怒ること。慙憤。

は余りに短いなどと口先ばかりの警句を弄しながら、事実は、才能の不足を暴露するかも知れないとの卑怯な危惧と、刻苦を厭う怠惰とが己の凡てだったのだ。己よりも遥かに乏しい才能でありながら、それを専一に磨いたがために、堂々たる詩家となった者が幾らでもいるのだ。虎と成り果てた今、己は漸くそれに気が付いた。それを思うと、己は今も胸を灼かれるような悔を感じる。己には最早人間としての生活は出来ない。たとえ、今、己が頭の中で、どんな優れた詩を作ったにしたところで、どういう手段で発表できよう。まして、己の頭は日毎に虎に近づいて行く。どうすればいいのだ。己の空費された過去は？　己は堪らなくなる。そういう時、己は、向うの山の頂の巖に上り、空谷に向って吼える。この胸を灼く悲しみを誰かに訴えたいのだ。己は昨夕も、彼処で月に向って咆えた。誰かにこの苦しみが分って貰えないかと。しかし、獣どもは己の声を聞いて、唯、懼れ、ひれ伏すばかり。山も樹も月も露も、一匹の虎が怒り狂って、哮っているとしか考えない。天に躍り地に伏して嘆いても、誰一人己の気持を分ってくれる者はない。ちょうど、人間だった頃、己の傷つき易い内心を誰も理解してくれなかったように。己の毛皮の濡れたのは、夜露のためばかりではない。

漸く四辺の暗さが薄らいで来た。木の間を伝って、何処からか、暁角が哀しげに響き始めた。

最早、別れを告げねばならぬ。酔わねばならぬ時が、(虎に還らねばならぬ時が)近づいたから、と、李徴の声が言った。だが、お別れする前にもう一つ頼みがある。それは我が妻子のことだ。彼等は未だにいる。固より、己の運命に就いては知る筈がない。君が南から帰ったら、己は既に死んだと彼等に告げて貰えないだろうか。決して今日のことだけは明かさないで欲しい。厚かましいお願だが、彼等の孤弱を憐れんで、今後とも道塗に飢凍することのないように計らって戴けるならば、自分にとって、恩倖(おんこう)、これに過ぎたるは莫(な)い。

言終って、叢中から慟哭(どうこく)の声が聞えた。袁もまた涙(なみだ)を泛(うか)べ、欣(よろこ)んで李徴の意に副(そ)いたい旨(むね)を答えた。李徴の声はしかし忽(たちま)ち又(また)先刻の自嘲的な調子に戻って、言った。

本当は、先ず、この事の方を先にお願いすべきだったのだ、己が人間だったなら。飢え凍えようとする妻子のことよりも、己(おのれ)の乏しい詩業の方を気にかけているような男だから、こんな獣に身を堕(おと)すのだ。

そうして、附加(つけくわ)えて言うことに、袁傪が嶺南からの帰途には決してこの途(みち)を通らないで欲しい、その時には自分が酔っていて故人(とも)を認めずに襲いかかるかも知れないから。又、今別れてから、前方百歩の所にある、あの丘に上ったら、此方(こちら)を振りかえって見て貰いたい。自分は今の姿をもう一度お目に掛けよう。勇に誇ろうとしてではない。我が醜悪な姿を示して、以(もっ)て、再び此処(ここ)を過ぎて自分に会おうとの気持を君に起させない為であると。

袁傪は叢に向って、懇(ねんご)ろ[1]に別れの言葉を述べ、馬に上った。叢の中からは、又、堪(た)え得ざるが如き悲泣(ひきゅう)の声(こえ)が洩(も)れた。袁傪も幾度か叢を振返りながら、涙の中に出発した。

一行が丘の上についた時、彼等は、言われた通りに振返って、先程の林間の草地を眺(なが)めた。忽ち、一匹の虎が草の茂みから道の上に躍り出たのを彼等は見た。虎は、既に白く光を失った月を仰いで、二声三声咆哮(ほうこう)したかと思うと、又、元の叢に躍り入って、再びその姿を見なかった。

---

1 懇ろ：まごころでするさま。心づかいのこまやかなさま。親切。丁寧。

作家紹介

中島敦（なかじまあつし、1909年〈明治42年〉5月5日 － 1942年〈昭和17年〉12月4日）は、日本の小説家。中国文学に造詣の深い儒学の家に生れ，漢学者中島撫山の孫。代表作は『山月記』『光と風と夢』『弟子』『李陵』など。第一高等学校、東京帝国大学を卒業後、横浜高等女学校の教員勤務のかたわら小説執筆を続け、パラオ南洋庁の官吏（教科書編修書記）を経て専業作家になるも、同年中に持病の喘息悪化のため33歳で病没。死後に出版された全集は毎日出版文化賞を受賞した。

その短い生涯に残した著作は、中国古典の歴史世界を題材にした作品や、南島から材を得た作品、古代伝説の体裁をとった奇譚・寓意物、自身の身辺を題材にした私小説的なものなど、未完作も含めわずか20篇たらずであったが、漢文調に基づいた硬質な文章の中に美しく響く叙情詩的な一節が印象的で、冷厳な自己解析や存在の哲学的な懐疑に裏打ちされた芸術性の高い作品として評価されている。

特に遺作となった『李陵』の評価は高く、死後に名声を上げた作品のひとつとして知られている。また、唐代の伝奇『人虎伝』を素材にした『山月記』は雑誌『文學界』に掲載されたことで中島敦の名を初めて世間に知らしめた作品であり、多くの人々に読み継がれている。文学空白期に彗星のごとき光芒を放つ中島の文学は，格調正しい明晰な文体で，人間と運命との格闘・相克のドラマの中に生のありようを実存的に追求している。それらは今日の現実的な課題を数多くはらんでおり，夭折が惜しまれる。

作品解説

『山月記』は中島敦の短編小説で、1942年に発表された中島敦のデビュー作でもある。李徴が詩人への望みを失って虎に変身し、友人の袁傪にその数奇な運命を語るという唐代の変身物語で、清朝の説話集『唐人説薈』中の「人虎伝」（李景亮の作とされる）を翻案したものである。『山月記』のタイトルは、変身した虎の李徴が詠んだ詩「此夕渓山対明月」から取られている。

唐の時代、隴西出身の李徴は、若くして科挙試験に合格した才能ある青年であったが、非常に自信家で、凡庸な役人の前に膝を屈する官僚の身分に満足せず、詩人として名を成そうとした。しかし、官僚を退職した後、彼は経済的に困窮し、幻滅した。妻子を養う十分な資金を得るため、李徴は再び東へ渡り、地方で下級官吏の職に就いたが、自尊心の高さに屈辱を感じ、発狂して河南地方への出張中に山中で姿を消した。

翌年、李徴の旧友で監察御史となっていた袁傪が出張先で人食い虎に襲われそうになった。袁傪の姿を見た虎は、すぐに茂みに隠れ、何度も人の声で「あぶないところだった」とつぶやいた。その声の主は他ならぬ李徴だった。それに気づいた袁傪が草むらから声をかけると、しばらくして低い声で「李徴です」と答える。すると李徴は人食い虎に変身し、草むらに隠れながら虎になった経緯を語り始める。李徴は自分がなぜ虎になったのかわからないが、人間の心が消えてしまった苦しみを告白する。李徴は袁傪に自分の詩を記録するよう頼み、袁傪はそれに同意し、何人かに書かせた。袁傪は詩を聴き、暗黙の了解でこう評した。「作者の素質は第一流に属するものであるが、第一流の作品となるのには非常に微妙な点において欠けるところがある」。詩を即興で作った後、李徴は、自分がなぜ虎になったのかを思い当たる点があると告白し、その理由を、臆病で、尊大な羞恥心、したがって切磋琢磨することへの怠惰にあるとした。もうひとつ、李徴が妻と息子に自分が死んだことを伝えてくれ、生活に困ることのないよう配慮して欲しいと依頼する。

実際、彼が人間であるならば、まずこの依頼をするべきだった。彼は慟哭する妻や子供よりも、自分のわずかな詩人としてのキャリアを気にするような人間だったから、このような野獣のようになってしまったのだ。李徴はようやく自分が虎になった理由を見つけ、自分の独善性を反省した。そしてついに、袁傪に帰りにこの道を通らないよう懇願する。茂みから悲痛な叫びが聞こえ、袁傪は涙を流しながら叢を後にした。袁傪一行が遠くの山から振り返ると、叢から虎が飛び出してきて、月に向かって咆哮し、姿を消した。

瀬沼茂樹は、下敷きとなっている「人虎伝」と比較すると、李徴が虎へ変身した理由に中島の創作が大きく入っている。「人虎伝」では、李徴は寡婦との逢瀬をある一家に妨げられ、その妨げてきた一家を焼き殺した因果応報で変身したとされているのに対し、中島は変身の理由を純粋な内因性に求め、芸術家の実存の内面（芸術家の運命の悲哀や狂気）を告白的に描いている。また、李徴が語る虎へ変身した理由の告白が自己劇化された語りであるとする蓼沼正美の解釈もある、山下真史も、虎に変身した理由を語る李徴の挫折の嘆きに自己劇化が見られるとして、そうしたナルシシズムを含めリアルな人間像が描かれていると評価している。

卒業論文の参考資料

中島敦『中島敦全集 1』筑摩書房〈ちくま文庫〉、1993 年

中島敦『中島敦全集 2』筑摩書房〈ちくま文庫〉、1993 年

中島敦『中島敦全集 3』筑摩書房〈ちくま文庫〉、1993 年

中島敦『光と風と夢・わが西遊記』講談社、1992 年

中島敦『斗南先生・南島譚』講談社、1997 年

中島敦『山月記・李陵 他九篇』岩波書店、1994 年

中島敦『李陵・山月記』新潮社、再改版 2003

高橋英夫・勝又浩ほか『中島敦全集 別巻』筑摩書房、2002 年

阿刀田高「中島敦・奇妙な味の短篇」・日本ペンクラブ『作家が語る作家』講談社、2000 年

高健「ケチくさくない作品」『KAWADE 道の手帖 中島敦 生誕 100 年、永遠に越境する文学』河出書房新社、2009 年

勝又浩『中島敦の遍歴』筑摩書房、2004 年

勝又浩「「天」をもった文学者」『KAWADE 道の手帖 中島敦 生誕 100 年、永遠に越境する文学』河出書房新社、2009 年

勝又浩・木村一信『中島敦』双文社出版、1992 年

塚本嘉壽『異常心理学からみた中国古典詩：露伴、中島敦、井上靖から晩唐の詩人まで』文藝春秋企画出版部、2018 年

山下真史『中島敦とその時代』双文社出版、2009 年

孫樹林『中島敦と中国思想：その求道意識を軸に』桐文社、2011 年

川村湊『狼疾正伝：中島敦の文学と生涯』河出書房新社、2009 年

平林文雄『中島敦：注釈鑑賞研究』和泉書院、2003 年

研究課題

1.『山月記』における李徴の変貌は、人間の本性の闇と自己の葛藤をどのように反映しているのだろうか。

2.『山月記』は、李正と袁惨の友情を通して、人と人との理解と断絶をどのように探っているのだろうか。

3. 中島敦は『山月記』の中で、どのように中国古典文学の要素を借りてモダニズムの思想や感情を表現しているのだろうか。

4. 中島敦の『山月記』などに焦点を当て、作品のテーマや象徴的要素を深く分析することで、中島敦の人間性、社会、文化に対する深い洞察や独自の思想を探求しよう。

女生徒

太宰治

お母さん、誰かの縁談のために大童（おおわらわ）[1]、朝早くからお出掛け。私の小さい時からお母さんは、人のために尽すので、なれっこだけれど、本当に驚くほど、始終うごいているお母さんだ。感心する。お父さんが、あまりにも勉強ばかりしていたから、お母さんは、お父さんのぶんもするのである。お父さんは、社交とかからは、およそ縁が遠いけれど、お母さんは、本当に気持のよい人たちの集まりを作る。二人とも違ったところを持っているけれど、お互いに、尊敬し合っていたらしい。醜いところの無い、美しい安らかな夫婦、とでも言うのであろうか。ああ、生意気、生意気。

おみおつけ[2]の温まるまで、台所口に腰掛けて、前の雑木林を、ぼんやり見ていた。そしたら、昔にも、これから先にも、こうやって、台所の口に腰かけて、このとおりの姿勢でもって、しかもそっくり同じことを考えながら前の雑木林を見ていた、見ている、ような気がして、過去、現在、未来、それが一瞬間のうちに感じられるような、変な気持がした。こんな事は、時々ある。誰かと部屋に坐っ

1　大童：一生懸命にすること。

2　おみおつけ：味噌汁の丁寧な言い方。

て話をしている。目が、テエブルのすみに行ってコトンと停まって動かない。口だけが動いている。こんな時に、変な錯覚を起すのだ。いつだったか、こんな同じ状態で、同じ事を話しながら、やはり、テエブルのすみを見ていた、また、これからさきも、いまのことが、そっくりそのままに自分にやって来るのだ、と信じちゃう気持になるのだ。どんな遠くの田舎の野道を歩いていても、きっと、この道は、いつか来た道、と思う。歩きながら道傍（みちばた）の豆の葉を、さっと毟（むし）りとっても、やはり、この道のここのところで、この葉を毟りとったことがある、と思う。そうして、また、これからも、何度も何度も、この道を歩いて、ここのところで豆の葉を毟るのだ、と信じるのである。また、こんなこともある。あるときお湯につかっていて、ふと手を見た。そしたら、これからさき、何年かたって、お湯にはいったとき、この、いまの何げなく、手を見た事を、そして見ながら、コトンと感じたことをきっと思い出すに違いない、と思ってしまった。そう思ったら、なんだか、暗い気がした。また、ある夕方、御飯をおひつに移している時、インスピレーション[1]、と言っては大袈裟だけれど、何か身内にピュウッと走り去ってゆくものを感じて、なんと言おうか、哲学のシッポと言いたいのだけれど、そいつにやられて、頭も胸も、すみずみまで透明になって、何か、生きて行くことにふわっと落ちついたような、黙って、音も立てずに、トコロテン[2]がそろっと押し出される時のような柔軟性でもって、このまま浪のまにまに、美しく軽く生きとおせるような感じがしたのだ。このときは、哲学どころのさわぎではない。盗み猫のように、音も立てずに生きて行く予感なんて、ろくなことはないと、むしろ、おそろしかった。

結局は、私ひまなもんだから、生活の苦労がないもんだから、毎日、幾百、幾千の見たり聞いたりの感受性の処理が出来なくなって、ポカンとしているうちに、

1　インスピレーション：創作・思索などの過程において、ひらめいた新しい考えで、自分の考えだという感じを伴わないもの。天来の着想。霊感。

2　トコロテン：テングサを洗ってさらし、煮てかすを去った汁を型に流しこんで冷却凝固させた食品。

そいつらが、お化けみたいな顔になってポカポカ浮いて来るのではないのかしら。

食堂で、ごはんを、ひとりでたべる。ことし、はじめて、キウリをたべる。キウリの青さから、夏が来る。五月のキウリの青味には、胸がカラッポになるような、うずく[1]ような、くすぐったいような悲しさが在る。ひとりで食堂でごはんをたべていると、やたらむしょうに旅行に出たい。汽車に乗りたい。新聞を読む。近衛さんの写真が出ている。近衛さんて、いい男なのかしら。私は、こんな顔を好かない。額がいけない。新聞では、本の広告文が一ばんたのしい。一字一行で、百円、二百円と広告料とられるのだろうから、皆、一生懸命だ。一字一句、最大の効果を収めようと、うんうん唸って、絞り出したような名文だ。こんなにお金のかかる文章は、世の中に、少いであろう。なんだか、気味がよい。痛快だ。

ごはんをすまして、戸じまりして、登校。大丈夫、雨が降らないとは思うけれど、それでも、きのうお母さんから、もらったよき雨傘どうしても持って歩きたくて、そいつを携帯。このアンブレラ[2]は、お母さんが、昔、娘さん時代に使ったもの。面白い傘を見つけて、私は、少し得意。こんな傘を持って、パリイの下町を歩きたい。きっと、いまの戦争が終ったころ、こんな、夢を持ったような古風のアンブレラが流行するだろう。この傘には、ボンネット[3]風の帽子が、きっと似合う。ピンクの裾の長い、衿の大きく開いた着物に、黒い絹レエスで編んだ長い手袋をして、大きな鍔の広い帽子には、美しい紫のすみれをつける。そうして深緑のころにパリイのレストランに昼食をしに行く。もの憂そうに軽く頬杖して、外を通る人の流れを見ていると、誰かが、そっと私の肩を叩く。急に音楽、薔薇のワルツ。ああ、おかしい、おかしい。現実は、この古ぼけた奇態な、柄のひょろ長い雨傘一本。自分が、みじめで可哀想。マッチ売りの娘さん。どれ、草でも、

1　うずく：ずきずき痛む。

2　アンブレラ：雨傘。

3　ボンネット：女性用・子供用の帽子の一。

むしって行きましょう。

出がけに、うちの門のまえの草を、少しむしって、お母さんへの勤労奉仕。きょうは何かいいことがあるかも知れない。同じ草でも、どうしてこんな、むしりとりたい草と、そっと残して置きたい草と、いろいろあるのだろう。可愛い草と、そうでない草と、形は、ちっとも違っていないのに、それでも、いじらしい[1]草と、にくにくしい[2]草と、どうしてこう、ちゃんとわかれているのだろう。理窟はないんだ。女の好ききらいなんて、ずいぶんいい加減なものだと思う。十分間の勤労奉仕をすまして、停車場へ急ぐ。畠道を通りながら、しきりと絵が画きたくなる。途中、神社の森の小路を通る。これは、私ひとりで見つけて置いた近道である。森の小路を歩きながら、ふと下を見ると、麦が二寸ばかりあちこちに、かたまって育っている。

神社の森の小路を抜けて、駅近く、労働者四、五人と一緒になる。私は、どうしたらよいかと迷ってしまった。その労働者たちを追い抜いて、どんどんさきに行ってしまいたいのだが、そうするには、労働者たちの間を縫ってくぐり抜け、すり抜けしなければならない。おっかない[3]。それと言って、黙って立ちんぼして、労働者たちをさきに行かせて、うんと距離のできるまで待っているのは、もっともっと胆力の要(い)ることだ。それは失礼なことなのだから、労働者たちは怒るかも知れない。からだは、カッカして来るし、泣きそうになってしまった。私は、その泣きそうになるのが恥ずかしくて、その者達に向かって笑ってやった。そして、ゆっくりと、その者達のあとについて歩いていった。そのときは、それ限りになってしまったけれど、その口惜(くや)しさは、電車に乗ってからも消えなかった。こんなくだらない事に平然となれるように、早く強く、清く、なりたかった。

電車の入口のすぐ近くに空いている席があったから、私はそこへそっと私のお

1　いじらしい：（か弱い者の懸命な様子が）痛々しくかわいそうだ。可憐である。

2　にくにくしい：大層にくらしい。

3　おっかない：おそろしい。こわい。

道具を置いて、スカアトのひだをちょっと直して、そうして坐ろうとしたら、眼鏡の男の人が、ちゃんと私のお道具をどけて席に腰かけてしまった。

「あの、そこは私、見つけた席ですの」と言ったら、男は苦笑して平気で新聞を読み出した。よく考えてみると、どっちが図々しいのかわからない。こっちの方が図々しいのかも知れない。

仕方なく、アンブレラとお道具を、網棚に乗せ、私は吊り革にぶらさがって、いつもの通り、雑誌を読もうと、パラパラ片手でペエジを繰っているうちに、ひょんな事を思った。

……

もう、お茶の水。プラットフォムに降り立ったら、なんだかすべて、けろり[1]としていた。いま過ぎたことを、いそいで思いかえしたく努めたけれど、いっこうに思い浮かばない。あの、つづきを考えようと、あせったけれど、何も思うことがない。からっぽだ。その時、時には、ずいぶんと自分の気持を打ったものもあったようだし、くるしい恥ずかしいこともあったはずなのに、過ぎてしまえば、何もなかったのと全く同じだ。いま、という瞬間は、面白い。いま、いま、いま、と指でおさえているうちにも、いま、は遠くへ飛び去って、あたらしい「いま」が来ている。ブリッジの階段をコトコト昇りながら、ナンジャラホイ[2]と思った。ばかばかしい。私は、少し幸福すぎるのかも知れない。

けさの小杉先生は綺麗。私の風呂敷みたいに綺麗。美しい青色の似合う先生。胸の真紅のカーネーションも目立つ。「つくる」ということが、無かったら、もっともっとこの先生すきなのだけれど。あまりにポオズをつけすぎる。どこか、無理がある。あれじゃあ疲れることだろう。性格も、どこか難解なところがある。わからないところをたくさん持っている。暗い性質なのに、無理に明るく見せようとしているところも見える。しかし、なんといっても魅(ひ)かれる女のひとだ。学校の先生なんてさせて置くの惜しい気がする。お教室では、まえほど人気が無く

1　けろり：平然としたさまや、ある状態が完全に消失するさま。

2　ナンジャラホイ：何のことだ。

なったけれど、私は、私ひとりは、まえと同様に魅かれている。……机に頬杖ついて、ぼんやり窓のそとを眺める。風の強いゆえか、雲が綺麗だ。お庭の隅に、薔薇の花が四つ咲いている。黄色が一つ、白が二つ、ピンクが一つ。ぽかんと花を眺めながら、人間も、本当によいところがある、と思った。花の美しさを見つけたのは、人間だし、花を愛するのも人間だもの。

お昼御飯のときは、お化け話が出る。ヤスベエねえちゃんの、一高（いちこう）七不思議の一つ、『開（あ）かずの扉』には、もう、みんな、きゃあ、きゃあ。ドロンドロン式でなく、心理的なので、面白い。あんまり騒いだので、いま食べたばかりなのに、もうペコになってしまった。さっそくアンパン夫人から、キャラメル御馳走になる。それからまた、ひとしきり恐怖物語にみなさん夢中。誰でもかれでも、このお化け話とやらには、興味が湧くらしい。一つの刺戟でしょうかな。それから、これは怪談ではないけれど、『久原房之助』の話、おかしい、おかしい。

午後の図画の時間には、皆、校庭に出て、写生のお稽古。伊藤先生は、どうして私を、いつも無意味に困らせるのだろう。きょうも私に、先生ご自身の絵のモデルになるよう言いつけた。私のけさ持参した古い雨傘が、クラスの大歓迎を受けて、皆さん騒ぎたてるものだから、とうとう伊藤先生にもわかってしまって、その雨傘持って、校庭の隅の薔薇の傍に立っているよう、言いつけられた。先生は、私のこんな姿を画いて、こんど展覧会に出すのだそうだ。三十分間だけ、モデルになってあげることを承諾する。すこしでも、人のお役に立つことは、うれしいものだ。けれども、伊藤先生と二人で向かい合っていると、とても疲れる。話がねちねち[1]して理窟が多すぎるし、あまりにも私を意識しているゆえか、スケッチしながらでも話すことが、みんな私のことばかり。返事するのも面倒くさく、わずらわしい。ハッキリしない人である。変に笑ったり、先生のくせに恥ずかしがったり、何しろサッパリしないのには、ゲッとなりそうだ。「死んだ妹を、思い

1　ねちねち：言動や性格がしつこく嫌みなさま。

出します」なんて、やりきれない。人は、いい人なんだろうけれど、ゼスチュア[1]が多すぎる。

放課後は、お寺の娘さんのキン子さんと、こっそり、ハリウッドへ行って、髪をやってもらう。できあがったのを見ると、頼んだようにできていないので、がっかりだ。どう見たって、私は、ちっとも可愛くない。あさましい[2]気がした。したたか[3]に、しょげちゃった。お寺さんは、大はしゃぎ。

……お寺さんとわかれて、バスに乗ってしまった。なんだか、なんだか憂鬱(ゆううつ)だ。

バスから降りると、少しほっとした。どうも乗り物は、いけない。空気が、なまぬるくて、やりきれない。大地は、いい。土を踏んで歩いていると、自分を好きになる。どうも私は、少しおっちょこちょい[4]だ。極楽トンボだ。かえろかえろと何見てかえる、畠の玉ねぎ見い見いかえろ、かえろが鳴くからかえろ。と小さい声で唄ってみて、この子は、なんてのんきな子だろう、と自分ながら歯がゆくなって、背ばかり伸びるこのボーボーが憎らしくなる。いい娘さんになろうと思った。

このお家に帰る田舎道は、毎日毎日、あんまり見なれているので、どんな静かな田舎だか、わからなくなってしまった。ただ、木、道、畠、それだけなのだから。きょうは、ひとつ、よそからはじめてこの田舎にやって来た人の真似をして見よう。私は、ま、神田あたりの下駄屋さんのお嬢さんで、生まれてはじめて郊外の土を踏むのだ。すると、この田舎は、いったいどんなに見えるだろう。すばらしい思いつき。可哀想な思いつき。私は、あらたまった顔つきになって、わざと、大袈裟にきょろきょろ[5]してみる。小さい並木路を下るときには、振り仰いで

1　ゼスチュア：身振り。手振り。手真似。

2　あさましい：なさけない。みじめである。見苦しい。

3　したたか：甚だしいこと。

4　おっちょこちょい：ちょこちょこしていて考えの浅いこと。軽薄。また、そういう人。

5　きょろきょろ：見るものが珍しかったり捜し物があったりして、せわしくあたりを見回すさま。

新緑の枝々を眺め、まあ、と小さい叫びを挙げてみて、土橋を渡るときには、しばらく小川をのぞいて、水鏡に顔をうつして、ワンワンと、犬の真似して吠えてみたり、遠くの畠を見るときは、目を小さくして、うっとりした風をして、いいわねえ、と呟（つぶや）いて溜息。神社では、また一休み。神社の森の中は、暗いので、あわてて立ち上って、おお、こわこわ、と言い肩を小さく窄（すぼ）めて、そそくさ森を通り抜け、森のそとの明るさに、わざと驚いたようなふうをして、いろいろ新しく新しく、と心掛けて田舎の道を、凝（こ）って歩いているうちに、なんだか、たまらなく淋しくなって来た。とうとう道傍の草原に、ペタリと坐ってしまった。草の上に坐ったら、つい今しがたまでの浮き浮きした気持が、コトンと音たてて消えて、ぎゅっとまじめになってしまった。そうして、このごろの自分を、静かに、ゆっくり思ってみた。なぜ、このごろの自分が、いけないのか。どうして、こんなに不安なのだろう。いつでも、何かにおびえている。この間も、誰かに言われた、

「あなたは、だんだん俗っぽくなるのね」

そうかも知れない。私は、たしかに、いけなくなった。くだらなくなった。いけない、いけない。弱い、弱い。だしぬけ[1]に、大きな声が、ワッと出そうになった。ちぇっ、そんな叫び声あげたくらいで、自分の弱虫を、ごまかそうたって、だめだぞ。もっとどうにかなれ。私は、恋をしているのかも知れない。青草原に仰向（あおむ）けに寝ころがった。

「お父さん」と呼んでみる。お父さん、お父さん。夕焼の空は綺麗です。そうして、夕靄（ゆうもや）は、ピンク色。夕日の光が靄の中に溶けて、にじんで、そのために靄がこんなに、やわらかいピンク色になったのでしょう。そのピンクの靄がゆらゆら流れて、木立の間にもぐっていったり、路の上を歩いたり、草原を撫でたり、そうして、私のからだを、ふんわり包んでしまいます。私の髪の毛一本一本まで、ピンクの光は、そっと幽（かす）かにてらして、そうしてやわらかく撫でてくれます。そ

1　だしぬけ：意に事をすること、事が起ること。また、そのさま。いきなり。突然。

れよりも、この空は、美しい。このお空には、私うまれてはじめて頭を下げたいのです。

「みんなを愛したい」と涙が出そうなくらい思いました。じっと空を見ていると、だんだん空が変ってゆくのです。だんだん青味がかってゆくのです。ただ、溜息ばかりで、裸になってしまいたくなりました。それから、いまほど木の葉や草が透明に、美しく見えたこともありません。そっと草に、さわってみました。

美しく生きたいと思います。

家へ帰ってみると、お客様。お母さんも、もうかえって居られる。れいに依って、何か、にぎやかな笑い声。お母さんは、私と二人きりのときには、顔がどんなに笑っていても、声をたてない。けれども、お客様とお話しているときには、顔は、ちっとも笑ってなくて、声ばかり、かん高く笑っている。挨拶して、すぐ裏へまわり、井戸端で手を洗い、靴下脱いで、足を洗っていたら、さかなやさんが来て、お待ちどおさま、まいど、ありがとうと言って、大きなお魚を一匹、井戸端へ置いていった。なんという、おさかなか、わからないけれど、鱗(うろこ)のこまかいところ、これは北海のものの感じがする。お魚を、お皿に移して、また手を洗っていたら、北海道の夏の臭いがした。おとどしの夏休みに、北海道のお姉さんの家へ遊びに行ったときのことを思い出す。苫小牧(とまこまい)[1]のお姉さんの家は、海岸に近いゆえか、始終お魚の臭いがしていた。お姉さんが、あのお家のがらんと広いお台所で、夕方ひとり、白い女らしい手で、上手にお魚をお料理していた様子も、はっきり浮かぶ。私は、あのとき、なぜかお姉さんに甘えたくて、たまらなく焦(こ)がれて、でもお姉さんには、あのころ、もう年(とし)ちゃんも生まれていて、お姉さんは、私のものではなかったのだから、それを思えば、ヒュウと冷いすきま風が感じられて、どうしても、姉さんの細い肩に抱きつくことができなくて、死ぬほど寂しい気持で、じっと、あのほの暗いお台所の隅に立ったまま、気の遠くなるほどお

1　苫小牧：北海道南部の市。

姉さんの白くやさしく動く指先を見つめていたことも、思い出される。過ぎ去ったことは、みんな懐かしい。肉親って、不思議なもの。他人ならば、遠く離れるとしだいに淡く、忘れてゆくものなのに、肉親は、なおさら、懐かしい美しいところばかり思い出されるのだから。

井戸端の茱萸(ぐみ)[1]の実が、ほんのりあかく色づいている。もう二週間もしたら、たべられるようになるかも知れない。去年は、おかしかった。私が夕方ひとりで茱萸をとってたべていたら、ジャピイ黙って見ているので、可哀想で一つやった。そしたら、ジャピイ食べちゃった。また二つやったら、食べた。あんまり面白くて、この木をゆすぶって、ポタポタ落としたら、ジャピイ夢中になって食べはじめた。ばかなやつ。茱萸を食べる犬なんて、はじめてだ。私も背伸びしては、茱萸をとって食べている。ジャピイも下で食べている。可笑しかった。そのこと、思い出したら、ジャピイを懐かしくて、

「ジャピイ！」と呼んだ。

ジャピイは、玄関のほうから、気取って走って来た。急に、歯ぎしりするほどジャピイを可愛くなっちゃって、シッポを強く掴(つか)むと、ジャピイは私の手を柔かく噛んだ。涙が出そうな気持になって、頭を打(ぶ)ってやる。ジャピイは、平気で、井戸端の水を音をたてて呑む。

お部屋へはいると、ぼっと電燈が、ともっている。しんとしている。お父さんいない。やっぱり、お父さんがいないと、家の中に、どこか大きい空席が、ポカンと残って在るような気がして、身悶えしたくなる。和服に着換え、それから鏡台のまえに坐ったら、客間のほうからお母さんたちの笑い声が、どっと起って、私は、なんだか、むかっとなった。お母さんは、私と二人きりのときはいいけれど、お客が来たときには、へんに私から遠くなって、冷くよそよそしく、私はそんな時に、一ばんお父さんが懐かしく悲しくなる。

1　茱萸：グミ科の落葉または常緑低木の総称。春または秋、白色で小さな筒形の花を開く。実は食用。

鏡を覗くと、私の顔は、おや、と思うほど活(い)き活きしている。顔は、他人だ。私自身の悲しさや苦しさや、そんな心持とは、全然関係なく、別個に自由に活きている。きょうは頬紅も、つけないのに、こんなに頬がぱっと赤くて、それに、唇も小さく赤く光って、可愛い。眼鏡をはずして、そっと笑ってみる。眼が、とってもいい。青く青く、澄んでいる。美しい夕空を、ながいこと見つめたから、こんなにいい目になったのかしら。しめたものだ。

少し浮き浮きして台所へ行き、お米をといでいるうちに、また悲しくなってしまった。せんの小金井の家が懐かしい。胸が焼けるほど恋しい。あの、いいお家には、お父さんもいらしったし、お姉さんもいた。お母さんだって、若かった。私が学校から帰って来ると、お母さんと、お姉さんと、何か面白そうに台所か、茶の間で話をしている。おやつを貰(もら)って、ひとしきり二人に甘えたり、お姉さんに喧嘩ふっかけたり、それからきまって叱られて、外へ飛び出して遠くへ遠くへ自転車乗り。夕方には帰って来て、それから楽しく御飯だ。本当に楽しかった。自分を見詰めたり、不潔にぎくしゃく[1]することも無く、ただ、甘えて居ればよかったのだ。なんという大きい特権を私は享受していたことだろう。しかも平気で。心配もなく、寂しさもなく、苦しみもなかった。お父さんは、立派なよいお父さんだった。お姉さんは、優しく、私は、いつもお姉さんにぶらさがって[2]ばかりいた。けれども、すこしずつ大きくなるにつれて、だいいち私が自身いやらしくなって、私の特権はいつの間にか消失して、あかはだか[3]、醜い醜い。ちっとも、ひとに甘えることができなくなって、考えこんでばかりいて、くるしいことばかり多くなった。お姉さんは、お嫁にいってしまったし、お父さんは、もういない。たったお母さんと私だけになってしまった。お母さんもお淋しいことばかりなのだろう。私が、どんなにお母さんの気持をいたわって、話し相手になってあげても、

1　ぎくしゃく：物の動き、人の言動、人間関係が円滑でないさま。ぎくぎく。

2　ぶらさがる：自ら努力せずに他人によりかかる。

3　あかはだか：全くのはだかであること。

やっぱりお父さんとは違うのだ。夫婦愛というものは、この世の中で一ばん強いもので、肉親の愛よりも、尊(とうと)いものにちがいない。生意気なこと考えたので、ひとりで顔があかくなって来て、私は、濡(ぬ)れた手で髪をかきあげる。しゅっしゅっとお米をとぎながら、私は、お母さんが可愛く、いじらしくなって、大事にしようと、しんから思う。こんなウェーヴかけた髪なんか、さっそく解きほぐしてしまって、そうして髪の毛をもっと長く伸ばそう。お母さんは、せんから、私の髪の短いのを厭がっていらしたから、うんと伸ばして、きちんと結って見せたら、よろこぶだろう。けれども、そんなことまでして、お母さんを、いたわる[1]のも厭だな。いやらしい。考えてみると、このごろの、私のいらいらは、ずいぶんお母さんと関係がある。お母さんの気持に、ぴったり添ったいい娘でありたいし、それだからとて、へんに御機嫌とるのもいやなのだ。だまっていても、お母さん、私の気持をちゃんとわかって安心していらしったら、一番いいのだ。私は、どんなに、わがままでも、決して世間の物笑いになるようなことはしないのだし、つらくても、淋しくっても、だいじのところは、きちんと守って、そうしてお母さんと、この家とを、愛して愛して、愛しているのだから、お母さんも、私を絶対に信じて、ぼんやりのんきにしていらしったら、それでいいのだ。私は、きっと立派にやる。身を粉(こ)にしてつとめる。それがいまの私にとっても、一ばん大きいよろこびなんだし、生きる道だと思っているのに、お母さんたら、ちっとも私を信頼しないで、まだまだ、子供あつかいにしている。私が子供っぽいこと言うと、お母さんはよろこんで、こないだも、私が、ばからしい、わざとウクレレ持ち出して、ポンポンやってはしゃいで見せたら、お母さんは、しんから嬉しそうにして、

「おや、雨かな？　雨だれの音が聞えるね」と、とぼけて言って、私をからかって、私が、本気でウクレレ[2]なんかに熱中して居るとでも思っているらしい様子な

1　いたわる：慰める。

2　ウクレレ：ギターに似た 4 弦楽器。コア(koa)の木材で製作。元来はハワイ原住民が使用。

ので、私は、あさましくて、泣きたくなった。お母さん、私は、もう大人なのですよ。世の中のこと、なんでも、もう知っているのですよ。安心して、私になんでも相談して下さい。うちの経済のことなんかでも、私に全部打ち明けて、こんな状態だから、おまえもと言って下さったなら、私は決して、靴なんかねだりはしません。しっかりした、つましい[1]、つましい娘になります。ほんとうに、それは、たしかなのです。それなのに。ああ、それなのに、という歌があったのを思い出して、ひとりでくすくす笑ってしまった。気がつくと、私はぼんやりお鍋に両手をつっこんだままで、ばかみたいに、あれこれ考えていたのである。

いけない、いけない。お客様へ、早く夕食差し上げなければ。さっきの大きいお魚は、どうするのだろう。とにかく三枚におろして、お味噌につけて置くことにしよう。そうして食べると、きっとおいしい。料理は、すべて、勘で行かなければいけない。キウリが少し残っているから、あれでもって、三杯酢(さんばいず)[2]。それから、私の自慢の卵焼き。それから、もう一品。あ、そうだ。ロココ[3]料理にしよう。これは、私の考案したものでございまして。お皿ひとつひとつに、それぞれ、ハムや卵や、パセリや、キャベツ、ほうれんそう、お台所に残って在るもの一切合切(いっさいがっさい)[4]、いろとりどりに、美しく配合させて、手際(てぎわ)よく並べて出すのであって、手数は要らず、経済だし、ちっとも、おいしくはないけれども、でも食卓は、ずいぶん賑(にぎ)やかに華麗になって、何だか、たいへん贅沢な御馳走のように見えるのだ。卵のかげにパセリの青草、その傍に、ハムの赤い珊瑚礁(さんごしょう)がちらと顔を出していて、キャベツの黄色い葉は、牡丹の花瓣(かべん)のように、鳥の羽の扇子のようにお皿に敷かれ

1　つましい：倹約である。また、生活ぶりが地味である。

2　三杯酢：合せ酢の一。酢に醤油と砂糖または味醂を加えたもの。

3　ロココ：Rococo、18 世紀中ごろ、フランス宮廷を中心に栄えた美術・建築の様式、岩や貝類、植物などの形をもとにした曲線や渦巻きを多用し、やかな装飾をもつ。

4　一切合切：なにもかも。すべて。残らず。

て、緑したたる[1]菠薐草(ほうれんそう)は、牧場か湖水か。こんなお皿が、二つも三つも並べられて食卓に出されると、お客様はゆくりなく、ルイ王朝[2]を思い出す。まさか、それほどでもないけれど、どうせ私は、おいしい御馳走なんて作れないのだから、せめて、ていさいだけでも美しくして、お客様を眩惑(げんわく)させて、ごまかしてしまうのだ。料理は、見かけが第一である。たいてい、それで、ごまかせます。けれども、このロココ料理には、よほど絵心(えごころ)が必要だ。色彩の配合について、人一倍、敏感でなければ、失敗する。せめて私くらいのデリカシイ[3]が無ければね。

作家紹介

太宰治（1909 年 6 月 19 日–1948 年 6 月 13 日）は、日本の小説家。本名津島修治。青森県北津軽郡金木村に、県下有数の大地主である父津島源右衛門の六男として生まれた。11 人の子女のうちの 10 番目。父・源右衛門は木造村の豪農松木家からの婿養子で県会議員、衆議院議員、多額納税による貴族院議員などを務めた地元の名士で、津島家は「金木の殿様」とも呼ばれていた。小学校卒業後、明治高等小学校に 1 年間通った。青森県立青森中学校に入学、実家を離れて下宿生活を送る。芥川龍之介、志賀直哉、室生犀星、菊池寛などを愛読。在学中の 17 歳頃に『校友会誌』に習作『最後の太閤』を書き、また友人と同人誌『蜃気楼』を 12 号まで発行。小説家を志望するようになる。

1929 年、弘高で起きた同盟休校事件をモデルに『学生群』を執筆、1930 年フランス文学に憧れて東京帝国大学文学部仏文学科に入学、上京。小説家になるために井伏鱒二に弟子入りする。1938 年『女生徒』『富嶽百景』『駆込み訴え』『走れメロス』などの優れた短編を発表した。『女生徒』は川端康成が「『女生徒』のよ

1　したたる：水などがしずくとなって垂れ落ちる。

2　ルイ王朝：フランスのルイ 14 世（在位 1643 年–1715 年）から、19 世紀前半のルイ・フィリップ（在位 1830 年–1848 年）の治世。

3　デリカシイ：繊細さ。微妙さ。感覚や感情のこまやかさ。

うな作品に出会えることは、時評家の偶然の幸運」と激賞。東大中退。左翼活動での挫折後は、第二次世界大戦前から戦後にかけて作品を次々に発表。

主な作品に『走れメロス』『津軽』『人間失格』がある。没落華族を描いた長編小説『斜陽』を『新潮』に連載。単行本として出版されるとベストセラーになり、「斜陽族」が流行語となるなど流行作家となる。戦後は、その作風から坂口安吾、織田作之助、石川淳、檀一雄らとともに新戯作派、無頼派と称されたが、典型的な自己破滅型の私小説作家であった。

作品解説

『女生徒』は、太宰治の短編小説。1938 年（昭和 13 年）9 月に女性読者有明淑（当時 19 歳）から太宰のもとに送付された日記を題材に、14 歳の女生徒が朝起床してから夜就寝するまでの一日を主人公の独白体で綴っている。思春期の少女が持つ自意識の揺らぎを繊細な筆致で描き出し、当時の文芸時評で川端康成たちから認められ、太宰の代表作の一つとなった。

『女生徒』はその語り口にも独特の魅力がある。太宰は一人称の語り方を採用し、女学生自身の目と心を通して世界を観察し、理解する。この語り方が作品をよりリアルで没入感のあるものにしており、読者は女子生徒の内面世界をより深く理解することができる。同時に太宰治は、叙述技法も巧みに用い、物語を緊迫したものにし、ページをめくる手が止まらない作品にしている。自己と愛と生を探求し追い求める女生徒の姿を、独自の視点と繊細な筆致で描いた深い感動作である。女性の自意識の目覚めと成長を賞賛し、勇気を持って夢や価値観を追求する女性たちを励ましている。

この作品は、女性の内面世界を深く分析しただけでなく、当時の社会現象に対する独創的な批評でもある。太宰治はその繊細な描写によって、私たちにこの女生徒の心に入り込み、彼女の喜びや悲しみを感じさせ、彼女の葛藤や追求を理解させる。川端康成は「この女生徒は可憐で、甚だ魅力がある。少しは高貴でもあるだらう。（略）作者は『女生徒』にいわゆる「意識の流れ」風の手法を、程よい程度に用いている。それは心理的といふよりは叙情的に音楽じみた効果をおさめてゐる」と評価している。タイトルは、当時太宰の机辺にあったレオン・フラピエ作、桜田佐訳『女生徒 他八篇』からとられた。

太宰の文章は簡潔で力強く、比喩や象徴といった修辞的な仕掛けを巧みに使うことで、作品を詩的で哲学的なものにしている。同時に、描写の細部にも細心の注意を払い、作品をより生き生きとしたリアルなものにしている。こうした芸術的テクニックを駆使することで、『女生徒』は深い思想的意味合いと芸術的魅力を併せ持つ作品となっている。

卒業論文の参考資料

野原一夫『太宰治 生涯と文学』筑摩書房〈ちくま文庫〉、1998 年

猪瀬直樹『ピカレスク 太宰治伝』小学館、2000 年

津島美知子『増補改訂版 回想の太宰治』人文書院、1997 年

檀一雄『小説太宰治』小学館、2019 年

野原一夫『回想太宰治　新装版』新潮社、1998 年

野原一夫『太宰治 生涯と文学』ちくま文庫、1998 年

石上玄一郎『太宰治と私 激浪の青春』集英社文庫、1990 年

奥野健男『太宰治』文春文庫、1998 年

相馬正一『評伝太宰治』筑摩書房、1982-1985 年

山岸外史『人間太宰治』ちくま文庫、1989 年

長部日出雄『辻音楽師の唄 もう一つの太宰治伝』文藝春秋、1997 年

津島美知子『回想の太宰治』講談社文芸文庫、2008 年

井伏鱒二『太宰治』中公文庫、2018 年

松本健一『太宰治 含羞のひと伝説』増補新版・辺境社、2009 年

河出書房新社編集部『永遠の太宰治　総特集 KAWADE ムック』河出書房新社、2019 年

研究課題

1. 太宰治は『女生徒』の中で、女性のモノローグという手法を通して、ヒロインの内面世界の変化をどのように表現しているのか。

2.『女生徒』の女性主人公の描写は、太宰の女性キャラクターに対する理解と描写をどのように反映しているのだろうか。

3. 太宰治は『女生徒』の中で、当時の日本社会の文化的背景や女性の地位をどのように反映しているか。太宰治が描いた社会現象、文化的雰囲気、社会における女性キャラクターの地位や役割を深く分析することで、当時の日本社会に対する太宰治の観察眼や考え、作品を通して当時の社会的現実をどのように反映し批判したかを理解しよう。

4.『女生徒』は太宰治の創作活動の中でどのような位置を占めているのか、また彼の文学哲学の変化と発展をどのように反映しているのか。この作品と他の作品とのテーマ、文体、技法における類似点と相違点を比較・分析することで、太宰治の創作過程における変化と傾向を分析しよう。

5. 太宰治は戦後日本文学の代表的作家であり、その作品は日本文学に多大な影響を与えてきた。日本文学史における太宰治作品の位置づけと、太宰治の地位と影響力を探ってみよう。